黄　彦　主编

孙文全集

人事任免（上）

第十六册

SPM
南方出版传媒
广东人民出版社
· 广州 ·

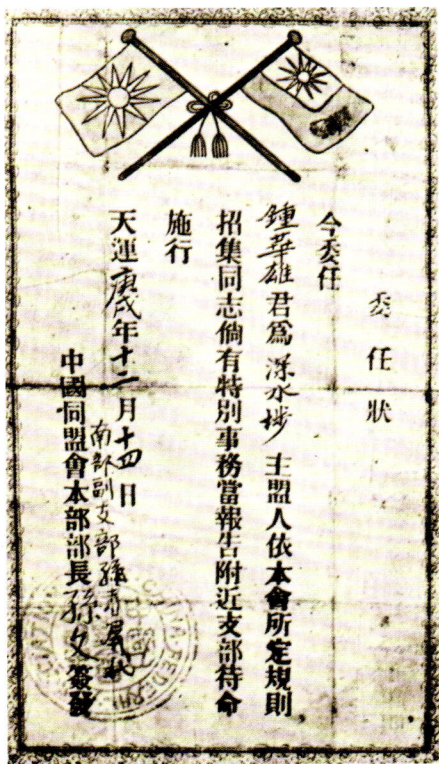

一九一一年一月十四日，中国同盟会委任钟华雄君为深水埗主盟人之委任状。

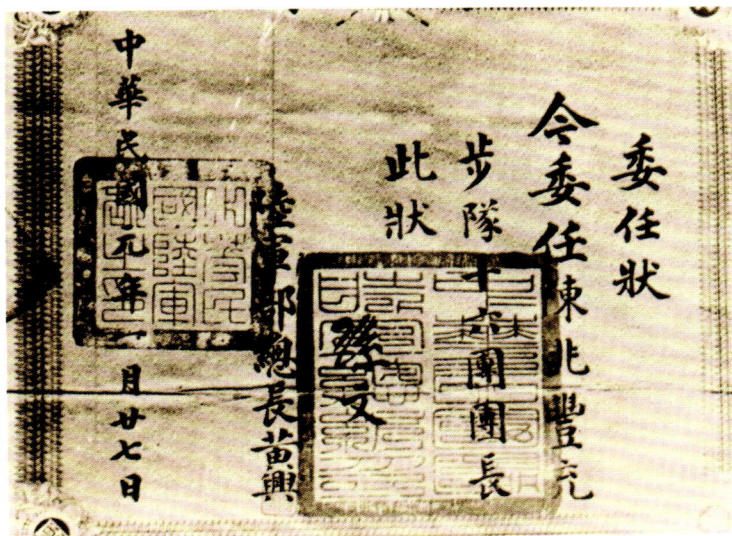

一九一二年一月二十七日，委任陈兆丰充步队十六团团长之委任状，上有孙文署名与加钤"中华民国临时大总统印"。

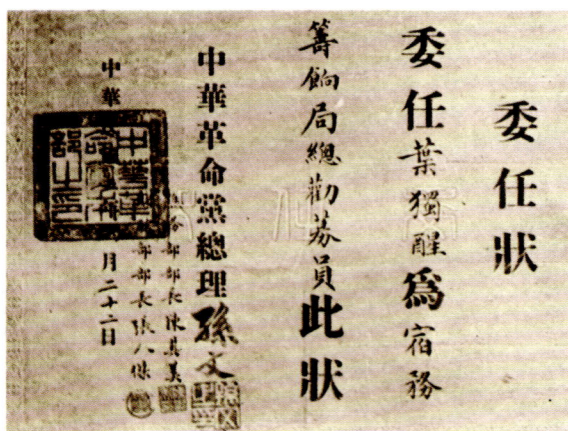

一九一六年四月二十二日，孙文委任叶独醒为中华革命党宿务筹饷局总劝募员之委任状。

一九一八年一月六日，孙文任命林祖密为闽南军司令之任命状。

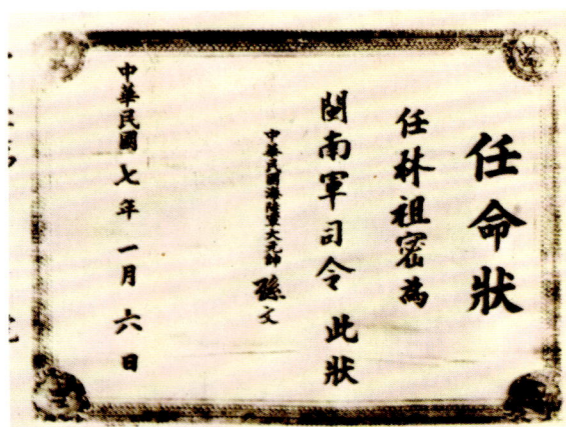

一九二〇年十月十日，孙文委任马秋帆为中国国民党薄察分部评议员之委任状。

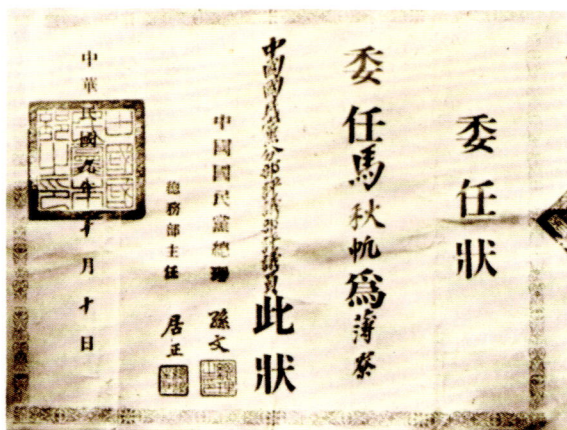

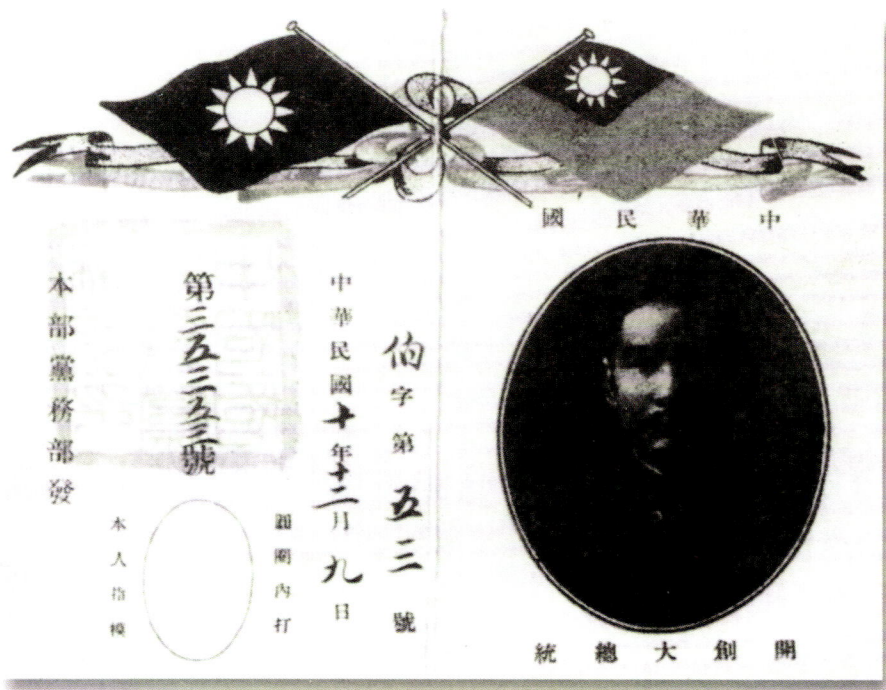

一九一九年十月十日，孙文改组中华革命党为中国国民党，任总理。图为中国国民党党证及中国国民党本部印印文。

大本營公用牋

中央執行委員候補十七人

邵元冲　鄧家彦　沈定一　林祖涵
茅祖權　李宗黄　白雲梯　張知本
彭素民　毛澤東　傅汝霖　于方舟
張葦村　瞿秋白
張國燾　張秋白　韓麟符

中華民國　年　月　日

大本營公用牋

中央執行委員廿四人

胡漢民　汪精衛　張靜江　廖仲愷
李烈鈞　居正　戴季陶　林森
柏文蔚　丁惟汾　石瑛　鄧澤如
譚延闓　覃振　譚平山　石青陽
熊克武　李守常　恩克巴圖　王法勤
于右任　楊希閔　葉楚傖　于樹德

中華民國　年　月　日

孙文手拟的中国国民党中央执行委员和候补人员名单，其中有共产党员谭平山、李守常（李大钊）、林祖涵、毛泽东、瞿秋白、张国焘等。

大元帥令

第　號

特任蔣中正為陸軍軍官學校校長此令

中華民國十三年五月二日

孫文

大元帥令

第　號

任命蔣中正兼粵軍總司令參謀長此令

中華民國十三年五月二日

孫文

孙文任命蒋介石为黄埔陆军军官学校校长及粤军总司令参谋长令。

大元帥令

第　號

派蔣介石馬超俊李章達譚平山宋子文孫科甘乃光為平糶局委員此令

中華民國十三年八月廿七日

孫文

孙文派蒋介石等为平粜局委员之手令。

大元帥令

第　號

派陳友仁宋子文羅桂芳為收取關餘全權委員此令

中華民國十三年十月十一日

孫文

一九二四年十月十一日，为收回粤海关关余，孙文委派陈友仁等为收取关余全权委员，此为委派令。

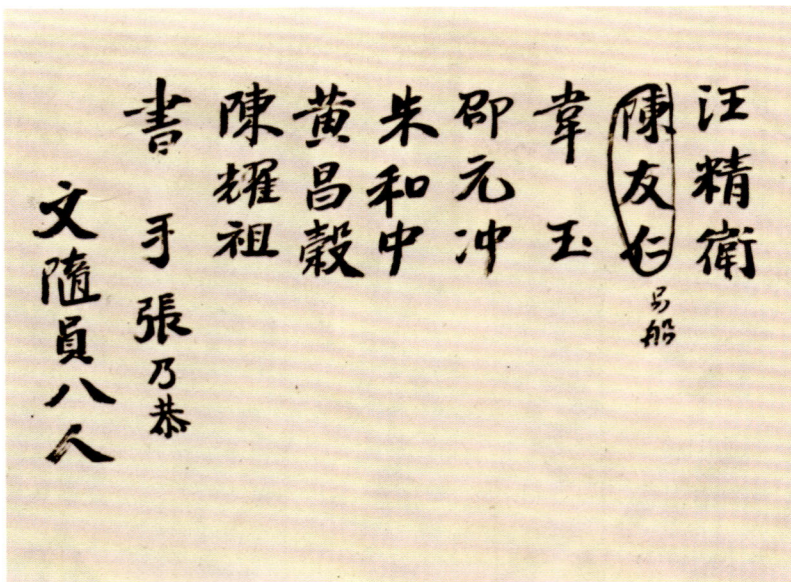

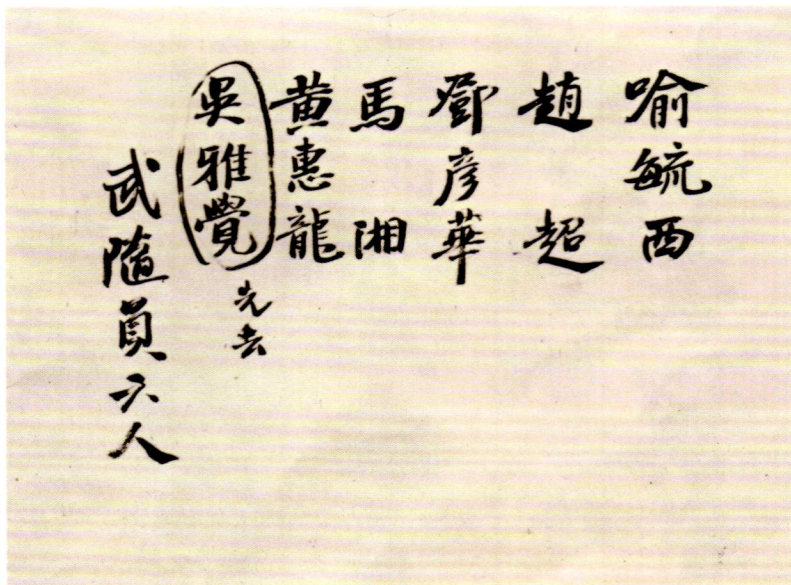

汪精衛
陳友仁 另船
韋玉
邵元冲
朱和中
黃昌穀
陳耀祖
書手 張乃恭
文隨員八人

喻毓西
趙超
鄧彥華
馬湘
黃惠龍
吳雅覺 元云
武隨員六人

　　一九二四年十一月，孙文应段祺瑞、冯玉祥等邀请北上共商国是，图为行前手书之文武随员名单。

本 册 目 录

人事任免（上）

人事任免（上）

委冯自由李自重为港穗澳等地
中国同盟会主盟人通知书

（一九〇五年九月八日）

中国革命同盟会总理孙文，特委托本会会员冯君自由、李君自重二人，在香港、粤城、澳门等地联络同志。二君热心爱国，诚实待人，足堪本会委托之任。凡有志入盟者，可由二君主盟收接，特此通知，仰祈察照是荷。

中国革命同盟会总理孙文

天运岁乙巳年八月十日发

据原件影印件，载冯自由：《中华民国开国前革命史》上编，上海，革命史编辑社一九二八年十一月初版

委任宫崎寅藏在日本全权办理筹资购械状

（一九〇七年九月十三日）①

委任状

中国革命同盟会总理孙文逸仙，委任宫崎寅藏君在日本全权办理筹资购械，接济革命军。所有与资主交涉条件，悉便宜行事。此委宫崎寅藏君。

（中国同盟会印章 THE・CHINA・FEDERAL・ASSOCIATION）②

天运岁次丁未年九月十三日

据委任状原件，东京、宫崎蕗苓（宫崎寅藏孙女）家藏

---

① 文末虽以干支纪年，月日实用阳历。孙文另于九月十三日（原件未标年份）致函宫崎寅藏，同样是用阳历。按日本明治五年曾实行历法改革，保留天皇年号而改月日为公历，定该年旧历十二月三日为一八七三年一月一日。此后，日本人不论采用何种纪年，月日均须使用阳历，当时不少旅日中国人如孙文等致件日人时也予以仿效。

② 此圆形印章以中英两种文字，用红色加盖于委任状首行上。

任命查尔斯·布思为中国同盟会驻国外
唯一财务代表并委托全权状①

（一九一〇年三月十四日）

　　兹经中国同盟会本部同意并授权，我特任命加利科你省洛杉矶埠的查尔斯·布思为中国同盟会驻国外的唯一财务代表。并委托布思按本会总理授权并认可的方式，代表本会及以本会名义全权处理接洽贷款、收款与支付事宜，及在本会总理随时指导下处理任何性质的委办事项。

　　由本会财务代表查尔斯·布思代表本会及以本会名义所缔结的每一协议，一如本会总理或本部所签署的协议，对本会具有同等的约束力。

中国同盟会总理孙文（孙逸仙）

一九一〇年三月十四日于加利科你省洛杉矶

据蔡平（F. L. Chapin）：《咸马里与中国革命》（*Homer Lea and the Chinese Revolution*），转录美国斯坦福大学胡佛研究所藏英文原件译出，美国，哈佛大学一九五〇年英文打印本

委任钟华雄为深水埗主盟人状

（一九一一年一月十四日）

委任状

　　今委任钟华雄君为深水埗主盟人，依本会所定规则招集同志。倘有特别事务，

---

　　① 在此之前，孙文应邀到洛杉矶，在长滩旅馆（Long Beach Hotel）与咸马里、布思举行多次会谈。决定通过布思向纽约财团商洽贷款三百五十万美元，由咸马里训练军官，以帮助中国革命党人推翻清朝；革命成功后，美国债权人享有在华开矿、办实业等特权。发给此委任状也是长滩会议的一项决定。

当报告附近支部，待命施行。

中国同盟会本部部长孙文签发（印）

南部副支部孙寿屏代

天运庚戌年十二月十四日

据原件照片，台北、中国国民
党文化传播委员会党史馆藏

委任蓝天蔚为关外都督兼北伐第二军总司令状

（一九一二年一月三日）

委任状

今委任蓝天蔚为关外都督兼北伐第二军总司令，此状。

中华民国临时大总统孙文

（中华民国临时大总统印）

中华民国元年正月三日

据原件影印件，广州、
广东省社会科学院藏

委任伍廷芳为议和全权大使状

（一九一二年一月五日）

委任状

今委任伍廷芳为议和全权大使。此状。

中华民国临时大总统孙文（印）

中华民国元年正月五日

据原件影印件，载观渡庐（伍廷芳）
编：《共和关键录》，上海，著易
堂书局一九一二年十一月发行

委任王宠惠为外交部总长状

（一九一二年一月五日）

委任状

今委任王宠惠为外交部总长。此状。

中华民国临时大总统孙文（印）

中华民国元年正月五日

据原件影印件，载《国父图像墨迹集珍》，
台北，近代中国出版社一九八四年二月初版

委任徐绍桢为南京卫戍总督状

（一九一二年一月十一日）

委任状

今委任徐绍桢为南京卫戍总督。此状。

中华民国临时大总统孙文（印）

中华民国元年正月十一日

据原件，上海、上海市档案馆藏

照会法国政府任命张翼枢①为临时政府
驻法全权代表电②

（法　译　中）

（一九一二年一月十一日）

巴黎。外交部长转法国政府：我荣幸地通知您，张翼枢先生现被任命为中华民国临时政府驻法国政府全权代表，为的是使两个姊妹共和国能建立友好关系，并能为推进文明及发展工商业而共同努力。孙文。

据历史档案原件（NS 204 卷 105 页）译
出（张振鹍译），巴黎、法国外交部藏

致蓝天蔚委任其节制北伐沪军暨
海容等三舰电

（一九一二年一月十二日）

急。上海陈都督转关外蓝都督鉴：北伐之沪军暨海容、海琛、南琛三舰，概由贵督节制，以一事权。委任状随寄。总统孙文。侵。

据一九一二年一月十四日上海《天铎报》

---

① 张翼枢：湖南醴陵人，生于一八八五年。二十岁时，受云南省当局选派，先赴越南河内学习，后去巴黎学习政治科学，并在东方博物馆做些翻译工作。一九〇六年加入同盟会。一九一一年十一月孙文路过巴黎时，曾担任孙文的法文翻译。他被南京临时政府任命为驻法全权代表后，在巴黎积极进行过要求法国政府承认中华民国的活动。

② 原文系法文，此为译文。

派员向徐绍桢赍送南京卫戍总督印信令

（一九一二年一月十四日）

中华民国临时大总统令

　　案查南京卫戍总督一缺，前经委任在案，所有应用印信，兹特派员赍送，希即查收备用，并将〈启〉用印信日期呈报备案。此令。

　　计送南京卫戍总督印信一颗，卫戍条例一件

南京卫戍总督徐绍桢　知照

孙文（印）
中华民国元年元月十四日

据原件，上海、上海市档案馆藏

委任内田良平为外交顾问状

（一九一二年一月十五日）

委任状

　　今委任内田良平为外交顾问。此状。

中华民国临时大总统孙文（印）
中华民国元年正月十五日

据原件影印件，载一九四〇年五月二十二日
上海《新中国报》①"日本援助中国革命专辑"

---

① 此系日占区报纸。

委任吴振南为海军部参事官状

（一九一二年一月十七日）

委任状

今委任吴振南为海军部参事官。此状。

中华民国临时大总统孙文（印）

中华民国元年一月十七日

据原件，北京、中国国家博物馆藏

委任秦毓鎏为总统府秘书员状

（一九一二年一月十八日）

委任状

今委任秦毓鎏为总统府秘书员。此状。

中华民国临时大总统孙文（印）

中华民国元年正月十八日

据原件影印件，载《中华之光》编辑委员会编：《中华之光：纪念孙中山先生诞辰 125 周年》，南京，译林出版社，香港，地平线出版社，一九九一年八月初版

致朱执信言如不愿任粤督当劝汪精卫就任电

（一九一二年一月二十五日）

广阳军务总办①朱执信前因有人举为都督，避往香港，并拟辞职往南京。闻

———————

① 此即广阳（按指广州、阳江）军务处帮办。

昨日孙总统由南京致电朱君，劝其不必避往香港，并勿来宁。如不愿任都督，文当婉劝汪精卫回粤就道，到时切望相助为□。

据《孙总统电告汪精卫不日回粤》，载一九一二年一月二十六日《香港华字日报》

致广东军政府暨省临时议会
告任陈炯明为粤督电

（一九一二年一月二十五日）

　　万急。军政府暨省议会公鉴：兹委任陈炯明为广东都督，委任状随寄。大总统孙文。径。（印）

据《陈炯明尚去否》，载一九一二年一月二十七日《香港华字日报》

委任陈兆丰充步队十六团团长状

（一九一二年一月二十七日）

委任状

　　今委任陈兆丰充步队十六团团长。此状。

孙文（中华民国临时大总统印）

陆军部总长黄兴（中华民国陆军部之印）

中华民国元年一月廿七日

据原件影印件，台北、中国国民党文化传播委员会党史馆藏

附载：内务部奉总统府发下委任方潜为南京府知事状着其即迅速赴任令

（一九一二年一月）①

　　顷由大总统府发下委任状一纸，委任方潜为南京府知事，本部奉此。以南京为首善之区，又值兵燹之后，劳来安辑，急待整理，仰即迅速赴任，以专责成。至所有权限、职务，暂照法制院拟定《南京府官职令草案》办理。除咨江苏督都〔都督〕外，合即令知。此令。

〈内务部〉

据《内务部委任南京府知事令》，载《中华民国临时政府新法令》第三册，上海自由社校订兼印行，一九一二年三月初版

致广东省临时议会暨各团体告同意旅宁同乡荐举冯自由为粤督电

（一九一二年二月一日）

　　广州临时省会转同盟会、军团协会、商会、报界暨各团体鉴：本日据旅宁同乡诸公到府会议，佥称"竞存北伐，精卫固辞，粤局无人主持，冯自由组织革命事业多年，于广东情形素所熟悉，对于军民及各社团亦甚浃洽，以之督粤，断堪胜任"等语。文为大局计，此间虽甚资冯臂助，仍当徇商人之请，暂为割爱，用特电知，希即会商电复。总统孙文。东。（印）

据《孙总统致广东电》，载一九一二年二月三日上海《申报》第二版

---

　　①　底本无发文日期。按中华民国临时政府于一九一二年一月间废江宁府而改置南京府，并委任南京府首届知事，乃据此标示。

致汪精卫告旅宁同乡荐举冯自由为粤督
及汪为粤都督府高等顾问电

（一九一二年二月一日）

上海汪精卫鉴：本日据旅宁同乡诸公到府会议，力举冯自由堪胜粤督之任，请电粤商办等情，已照办电粤。诸公并举阁下担任高等顾问，文亦颇以为然。特电知，希复。孙文。东。（印）

据《公电》，载一九一二年二月四日上海《民立报》第二页

致广东省临时议会暨各团体
荐举堪任粤督人选电

（一九一二年二月一日）①

广州临时省会转同盟会、军团协会、商会、报界暨各界团体鉴：本日有旅宁同乡议举冯自由为都督，面求代为发电通知。惟以文意，尚有三人足以胜任：何克夫曾运动广东、云南、广西三省革命之事业，有军事学识，三月二十九之役偕黄兴首先行战，破围而出，以功以能当之无愧；次则胡毅生亦久任实行，其在水陆军务处卓有成勚；又有邓泽如君为南洋同志之领袖，负经理长才，周知社会之情状，各民军统领多尝与结纳而得信服。此三人文知之甚深，敢介绍于桑梓，惟公等选择而举之，幸甚。总统孙文。（印）

据《孙总统荐举堪任粤督之人电》，载一九一二年二月九日上海《时报》（二）

---

① 原电未署日期，按电文谓"本日有旅宁同乡议举冯自由为都督"，据一九一二年二月三日上海《天铎报》记载，二月一日孙文致广东各社团电也有该语，故时间当为二月一日。

复陈炯明勉其留任广东都督电

（一九一二年二月九日）

广东陈都督鉴：省会阳电①："挽留执事为正任都督，取消有期代理之约，海内外各界亦均挽留"等语。粤为东南要地，现时秩序未复，人心未安，执事苦心经营，深洽人望，当为地方勉留。即以大局计，无论和战如何，粤亦为最有力之后援，岂可无人以资镇慑？前已屡电申明，今省会来电，亦同此意。可知谋百粤之治安，实难于求北伐之大将。现所部精锐成行，即亦无亏初志。顾桑梓以安全局，责任有在，贵能审其重轻，非独文一人之厚望也。专布。即复。总统孙文。佳。

据《电报》，载南京《临时政府公报》②
第十四号，一九一二年二月十三日

饬陆军部迅即委任宋子扬为徐州军政长令

（一九一二年二月十日）

临时大总统令

徐州地方，现值戒严，军政长一职，亟应委员充任。查有宋子扬，前经该地方刘仁航等联名禀请委任，当经令行江苏都督查核办理在案。合行令仰该部迅即发给该员宋子扬委任状，责成该员克日受事，以重地方。至名称权限一并由该部规定饬知可也。此令。

陆军部知照

孙文

中华民国元年二月十日

据原件，南京、中国第二历史档案馆藏

---

① 即省临时议会七日电。
② 总统府公报局一九一二年一月起在南京发行。

委任冯自由为外交部商务司长状

（一九一二年二月十二日）

委任状

今委任冯自由为外交部商务司长。此状。

中华民国临时大总统孙文（印）

中华民国元年二月十二日

据原件，上海、上海市档案馆藏

委任王景春为外交部参事及另四人任职令

（一九一二年二月十二日）

委任王景春为外交部参事，冯自由为商务司，马良为外政司，徐田为编译司，徐霁为秘书长。

据《南京电报》，载一九一二年
二月十五日上海《民立报》号外

准财政部总长陈锦涛呈请派交通部总长
汤寿潜充南洋劝募公债总理令

（一九一二年二月十五日）

据财政部总长陈锦涛呈称："现据交通部汤总长来言，自愿前赴南洋经理募集公债。汤总长鸿才硕望，久为中外钦仰，诚堪胜此重任。兹拟恳钧府即令汤总长充南洋劝募公债总理之职，并刊发关防一颗，以资信守。汤总长拟赶旧历年内出发，关防务乞刊就，样式并宜稍小，俾便携带"等情前来。查该部所称各节，自属为劝募得人起见，相应准如所请。除饬印铸局从速赶铸关防一方，俾便带同前往启用视事外，合行令仰该部知照可也。此令。

关防文：南洋劝募公债总理之关防

据《令示》，载南京《临时政府公报》
第十六号，一九一二年二月十五日

致陈席儒等三人及广东省会各界团体
请毋庸举家兄孙眉为粤都督公电

（一九一二年二月十六日）

香港陈席儒、杨西岩，广州陈都督，省会各界团体公鉴：家兄之事，文期期以为不可，前已有电劝家兄及电省城各界矣。昨再电粤，许令精卫、汉民俱回，请省会毋庸另举他人。汪、胡两人未返之前，仍应由陈都督代理，想我粤父老闻之，当可稍慰。总统孙文。（印）

据《为粤事致广东各界电（二）》，载胡汉民编：《总理
全集》第三集，上海，民智书局一九三〇年二月初版

复伍廷芳等三人嘉慰鞠躬尽瘁并准辞议和代表电

（一九一二年二月十七日）

上海议和全权代表伍廷芳、参赞温宗尧、汪兆铭鉴：铣电①悉。公等为民国议和事，鞠躬尽瘁，不避嫌怨，卒能于樽俎之间，使清帝退位，南北统一，不流血而贯彻共和之目的，厥功甚懋。所请辞退议和代表事，应即照准。谨代民国伸谢。总统孙文。篠。

据《附录》，载南京《临时政府公报》
第十九号，一九一二年二月二十二日

---

① 铣电，即十六日电。

复袁世凯告派蔡元培为欢迎专使及
魏宸组等八人为欢迎员电

（一九一二年二月十八日）

北京袁大总统鉴：铣电①悉。此间派定教育总长蔡元培为欢迎专使，外交次长魏宸组、海军顾问刘冠雄、参谋次长钮永健〔建〕、法制局局长宋教仁、陆军部军需局长曾昭文、步兵第三十一团长黄恺元、湖北外交司长王正廷、前议和参赞汪兆铭为欢迎员，偕同唐绍怡〔仪〕前往北京，专迎大驾。并令该员等于起程时，另电左右。孙文。啸。

据《附录》，载南京《临时政府公报》
第二十号，一九一二年二月二十三日

致陈炯明并广东各界告胡汉民汪精卫将回粤
毋庸另举他人为粤督电

（一九一二年二月二十一日）②

广东陈都督并各界公鉴：革命功成，民国统一，胡都督③不日可回原任，精卫亦能同回助理。请无庸另举他人。现状维持。统祈暂为尽力。总统孙文。（印）

据《为粤事致广东各界电（三）》，载胡汉民编：《总理全集》第三集，上海，民智书局一九三〇年二月初版

---

① 铣电，即十六日电。
② 原电未署日期。按南京中国第二历史档案馆藏有"总统府报房去报"，此电文与底本相同，但文末另书"元年二月廿一日"，似系当时总统府报房所加。据此定其为发电日期。
③ 即胡汉民。

致香港陈席儒及广州陈炯明等
告汪精卫胡汉民将回粤毋庸另举他人电

（一九一二年二月二十二日）①

香港陈席儒、杨西岩，广州陈都督、省会、各界团体公鉴：家兄之事，文期期以为不可，前已有电劝家兄及电省城各界矣。昨再电粤，许令精卫、汉民俱回，请省会毋庸另举他人。汪、胡两人未返之前，仍应由陈都督代理，想我粤父老闻之当可稍慰。总统孙文。（印）

据《为粤事致广东各界电（二）》，载胡汉民编：《总理全集》第三集，上海，民智书局一九三〇年二月初版

致沪军都督饬核复朱佩珍呈请遴员接任事令

（一九一二年二月二十二日）

据上海财政长朱佩珍呈称："财政困难，措施无术，请遴员接任"等由前来。为此令行该都督，应如何办理之处，希酌核呈复为要。此令。

据《令示》，载南京《临时政府公报》第十九号，一九一二年二月二十二日

---

① 原电无日期。按文中有"昨再电粤……"之语，似指上篇二十一日电，故酌定此电发自二十二日。

为告委任汪精卫督粤及未到之前由陈炯明代理
各界不可再举他人致陈炯明电

（一九一二年二月二十三日）

广东都督、省会、年〔军〕团协会、各界团体公鉴：现委任汪精卫督粤，俟袁世凯来宁，精卫即返。其未到任以前，由陈督代理，不可更辞。各界不可再举他人。切切。总统孙文。梗。

据《南京去电二十二》，载南京《临时政府公
报》第二十二号，一九一二年二月二十五日

饬财政部转达委任汤寿潜林文庆分为
南洋劝募公债总理副理令

（一九一二年二月二十四日）

案据该部因劝募南洋各埠公债事宜，呈请委任总副理会同前往等因。准此。兹特委任汤寿潜为南洋劝募公债总理，林文庆为劝募南洋公债副理，各给委任状一纸，附令颁发，仰即遵照转达毋误。切切。此令。

据《令示》，载南京《临时政府公报》
第二十一号，一九一二年二月二十四日

致陈炯明告委任汪精卫督粤之电为实
并取消胡汉民回任之令电

（一九一二年二月二十六日）

　　万急。广州陈都督鉴：前廿二日电令胡汉民回任、汪精卫同返，次日汉民面陈力辞，故廿三日再电委任汪精卫督粤，俟袁世凯来宁，精卫即返，未到任以前由陈督代理。两电想先后到粤，自以廿三日电为实，以精卫督粤、陈督代理，其廿二日汉民回任之令取消。特此电闻，并转各界知之。总统孙文。廿六。（印）

据《为粤事致广东各界电（四）》，载胡汉民编：《总理全集》第三集，上海，民智书局一九三〇年二月初版

致同盟会员告派黄芸苏张蔼蕴
为宣慰委员函

（一九一二年二月二十七日）

同盟会诸兄大鉴：

　　弟离国十余年，匆匆过港，又不克与诸同志握手，深以为憾！兹派黄君芸苏、张君蔼云〔蕴〕为宣慰委员。更与我同志接洽一切。黄君为金山同盟会长，张君尽瘁党事有年，因特专函，即问

义安

孙文

元年二月二十七日

据《函札》，载黄季陆主编：《总理全集》，成都，近芬书屋一九四四年七月初版

复陈其美勉顾全大局俟后再商辞职事电

（一九一二年二月二十七日）

万急。上海陈都督鉴：前得辞表，亟电挽留。顷闻执事退志仍坚，政府亦当成执事让德之美。惟以军事、财政、外交、交通诸大端言，沪上都督万难遽行取消，幸请顾全大局，再行勉为其难。俟前述诸大端中央布置就绪后再商。至盼。总统孙文。沁。

据《附录》，载南京《临时政府公报》
第二十五号，一九一二年二月二十九日

核复陆军部呈准以顾忠琛等三人充师旅长批

（一九一二年二月二十八日）

临时大总统孙批

陆军部呈请以顾忠琛充第十六师师长，张振发、赵念伯充第三十一及三十二旅旅长由。

呈悉。准如所请。此批。

二月廿八日
据原稿，南京、中国第二历史档案馆藏

准财政部呈以王鸿猷等三人分任
造币厂正长厂长帮长批

（一九一二年三月四日）

临时大总统批

一件。呈请补充造币厂正长及江南造币厂厂长、帮长由。

呈悉。所请造币总厂正长以该部次长王鸿猷兼任，江南造币厂厂长以王兼善补充，帮长以赵家蕃补充各节，应即照准。此批。

孙文

中华民国元年三月初四日

据《令示》，载南京《临时政府公报》

第三十一号，一九一二年三月七日

准方潜辞南京府知事并令内务部荐员接任批

（一九一二年三月六日）

据南京府知事呈称："潜①江左下士，一介书生，少污伪命，薄宦淮上。痛心北廷腥德，弃官之日本，结纳豪俊，谋复诸华，尝胆卧薪，不敢或懈，奔走革命，亦有年矣。天厌虏德，汉上师兴，素旌一扬，区宇混一。潜之初志，于是乎遂。本当肥遁浚谷，抱璞保真，为共和国民以终老。当金陵初下、中原未复时，大总统不以潜为不肖，委以今职。区夏鼎沸，百务待举之际，身为党人，自不能不勉从诸贤之后，以济艰难。然而服官非潜志也。今幸南北统一，中夏安定，袁大总统将次南来，隆平之治，庶几可望。潜以菲材，忝兹重任，若不自引退以让贤者，不特隙越贻羞，有伤总统之明，亦有背潜之初志。伏望总统别举贤才，俾潜得优游林下，则实南京百姓无疆之休，非仅潜一人之私幸"等情前来。查该知事奔走国事，夙著贤劳，前由该部荐任南京府知事，方冀从容布施，兹阅来呈，力辞今职，情词肫切，自应准予所请。合行令仰该部遵照荐员接任可也。此令。

据《令示》，载南京《临时政府公
报》第三十号，一九一二年三月六日

---

① 潜，即方潜。

准方潜呈辞南京府知事批

（一九一二年三月六日）

呈悉。该知事奔走国事，夙著贤劳。前由内务部荐任南京府知事，方冀从容布施，兹阅呈，力辞今职，情词肫挚，自应准予所请。已令行内务部荐员接任矣。此批。

据《令示》，载南京《临时政府公报》第三十号，一九一二年三月六日

核复江宁自治公所呈饬知已准方潜辞南京府知事批

（一九一二年三月六日）

呈悉。南京府知事方潜，现由安徽都督孙毓筠电调赴皖襄助要政，并据方潜来呈力辞今职，已令行内务部荐员接任矣。仰即知照。此批。

据《令示》，载南京《临时政府公报》第三十号，一九一二年三月六日

委任梅乔林为总统府秘书员状

（一九一二年三月九日）

委任状

今委任梅乔林为总统府秘书员。此状。

中华民国临时大总统孙文

中华民国元年三月九日

据原件影印件，台北、中国国民党文化传播委员会党史馆藏

批光复军司令李燮和辞职呈

（一九一二年三月十日）

　　呈悉。该司令规画东南，往来淞沪，朱家结士，翟义兴军，用张光复之旗，誓扫膻腥之秽；遂乃蛟腾沪渎，鹰攫金陵，收龙盘虎踞之雄，作电掣风驱之势；于是汉阳晴树，无碍云烧，岳墓南枝，顿教风定，厥功甚伟，其绩尤多。当夫开府吴淞，联军苏浙，横江锁铁，竟胶王濬之楼船；断水投鞭，直慑苻秦以草木，定倒悬之大局，推发踪之功人。今则天下一家，旗新五色，人无贰志，政美共和，国家当倚寄于长城，将军遽退藏于大树，从赤松而辟谷，固秦仇已报之心，徙朱地而计家，岂范策未行之故。然而一行已决，早知驹谷难留，百战余生，宜遂荷衣初服，用兹嘉许，放李靖为神仙；树之风声，使樊侯无容地也。惟买山之钱不备，歉仄滋多；而柱下之史待修，荣名靡替。此批。

据《令示》，载南京《临时政府公报》
第三十四号，一九一二年三月十日

委任范光启为中国同盟会政事部干事状

（一九一二年三月十三日）

委任状

　　今委任范光启君为本部政事部干事。此状。

中国同盟会总理孙文

据原件影印件，台北、中国国
民党文化传播委员会党史馆藏

委任缪名震为总统府庶务员状

（一九一二年三月十四日）

委任状

今委任缪名震为总统府庶务员。此状。

中华民国临时大总统孙文

中华民国元年三月十四日

据原件影印件，载辛亥革命武昌起义纪念馆编：《辛亥革命大写真》，武汉，湖北美术出版社二〇〇一年十月出版

委任彭丕昕为印铸局庶务长兼工正状

（一九一二年三月十四日）

委任状

今委任彭丕昕为印铸局庶务长兼工正。此状。

中华民国临时大总统孙文（印）

中华民国元年三月十四日

据原件，台北、中国国民党文化传播委员会党史馆藏

委任黄晋三为总统府庶务员状

（一九一二年三月十四日）

委任状

今委任黄晋三为总统府庶务员。此状。

中华民国临时大总统孙文（印）

中华民国元年三月十四日

据原件照片，台北、中国国民党文化传播委员会党史馆藏

委任余沅为议和秘书状

（一九一二年三月十四日）

委任状

今委任余沅为议和秘书。此状。

中华民国临时大总统孙文（印）

中华民国元年三月十四日补发

据原件影印件，载中国人民政治协商会议全国委员会文史资料研究委员会、中国革命博物馆联合编辑：《孙中山先生画册》，北京，中国文史出版社一九八六年九月出版

与黄兴联署委任宾步程充金陵机器局局长状

（一九一二年三月十五日）

委任状

今委任宾步程充金陵机器局局长。此状。

孙文

陆军部总长黄兴

中华民国元年三月十五日

据原件照片，台北、中国国民党文化传播委员会党史馆藏

准王鸿猷呈辞江南造币总厂正长兼职
并暂缓设置该正长职批

（一九一二年三月十六日）

据该部次长兼江南造币总厂正长王鸿猷呈称："现在全国造币分厂多未成立，

正长一职，虚名徒拥，请下令取销，以正名称而昭核实"等情。据此，查原定章程，造币总厂应设正长、次长各一缺，以负监督全国造币分厂之责。既据称现时分厂无多，事务尤简，自属实情。该正长一职，应准暂缓设置，以符因事建官之义，而慰该次长综核名实之心。此批。

据《令示》，载南京《临时政府公报》
第四十号，一九一二年三月十六日

不准辛汉呈辞南京府知事批

（一九一二年三月二十日）

呈悉。任官惟贤，本不限乎区域。昨经内务部荐任该员接充南京府知事一职，当经本总统发给委任状在案。兹阅来呈，以频年游学在外，于地方情形未能谙悉，力辞今职。该员学优而仕，正宜为父母之邦力谋幸福，即使见闻偶有未周，父老乡人断无有不竭诚相告者。兼听则明，古有明训，何所容其顾虑。即赴新除，展乃抱负。所请辞职之处，应毋庸议。此批。

据《令示》，载南京《临时政府公报》
第四十三号，一九一二年三月二十日

不准钮永建呈辞参谋部次长批

（一九一二年三月二十一日）

两呈均悉。该次长①参赞戎机，宣力民国，两月以来，克尽厥职。际兹共和统一，战事告终，大局虽已敉平，军备尚多筹划，允宜同心勠力，共济时艰，勉力前途，毋负委任。所请辞去参谋部次长及呈请严予处分之处，应毋庸议。此批。

据《令示》，载南京《临时政府公报》
第四十四号，一九一二年三月二十一日

---

① 该次长，即参谋部次长钮永建。

谕内务部转饬辛汉不准其辞南京府知事令

（一九一二年三月二十一日）

顷据南京府知事辛汉呈请辞职前来，除批"呈悉。任官惟贤，本不限乎区域。昨经内务部荐任该员接充南京府知事一职，当经本总统发给委任状在案。兹阅来呈，以频年游学在外，于地方情形未能谙悉，力辞今职。该员学优而仕，正宜为父母之邦力谋幸福，即使见闻偶有未周，父老乡人断无有不竭诚相告者。兼听则明，古有明训，何所容其顾虑。即赴新除，展乃抱负。所请辞职之处，应毋庸议"外，合行令仰该部转饬该知事遵照批示，克日赴任受事可也。此令。

据《令示》，载南京《临时政府公报》
第四十四号，一九一二年三月二十一日

准委任李燮和为长江上游水师司令长及不准
委张通典为长江下游水师司令长批^①

（一九一二年三月二十一日）

临时大总统批

一件。该部呈请发给长江上下游水师总司令长委任状由。

呈悉。长江上下游，联贯数千里，舳舻相接，商旅殷繁，宵小出没其间，宜有水师统一机关，不时巡逻来往，以资镇摄。兹据呈荐李燮和为长江上游水师总司令长，张通典为长江下游水师总司令长。查李燮和久膺戎寄，威望素孚，应即照准。惟张通典前已由交通部荐任为该部参事在案，民国鼎新，未便仍沿兼差恶习，致旷官职，而阻贤路。如非张通典不能胜任，应由该部先咨明交通部撤去该员张通典参事一职，再行委任，以期核实。至长江上下游既设有司令二员，不若

---

① 原呈是陆、海军部于一九一二年三月十六日会衔申请。

改总司令长名称为司令长较为妥叶，委任状发还改定另呈可也。此批。

孙文

中华民国元年三月二十一日

据《南京临时政府档案》原件，
南京、中国第二历史档案馆藏

与黄兴联署委任陈干充三十九旅旅长状

（一九一二年三月二十九日）

委任状

今委任陈干充三十九旅旅长。此状。

孙文

陆军部总长黄兴

中华民国元年三月二十九日

据原件，台北、中国国民党
文化传播委员会党史馆藏

委任张室为议和秘书状

（一九一二年四月一日）

委任状

今委任张室为议和秘书，此状。

中华民国临时大总统孙文（印）

中华民国元年四月一日补发

据原件影印件，广州、
广东省立中山图书馆藏

委任林莲荪为中华银行总理状

（一九一二年八月十六日）

委任状

　　今委任林莲荪为中华银行总理。此状。

中华银行总董孙文（印）

中华民国元年八月十六日

据原件影印件，载陈旭麓、郝盛潮主编，王耿雄等编：《孙中山集外集》，上海，

上海人民出版社一九九〇年七月出版

致前同盟会等三党党员指定居正等三十人
为国民党交通部职员公告①

（一九一二年十月十三日刊载）

前同盟会、统一共和党、国民公党党员公鉴：

　　三党合并，已开会成立，而职员选举，颇多困难。窃意交通部规则尚未定妥，而目前办事，又不可无人。鄙人特依三党代表之请，指定办事人三十员，以谋党事之进行，望即宣布承认。国民党幸甚。此颂

公安

孙文启

　　居正、温宗尧、姚勇忱、拓鲁生、王一亭、张昭汉、虞汝钧、封德三、戴天仇、邓家彦、于右任、邵元冲、汪洋、章佩一、陈楚楠、汪幼菴、王汉章、陈鸿璧、潘训初、徐血儿、戴绥章、郑权、武仲英、李怀霜、戴仁、马素、庞青城、

_____

　　①　此件载于上海《民立报》第一页广告栏，当为筹组上海国民党交通部而发。

周浩、梁重良、王博谦。

据《国民党筹办处通告》，载一九一二年十月十三日上海《民立报》第一页

致北京政府告聘王宠惠为顾问及聘另二人职务电

（一九一二年十月中旬）

现聘定王宠惠为顾问，徐谦为秘书，胡朝栋为工程师。下月一同出洋考察筑路，一切聘约，均期十年。

据《北京电报》，载一九一二年十月二十一日上海《民立报》第三页

委任彭丕昕为国民党重庆交际员证书

（一九一二年十一月十四日）

委任证

今委任彭丕昕君为本党重庆交际员。此证。

国民党理事长孙文

吴景濂代理

中华民国元年十一月十四日

据原件，台北、中国国民党文化传播委员会党史馆藏

委任杨楚材为国民党甘肃交际员证书

（一九一三年四月五日）

委任证

今委任杨楚材君为本党甘肃交际员。此证。

国民党理事长孙文

理事吴景濂代理

中华民国二年四月初五日

据原件，台北、中国国民党文化传播委员会党史馆藏

委任陈新政为国民党槟榔屿支部副部长证书

（一九一三年六月一日）

委任证

今委任陈新政君为本党南洋槟榔屿支部副部长。此证。

国民党理事长孙文

代理理事长吴景濂

中华民国二年六月一日

据原件影印件，台北、中国国民党文化传播委员会党史馆藏

委任凌钺等五人为中华革命党党务部
各局局长及另五人其他职务令

（一九一四年十月二十二日）

中华革命党总理令　令第二号

据党务部呈请委任如左：委凌钺为党务部第一局长，委肖萱为党务部第二局长，委张肇基为党务部第三局长，委贺治襄为党务部第四局长，委徐朗西为党务部第五局长，委范鸿钧为党务部机要职务长，委方谷为党务部机要庶务，委钟鼎为党务部第三局职务员，委夏重民为党务部第三局职务员，委周道万为党务部第三局职务员。

孙文

中华民国三年十月二十二日

据原件，台北、中国国民党文化传播委员会党史馆藏

与陈其美居正联署委任陈新政为
中华革命党庇能^①支部长状

（一九一四年十月二十六日）

委任状

　　委任陈新政为庇能支部长。此状。

中华革命党总理孙文

总务部部长陈其美

党务部部长居正

中华民国三年十月二十六日

据原件照片，台北、中国国民
党文化传播委员会党史馆藏

与陈其美居正联署委任林照英为中华
革命党麻坡支部副支部长状

（一九一四年十月二十八日）

委任状

　　委任林照英为麻坡支部副支部长。此状。

中华革命党总理孙文

总务部部长陈其美

党务部部长居正

中华民国三年十月二十八日

据原件照片，台北、中国国民
党文化传播委员会党史馆藏

---

　　① 庇能，即今马来西亚槟榔屿。

委任苏无涯为广西支部长手令

（一九一四年十一月二日）①

委任苏无涯为广西支部长。

据原件，台北、中国国民党
文化传播委员会党史馆藏

委任弓长杰为联络委员手令

（一九一四年十一月三日）

委任弓长杰为联络委员。

寄巴城天铎报馆。

孙文

十一月三日

据原件，台北、中国国民党
文化传播委员会党史馆藏

附载：中华革命党本部总务部致党务部
告总理令委戴季陶为浙江支部长函②

（一九一四年十一月十五日）③

径启者：十一月十三日案据署理浙江支部长戴传贤呈称"本月十二日午前九

---

①　原件无年代，仅署"由部长交来，十一月二日"，年代据《民国三至五年委任中华革命党人员姓名录》考订。

②　孙文于一九一四年七月在东京正式成立中华革命党后，任命本部各部主管，加强对各地下属机构的联络和指导。总务部列名各部之首，负责接洽海内外支分部及各方同志，并处理各项庶务。总务部长陈其美，后奉命入内地策划武装反袁，由副部长谢持在日主持该部工作。

③　函末未标年份，此据底本《文稿》的前后编排次序酌定。

点钟于民国社召集浙江省党员开会商定浙江省支部组织事，当由到会各党员举定候补支部长，计戴传贤七票、殷汝骊一票，相应呈明总务部，请即转呈总理裁夺"等情。据所查戴传贤即戴天仇，前经总理委任署理浙江支部长在案。敝部据前情正拟修文请由贵部转呈总理核办，适奉总理命令，委戴传贤为浙江支部长，除填给委任状外，合将该省党员开会票选支部长情形函达贵部备案。希即查照。

此颂

大安

党务部鉴

总务部启

十一月十五号（缮发）

据《寄党务部函稿》，载中华革命党本部总务部《文稿》第一卷（中华民国三年十月二十八号立），原稿本，上海图书馆藏

委任宋瑞珊等三人任高丽丸
天洋丸二分部正副部长令

（一九一四年十一月二十日）

中华革命党总理令

委任宋瑞珊为高丽丸分部正分部长，委任黄碧珊为高丽丸分部副分部长，委任陈槐卿为天洋丸分部部长。

孙文

中华民国三年十一月二十日

据原件，台北、中国国民党
文化传播委员会党史馆藏

特委李峰栞范慕连为经理借款委员令

（一九一四年十一月二十三日）

中华革命党总理令

特委李峰栞、范慕连为经理借款委员。此令。

孙文

据原件，台北、中国国民党文化传播委员会党史馆藏

委任叶独醒等四人为菲律宾宿务吉礁二埠
中华革命党支部正副部长令

（一九一四年十一月二十六日）

中华革命党总理令

委任叶独醒为宿务支部正支部长，委任伍尚铨为宿务支部副支部长，委任傅荣华为吉礁支部正支部长，委任李启明为吉礁支部副支部长。

孙文
中华民国三年十一月二十六日

据原件，台北、中国国民党文化传播委员会党史馆藏

委任吴藻华为江南皖南革命军司令长官令

（一九一四年十一月二十八日）

中华革命党总理令

委任吴藻华为江南皖南革命军司令长官。此令。

孙文
中华民国三年十一月二十八日

据原件，台北、中国国民党文化传播委员会党史馆藏

委任卢伯筠等五人为西伯利亚等
五船中华革命党分部部长令

（一九一四年十二月四日）

中华革命党总理令

　　据党务部呈请委任如左：委任卢伯筠为西伯利亚船分部长，委任黄林为地洋丸分部长，委任罗光汉为蒙古船分部长，委任蔡文修为 China（支那）船分部长，委任戴焯文为满洲船分部长。

孙文

民国三年十二月四日

据原件，台北、中国国民党
文化传播委员会党史馆藏

委任梁愚陈乙民为中华革命党
日里属支部正副部长令

（一九一四年十二月七日）

中华革命党总理令　　第十号

　　委任梁愚为日里属正支部长，委任陈乙民为日里属副支部长。

孙文

民国三年十二月七日

据原件，台北、中国国民党
文化传播委员会党史馆藏

委任张宗海等三人为中华革命党
甘肃等三支部支部长令

（一九一四年十二月十六日）

中华革命党总理令

　　委任张宗海为甘肃支部长。此令。

　　委任陈家鼐为湖南支部长。此令。

　　委任何天炯为广东支部长。此令。

孙文

中华民国三年十二月十六日

据原件，台北、中国国民党
文化传播委员会党史馆藏

委任王善继白耀辰各为河南关外军事联络员令

（一九一四年十二月二十六日）

中华革命党总理令

　　委任王善继为河南军事联络员。此令。

　　委任白耀辰为关外军事联络员。此令。

孙文

中华民国三年十二月二十六日

据原件，台北、中国国民党
文化传播委员会党史馆藏

李萁为革命军广东游击队司令令

（一九一五年一月三日）

十三号

　　李萁为革命军广东游击队司令。

四年一月三日

据原件，台北、中国国民党
文化传播委员会党史馆藏

着总务部等查核李容恢可否给予委任赴南洋联络令

（一九一五年一月六日）

　　李容恢君自请效力往南洋联络，可否给予委任，着总务部长、副部长、党务部长与江西支部长会议，从详查核施行。此令。

　　准正月初九以前答复。

总理孙文令

据原件，台北、中国国民党
文化传播委员会党史馆藏

准许崇智等呈委蔡济民为湖北革命军司令长官批①

（一九一五年一月二十六日）

　　着照办理。

据《文电》，载黄季陆主编：《总理全集》，
成都，近芬书屋一九四四年七月初版

---

　　①　原呈请委蔡济民为湖北革命军司令长官事。许崇智时任中华革命党军事部长。

准许崇智等函委夏尔玙为中华革命军浙江司令长官批①

（一九一五年一月二十七日）

着照办理。

据《文电》，载黄季陆主编：《总理全集》，成都，近芬书屋一九四四年七月初版

批许崇智周应时请委庞三杰为鲁豫淮游击队司令官呈

（一九一五年二月一日）

准照办理。

附：许崇智等原呈

军事部正、副部长呈：拟请委任庞三杰为鲁豫淮游击队司令官，担任由丰沛砀三县起义，同时即破坏津浦铁路，以阻北兵南下，并游击于鲁豫淮交壤一带，而尤以破坏津浦铁路为主要之任务。是否有当，应候批示祗遵。右呈总理钧鉴。

许崇智（印）、周应时（印）

民国四年正月三十一日

（四年二月一日下午二时收到）

据黄季陆主编：《革命文献》第四十八辑，台北，中国国民党中央委员会党史史料编纂委员会一九六九年九月出版

---

① 原函呈请委任夏尔玙为中华革命军浙江司令长官事。

委任宋挤三为河南省军事联络委员状

（一九一五年二月一日）

委任状

　　委任宋挤三为河南省军事联络委员。此状。

中华革命党总理孙文（孙文之印）

（中华革命党本部之印）

中华民国四年二月一日

据原件影印件，广州、
广东省社会科学院藏

附载：中华革命党本部总务部致军事部
告总理准委庞三杰为豫鲁淮游击队司令官函

（一九一五年二月一日）①

　　径启者：顷由总理交下贵部呈请委任庞三杰为豫鲁淮游击队司令官一案，奉批"准照办理"等因，合行特达，即希查照。顺颂

公安

军事部

总务部启

二月一日

（缮发、持注）

据《致军事部函稿》，载中华革命党本部
总务部《文稿》第一卷（中华民国三年十
月二十八号立），原稿本，上海图书馆藏

---

①　函末未标年份，此据底本《文稿》的前后编排次序酌定。

批许崇智周应时请委哈在田等
为徐淮革命军司令官呈

（一九一五年二月三日）

准照办理。

附：许崇智周应时原呈

（一九一五年二月一日）

军事部正、副部长呈：窃自四川起义以来，各省志士，咸思急起直追。而据海内各部最近报告，谓贼军近日，纷纷在鄂湘一带调兵入川。为灭此朝食计划，当此千钧一发，若非他省有二三处同时响应，遥相控制，则贼军得注全力以图川。川局一失，则此后更难于号召。部长等日夜焦思，自来长江流域，为用兵者所必争，淮扬徐海通等处，尤扼南北之冲要。目前要着，莫如以江北淮徐海一带为主动，以通扬为被动，牵制北寇之行动。所有原因，业于上月三十一日，由副部长面尘聪听，当邀采用。兹拟委任哈在田，为徐州革命军司令官，臧在新为淮上革命军司令官，丁明清为海州革命军司令官，担任在于该三处先后起义，协同一致进行，以胁制清江原有军队，就我范围为主要之目的。至通扬两处，基础尚形薄弱，拟委任程壮为通州革命军司令官，詹炳炎为扬州革命军司令官，即时着手经营，俟徐淮海起义，乘时响应。日前所许款项，另单呈电，均请从速指拨，以便克日出发。江南计划，候该区司令长官吴藻华到东再定。至山东河南计划，俟酌定担任，再行呈请核夺。是否，伏候批示祗遵。右呈总理钧鉴。

附清单一纸。

许崇智（印）、周应时（印）

民国四年二月初一日

（四年二月三日上午九时收到）

据黄季陆主编：《革命文献》第四十八辑，台北，中国国民党中央委员会党史史料编纂委员会一九六九年九月出版

附载：中华革命党本部总务部致军事部
告总理准委哈在田等为江北徐淮各处司令官函

（一九一五年二月三日）①

　　径启者：顷由总理交下贵部呈请委任哈在田、臧重新等为江北徐淮各处司令官一案，奉批"准照办理"等因，合行转达，即希察照。顺颂
公安
军事部鉴

总务部启

二月三日

（缮发）

据《致军事部函稿》，载中华革命党本部
总务部《文稿》第一卷（中华民国三年十
月二十八号立），原稿本，上海图书馆藏

批许崇智周应时请委浙江革命军军务人员呈

（一九一五年二月四日）

　　除蒋介石外，悉着照议办理。

附：许崇智等原呈

　　军事部正、副部长呈：窃准浙江革命军司令长官夏尔璵函开：前奉总理明命办理浙事，力薄任重，深虞陨越，特以天责所在，勉承其乏，未敢固辞，第进行事务至为繁重，苟非同舟共济，岂能迅收成功。兹拟请委任郑炳垣为浙江革命军第一旅旅长；蒋介石为浙江革命军宁波司令官；邵元冲为浙江革命军绍兴司令官；金维系为浙江革命军严州司令官，函请察转等语。为此转呈，可否，伏乞批示祗

---

　　①　函末未标年份，此据底本《文稿》的前后编排次序酌定。

遵。右呈总理钧鉴。

许崇智（印）、周应时（印）

民国四年二月初三日

（四年二月四日上午十二时收到）

据黄季陆主编：《革命文献》第四十八

辑，台北，中国国民党中央委员会党史

史料编纂委员会一九六九年九月出版

批许崇智周应时请委吴醒汉江炳灵
为湖北革命军参谋长副官长呈

（一九一五年二月四日）

着照办理。

附：吴醒汉原呈

军事部呈：窃准湖北革命军司令长官蔡济民函开，本月一日奉大部发下总理委任蔡济民为湖北革命军司令长官之委任状一纸，并中华革命军司令部通则一份，当即祗领在案。济民刻下为时势所迫，不能返国，全体幕僚似无设置之必要。惟参谋长及副官长各一员，一则因计划进行，一则因办理机要，设置势不宜缓。查有本党党员吴醒汉，堪以委任为湖北革命军司令长官部参谋长，江炳灵堪以委任为湖北革命军司令长官部副官长，函请转请总理迅赐委任等语。部长等复查，该司令长所请尚属实事求是，除转知吴醒汉、江炳灵速将履历送部外，应请迅赐委任施行，右呈总理钧鉴。

许崇智（印）、周应时（印）

民国四年二月四日

（四年二月四日上午十二时收到）

据黄季陆主编：《革命文献》第四十八

辑，台北，中国国民党中央委员会党史

史料编纂委员会一九六九年九月出版

委任邵元冲为浙江革命军绍兴司令官状

（一九一五年二月四日）

委任邵元冲为浙江革命军绍兴司令官。此状。

中华革命党总理孙文

总务部长陈其美

军务部长许崇智

中华民国四年二月四日

据原件影印件，载《建国月刊》第一卷第二期

附载：中华革命党本部总务部致军事部
告总理准委浙江革命军第一旅旅长郑炳垣等函

（一九一五年二月四日）①

径启者：顷由总理交下贵部转据浙江革命军司令长官夏尔玙呈请委任浙江革命军第一旅旅长郑炳垣等一案，奉批"除蒋介石外，悉着照议办理"等因，合行转达，即希察照。顺颂

钧安

军事部鉴

总务部启

二月四日

据《致军事部函稿》，载中华革命党本部
总务部《文稿》第一卷（中华民国三年十
月二十八号立），原稿本，上海图书馆藏

---

① 函末未标年份，此据底本《文稿》的前后编排次序酌定。

附载：中华革命党本部总务部致军事部
告总理准委湖北革命军参谋长副官长各员函

（一九一五年二月四日）①

　　径启者：顷由总理交下贵部转据湖北革命军司令长官蔡济民呈请委任参谋长、
副官长各员一案，奉批"着照办理"等因，合行转达，即希察照。顺颂
钧安
军事部鉴

总务部启
二月四日

据《致军事部函稿》，载中华革命党本部
总务部《文稿》第一卷（中华民国三年十
月二十八号立），原稿本，上海图书馆藏

批居正请委周知礼为云南支部长呈

（一九一五年二月六日）

准照办理。

附：居正原呈

　　党务部呈：据云南支部长杨益谦陈述，该支部成立以来已届六月，遵照总章
由本省党员推荐周知礼为支部长。经正于本日接洽，理合呈请给予委任，以重党

---

　　①　函末未标年份，此据底本《文稿》的前后编排次序酌定。

务而专责成。此呈总理鉴核示遵。

居正（印）

民国四年二月〇日

（四年二月六日下一时收到）

据黄季陆主编：《革命文献》第四十八
辑，台北，中国国民党中央委员会党史
史料编纂委员会一九六九年九月出版

批许崇智周应时请委盛碧潭
为浙江革命军宁波司令官呈

（一九一五年二月七日）

着照办理。

附：许崇智等原呈

军事部正、副部长呈：窃据浙江司令长官夏尔璵函称：浙江亟宜进行，而宁
波一隅尤为海澨重镇，非得人主持不为功。兹查有盛碧潭长于军事，于甬军尤有
联络，函请委任为浙江革命军宁波司令官，以资进行等情前来。除俟该员履历到
时补呈外，理合转呈，伏候批示祇遵。右呈总理钧鉴。

许崇智（印）、周应时（印）

中华民国四年二月六日

（四年二月七日上午十时收到）

据黄季陆主编：《革命文献》第四十八
辑，台北，中国国民党中央委员会党史
史料编纂委员会一九六九年九月出版

批居正请委黄展云为福建支部长呈

（一九一五年二月七日）①

着照办理。

附： 居正原呈

敬呈者：据兼任福建支部长许崇智呈请辞职，并请委黄展云为福建支部长等情，蒙谕准如所请。除由正通告许崇智外，即请委黄展云为福建支部长。令总务部查照执行，以重党务，而专责成，不胜待命之至。

党务部居正（印）谨呈

民国四年一月　日

（四年二月七日上〈午〉十时收到）

据黄季陆主编：《革命文献》第四十八辑，台北，中国国民党中央委员会党史史料编纂委员会一九六九年九月出版

附载： 中华革命党本部总务部致军事部
告总理准委盛碧潭为宁波司令官函

（一九一五年二月七日）②

径启者：顷由总理交下贵部转呈浙江司令长官夏尔玙请委盛碧潭为宁波司令官一案，奉批"着照办理"等因，合行转达，即希察照。顺颂
公安

---

① 日期据来函。
② 函末未标年份，此据底本《文稿》的前后编排次序酌定。

军事部鉴

总务部启

二月七日

（缮发）

据《致军事部函稿》，载中华革命党本部总务部《文稿》第一卷（中华民国三年十月二十八号立），原稿本，上海图书馆藏

附载：中华革命党本部总务部致党务部
告总理准许崇智辞兼福建支部长请委黄展云接任函

（一九一五年二月七日）①

径启者：顷由总理交下贵部转呈兼任福建支部长许崇智辞请委任黄展云接办一案，奉批"着照办理"等因，合行转达，即希察照。顺颂

公安

党务部鉴

总务部启

二月七日

（缮发）

据《致党务部函稿》，载中华革命党本部总务部《文稿》第一卷（中华民国三年十月二十八号立），原稿本，上海图书馆藏

附载：中华革命党本部总务部致党务部
告总理饬即审查云南支部长继任人选周知礼函

（一九一五年二月八日）②

径启者：敝部部长面奉总理交下云南支部长杨益谦呈请辞职清册一扣，并令

---

① 函末未标年份，此据底本《文稿》的前后编排次序酌定。

② 函末未标年份，此据底本《文稿》的前后编排次序酌定。

敝部将原案移送贵部，所有关于周知礼当选继任之处，即请贵部审查，总理酌核给委等因，合行转达，即希察照。顺颂

公安

党务部鉴

总务部启

二月八日

附计云南支部长呈请辞职清册一扣。

（缮发）

据《致党务部函稿》，载中华革命党本部总务部《文稿》第一卷（中华民国三年十月二十八号立），原稿本，上海图书馆藏

批准居正呈委王敬祥为
中华革命党神户大阪支部长

（一九一五年二月九日）

准照办理。

附：居正呈文

敬呈者：党员王敬祥在神户、大阪华侨商界颇富声望，对于党事夙抱热忱，特呈请委为神户大阪支部长，以资联络，而张党势。是否有当，伏乞总理核夺施行。

党务部长居正（居正之印）

（中华革命党党务部之印）

中华民国四年二月九日

据原件，台北、中国国民党文化传播委员会党史馆藏

附载：中华革命党本部总务部致党务部
告总理准委王敬祥为神户大阪支部长函

（一九一五年二月十日）①

　　径启者：顷由总理交下贵部呈请委任王敬祥为神户大坂〔阪〕支部长一案，奉批"准照办理"等因，合行转达，即希察照。顺颂
公安
党务部鉴

总务部启

二月十日

（缮发）

　　　　　　　据《致党务部函稿》，载中华革命党本部总务部《文稿》第一卷（中华民国三年十月二十八号立），原稿本，上海图书馆藏

与陈其美居正联署委任王敬祥为
中华革命党神户大阪支部长状

（一九一五年二月十一日）

委任状
　　委任王敬祥为神户、大阪支部长。此状。

中华革命党总理孙文（孙文之印）

总务部部长陈其美（陈其美印）

党务部部长居正（居正之印）

（中华革命党本部之印）

中华民国四年二月十一日

　　据原件，神户、孙文纪念馆藏

---

　　①　函末未标年份，此据底本《文稿》的前后编排次序酌定。

附载：中华革命党本部总务部致党务部
告总理准委周知礼为云南支部长函

（一九一五年二月十一日）①

　　径启者：顷由总理交下贵部呈请委任周知礼为云南支部长一案，奉批"准照办理"等因，合行转达，即希察照。顺颂

公安

党务部鉴

总务部启

二月十一日

（缮发）

据《致党务部函稿》，载中华革命党本部
总务部《文稿》第一卷（中华民国三年十
月二十八号立），原稿本，上海图书馆藏

批许崇智周应时请委江南革命军军事人员呈

（一九一五年二月十四日）

准照办理。

附：许崇智等原呈

　　军事部正、副部长呈：兹据江南革命军司令长官吴藻华申送，请委江南军事人员清单一纸到部。部长等查江南司令长官一职委任已久，现值进行紧急之际，所有应设担任军事人员，亟应遴材委任，以便分途着手，各专责成。复查该司令长官请委各员，均系奔走江南军事日久，成绩颇著，除周栖云、施恨公、周济时

---

① 函末未标年份，此据底本《文稿》的前后编排次序酌定。

三员，照中华革命党军委任通则，由军事部委任外，其余一十七员，均拟请分别委任，是否？伏候批示祗遵。右呈总理钧鉴。

附呈清单一纸。

许崇智（印）、周应时（印）

民国四年二月十四日

谨将请委江南军事人员姓名职务，缮具清单，呈请核夺。

计开：

俞　奋　拟请委任南京革命军司令官

陈　剧　拟请委任镇江革命军司令官

吴江左　拟请委任苏州革命军司令官

张建勋　拟请委任江宁革命军第一旅旅长

刘　泽　拟请委任江宁革命军第二旅旅长

陈雄洲　拟请委任江苏革命军第二师师长

华盛文　拟请委任南京军事特派员

丁联英　拟请委任太湖军事联络员

吴正卿　拟请委任江南革命军司令长官部参谋长

丁士杰　拟请委任江南革命军司令长官部副官长

伏　龙　拟请委任南京革命军司令部参谋长

蒯　韩　拟请委任南京革命军司令部副官长

狄锡钧　拟请委任江苏革命军司令部参谋长

孙宗孺　拟请委任苏州革命军司令部副官长

王程远　拟请委任苏州革命军警察厅长

文鼎仙　南京军械局正局长

李郯曰　南京军械局副局长

以上十七员，均请总理委任。

周栖云　请委任江南司令长官部参谋

施恨公　请委任江南司令长官部副官

周济时　拟委任江南司令长官部副官

以上三员，按照委任通则由军事部委任。

中华民国四年二月十一日军事部呈

据黄季陆主编：《革命文献》第四十八辑，台北，中国国民党中央委员会党史史料编纂委员会一九六九年九月出版

批许崇智周应时请委张宗海为
甘肃革命军事特派员呈

（一九一五年二月十五日）

准照办理。

附：许崇智等原呈

军事部呈：窃甘肃党员张宗海，原担任偕同李子和、赵殿英、胡振域、王殿魁、王介凡等前赴甘肃经营，嗣该员呈送甘肃军事计划表并说明书到部，部长等详细审查，语皆确实，所定办法亦征妥协。现当进行吃紧之际，拟请委任张宗海为甘肃革命军军事特派员，一面饬令该员赶速出发，是否有当，应请批示施行。右呈总理钧鉴。

许崇智（印）、周应时（印）

民国四年二月十四日

（四年二月十五日上午七时收到）

据黄季陆主编：《革命文献》第四十八辑，台北，中国国民党中央委员会党史史料编纂委员会一九六九年九月出版

批许崇智请更委江苏革命军军务人员呈

（一九一五年二月十五日）

准照办理。

附：许崇智原呈

军事部部长呈：窃部长于本月十四日呈请委任江南军事人员一案，奉经总理批开准照办理等因在案。兹经部长再四思维，各省皆设有司令长官综理全省军务，江南办法独异，于进行尚难统一，拟请委任军事部副部长周应时兼充江苏革命军司令长官，综理江苏全省军务。以前委任之江北司令长官张汇滔，拟即取销。江南之司令长官吴藻华，拟改委江苏革命军司令长官部参谋长；前请委任江苏革命军司令长官部参谋长之吴正卿，拟改委任苏州革命军司令部参谋长；前请委苏州革命军司令部参谋长之狄锡钧，拟改委苏州革命军司令部参谋；其余均仍照所请委任。再刘斌拟请委任通州革命军司令部参谋长，童勤培拟请委任通州革命军司令部副官长。是否有当，应请批示。右呈总理钧鉴。

许崇智（印）

民国四年二月十五日

据黄季陆主编：《革命文献》第四十八辑，台北，中国国民党中央委员会党史史料编纂委员会一九六九年九月出版

批许崇智请委黄国华为福州革命军司令官呈

（一九一五年二月十六日）

准照办理。

附：许崇智原呈

军事部部长呈：窃福建军事，非有资深军官主持指挥，难于着手。兹查有黄国华在闽军队最久，且向隶部长部下，第二次革命失败后，该员因为贼党所忌，赋闲闽垣。现值时机紧急，拟请委任黄国华为福州革命军司令官，俾其就地迅速筹备，以资进行，是否有当，理合呈请批示，右呈总理钧鉴。

许崇智（印）
民国四年二月十六日

（四年二月十六日下〈午〉四时收到）

据黄季陆主编：《革命文献》第四十八辑，台北，中国国民党中央委员会党史史料编纂委员会一九六九年九月出版

批居正请委江苏支部各职员呈

（一九一五年二月十六日）

准照办理。

附：居正原呈

党务部呈：据江苏支部长吴藻华函请委任茅祖权为江苏支部总务科科长，张维为江苏支部党务科科长，施承谟、张锦堂为江苏支部参议。查前次曾以此等职员应否由总理委任，经提出会议后，以科长、参议为支部长以下之高等职员，应由支部长推荐总理委任。又查支部通则第十条，各支部参议、科长由支部长推荐本部委任之。据此该支部所请委任科长、参议一节，理应呈请总理鉴核示遵。

居正（印）
民国四年二月十六日呈

（四年二月十七日下〈午〉五时收到）

又据吴藻华云，不日返国，所请委任状各件请从速核夺，转交该支部长以重要公，为祷。

据黄季陆主编：《革命文献》第四十八辑，台北，中国国民党中央委员会党史史料编纂委员会一九六九年九月出版

批许崇智周应时请委余良材为武汉军事联络员呈

（一九一五年二月十七日）

准照办理。

附：许崇智等原呈

军事部呈：顷据湖北革命军司令长官蔡济民函开，请委余良材为武汉军事联络员，理合转呈，可否，伏候批示，右呈总理钧鉴。

许崇智（印）、周应时（印）

民国四年二月十六日

（四年二月十七日下午五时收到）

据黄季陆主编：《革命文献》第四十八辑，台北，中国国民党中央委员会党史史料编纂委员会一九六九年九月出版

附载：中华革命党本部总务部致党务部
告总理准委茅祖权等为江苏支部科长参议各职函

（一九一五年二月十七日）①

径启者：顷由总理交下贵部转据江苏支部长吴藻华呈请委任茅祖权等为科长、参议各职一案，奉批"准照办理"等因，合行转达，即希察照。顺颂

公安

党务部鉴

总务部启

二月十七日

（缮发）

据《致党务部函稿》，载中华革命党本部总务部《文稿》第一卷（中华民国三年十月二十八号立），原稿本，上海图书馆藏

附载：中华革命党本部总务部致军事部告总理准委
黄国华为福州司令官与余良材为武汉军事联络员函

（一九一五年二月十七日）②

径启者：顷奉总理交下贵部呈请委任黄国华为福州司令官、转据湖北司令长官蔡济民呈请委任余良材为武汉军事联络员两案，均批"准照办理"等因，合行转达，即希察照。顺颂

大安

---

① 函末未标年份，此据底本《文稿》的前后编排次序酌定。
② 函末未标年份，此据底本《文稿》的前后编排次序酌定。

军事部鉴

总务部启

二月十七日

（缮发）

据《致军事部函稿》，载中华革命党本部总务部《文稿》第一卷（中华民国三年十月二十八号立），原稿本，上海图书馆藏

批居正请委李祖诒为汉口交通委员呈

（一九一五年二月十八日）

准照办理。

附：居正原呈

党务部呈：据湖北支部长田桐函请，委任李祖诒为鄂属汉口交通委员一节。照章请委，伏乞总理核夺，交总务部查照执行，以专责成，而重党务，不胜待命之至。

居正（印）

民国四年二月十七日谨呈

（四年二月十八日上九时收到）

据黄季陆主编：《革命文献》第四十八辑，台北，中国国民党中央委员会党史史料编纂委员会一九六九年九月出版

附载：中华革命党本部总务部致党务部
告总理准委李祖诒为鄂属汉江交通委员函

（一九一五年二月十八日）①

径启者：顷由总理交下贵部转据湖北支部长田桐函请委任李祖诒为鄂属汉江交通委员一案，奉批"准照办理"等因，合行转达，即希察照。顺颂
大安
党务部鉴

总务部启

二月十八日

（缮发）

据《致党务部函稿通函第十八号》，载中华革命
党本部总务部《文稿》第一卷（中华民国三年
十月二十八号立），原稿本，上海图书馆藏

与陈其美居正联署委任黄壬戌为
中华革命党仰光支部总务科副主任状

（一九一五年二月二十日）

委任状
委任黄壬戌〔戌〕为仰光支部总务科副主任。此状。

中华革命党总理孙文

总务部部长陈其美

党务部部长居正

中华民国四年二月二十日

据原件，台北、中国国民党文化传播委员会党史馆藏

---

① 函末未标年份，此据底本《文稿》的前后编排次序酌定。

批许崇智请委福建革命军军务人员呈

（一九一五年二月二十二日）

准照办理。

附：许崇智原呈

军事部部长呈：窃闽省军事进行之难，难于得人。部长再四思维，当此时机，穷变变通，全资人力，若过于其难其慎，何以前进，而就事功。兹就闽省现在带兵军官，并系部长从前在闽时历年汲引及平日交好，秦有感情者，拟请分别委任数员。部长前以内地声息难通，业经由闽调来向在军队一员，拟即日仍遣回闽，俾该员等确知部长从事其间，并动之以情义，歆之以权利，不从则压之以威力，若得其一致进行，则事可迎刃而解。如蒙俯允，拟一面遣员回闽接洽，一面将委任状设法径寄各员，以坚其信心。除拟请委任各员另单呈鉴外，理合陈明，伏候批示祗遵。右呈总理钧鉴。

许崇智（印）

附呈拟请委任各员及履历二纸。

民国四年二月二十二日

（四年十一〔二〕月二十二日下午六时收到）

谨将拟请委任福建革命军人员开单呈鉴：

计开：

徐镜清　拟请委任为福建革命军第二师师长兼延建邵司令官

沈国英　拟请委任为福建革命军泉州司令官

江　涛　拟请委任为福建革命军兴化司令官

吴俊杰　拟请委任为福建革命军第一师第一团团长

沈汉秋　拟请委任为福建革命军第一师骑兵营营长

据黄季陆主编：《革命文献》第四十八
辑，台北，中国国民党中央委员会党史
史料编纂委员会一九六九年九月出版

附载：中华革命党本部总务部致军事部
告总理准委徐镜清等为福建各属司令官函

（一九一五年二月二十二日）①

　　径启者：顷由总理交下贵部呈请委任徐镜清等为福建各属司令官一案，奉批
"准照办理"等因，合行转达，即希察照。顺颂
大安
军事部鉴

总务部启
二月廿二日
（缮发）

据《致军事部函稿》，载中华革命党本部
总务部《文稿》第一卷（中华民国三年十
月二十八号立），原稿本，上海图书馆藏

批许崇智请委邹云彪为福建革命军汀龙司令官呈

（一九一五年二月二十五日）

准照办理。

附：许崇智原呈

　　军事部正部长呈：窃福建现任汀州司令官邹云彪，久于闽军，于分防各府县
亦颇有声誉，所带队伍亦以湘人为多。拟请委任该员为福建革命军汀龙司令官，

---

①　函末未标年份，此据底本《文稿》的前后编排次序酌定。

期与各方面联络同一进行。是否有当？伏候批示，右呈总理钧鉴。

许崇智（印）

民国四年二月二十四日

（四年二月廿五日下午八时收到）

据黄季陆主编：《革命文献》第四十八
辑，台北，中国国民党中央委员会党史
史料编纂委员会一九六九年九月出版

批居正请加委弓长杰为荷属联络委员呈

（一九一五年二月二十五日）

俟派员往南洋切实调查后，再行办理。总理批。

附：居正原呈

党务部呈：据吧城联络委员弓长杰函称：荷属分吧城、泗水、三吧垅三埠，前承委任，限定吧城方面，范围既小，信用亦隘等情。谨拟加委弓长杰为荷属联络委员，以便进行。为此呈请总理鉴核示遵。

居正（印）

中华民国四年二月二十五日

（四年二月廿五日下八时收到）

据原件，台北、中国国民党文化传播委员会党史馆藏

附载：中华革命党本部总务部致军事部
告总理准委邹云彪为福建汀龙司令官函

（一九一五年二月二十六日）①

径启者：顷由总理交下贵部呈请委任邹云彪为福建汀龙司令官一案，奉批
"准照办理"等因，奉〔合〕行转达，即希察照。顺颂
大安
军事部鉴

总务部启

二月廿六日

（缮发）

据《致军事部函稿》，载中华革命党本部总务部《文稿》第一
卷（中华民国三年十月二十八号立），原稿本，上海图书馆藏

附载：中华革命党本部总务部致党务部
告总理就加委□长杰为荷属联络委员事批示函

（一九一五年二月二十六日）②

径启者：顷由总理交下贵部呈请加委□长杰为荷属联络委员一案，奉批"俟
派员往南洋切实调查后再待办理"等因，合行转达，即希察照。顺颂
大安
党务部鉴

总务部启

二月廿六日

（缮发）

据《致党务部函稿》，载中华革命党本部总务部《文稿》第一
卷（中华民国三年十月二十八号立），原稿本，上海图书馆藏

---

① 函末未标年份，此据底本《文稿》的前后编排次序酌定。
② 函末未标年份，此据底本《文稿》的前后编排次序酌定。

批许崇智等请委赖天球
为江西革命军赣南宁司令官呈

（一九一五年二月二十七日）

江西司令长官尚未定，当俟司令长官定人后，由长官推荐，以成统系为妥。

附：许崇智等原呈

军事部正、副部长呈：窃准江西支部长徐苏中函开：江西一省现在司令长官尚属未定，而地方情形各殊，缓急不一。赣南宁一区，控西江上游，为赣粤门户，关系尤为重要。查本党党员赖天球，自去年四月回至该处，联络士绅运动军队，迄今将近一年，势力日涨。该党员前习武备，后肄法政，民国二年被选为江西省议会议员，旋因二次革命关系，亡命东来，复入大森讲习所研究战术战略，核其资格成绩，均堪独当一面。本支部为力图军务进行起见，爰照支部有推荐人才于本部之定例，函请转呈总理委任该党员赖天球为江西革命军赣南宁司令官等情前来，理合照转，呈请批示。右呈总理钧鉴。

许崇智（印）、周应时（印）

民国四年二月二十六日

（四年二月廿七日下二时收到）

据原件，台北、中国国民党文化传播委员会党史馆藏

批居正请委简英甫为新加坡联络委员呈

（一九一五年二月二十七日）

准照办理。

附：居正原呈

党务部呈：据卢耀堂函称：有南洋烟草公司主人简英甫，素具热心，颇可担任巨款，请酌予委任，以示鼓励等情。谨拟委任简英甫为新加坡联络委员，为此呈请总理鉴核，示遵。

居正（印）

中华民国四年二月　日

（四年二月廿七日下九时收到）

据黄季陆主编：《革命文献》第四十八辑，台北，中国国民党中央委员会党史史料编纂委员会一九六九年九月出版

附载：中华革命党本部总务部致军事部告总理就请委赖天球为江西赣南宁司令官事批示函

（一九一五年二月二十七日）①

径启者：项由总理交下贵部转呈江西支部长苏中请委赖天球为江西赣南宁司令官一案，奉批"江西司令长官尚未定，当俟司令长官定人后，由长官推荐，以成统系为妥"等因，合行转达，即希察照。顺颂

大安

军事部鉴

总务部启

二月廿七日

（缮发）

据《致军事部函稿》，载中华革命党本部总务部《文稿》第一卷（中华民国三年十月二十八号立），原稿本，上海图书馆藏

---

① 函末未标年份，此据底本《文稿》的前后编排次序酌定。

附载：中华革命党本部总务部致党务部
告总理准委简英甫为新加坡联络委员函

（一九一五年二月二十七日）①

　　径启者：顷由总理交下贵部转呈卢耀堂函请委任简英甫为新加坡联络委员一案，奉批"准照办理"等因，合行转达，即希察照。顺颂

大安

党务部鉴

总务部启

二月廿七日

（缮发）

据《致党务部函稿》，载中华革命党本部
总务部《文稿》第一卷（中华民国三年十
月二十八号立），原稿本，上海图书馆藏

批许崇智请委湖北革命军司令官呈

（一九一五年三月十三日）

　　准照办理。

附：许崇智原呈

　　军事部呈：据湖北司令长官蔡济民呈称，查中华革命军司令部通则第二条云：一省之中分若干区，各设司令官一人，隶于司令长官，综理管区内之陆军事务。又委任通则第二条云：司令官由该省司令长官申报军事部，核请总理委任等语。查湖北关系重要，地方辽阔，分区过少，难免无鞭长莫及之虞。敝处筹酌本省情形，业经划分五区。四、五两区之属地，除由总理已委荆沙、宜昌二司令官，暂

---

　　①　函末未标年份，此据底本《文稿》的前后编排次序酌定。

不另请委任外，其余一、二、三区各司令官急应委任，俾专职守，以资进行。查有本党党员熊炳坤，堪以委充湖北第一区司令官，王华国堪以委充湖北第二区司令官，刘英堪以委充湖北第三区司令官。请即转请总理迅赐委任，俾各该员早日就职，以专责成等语。理合转呈，伏乞批示祗遵。右呈总理钧鉴。

许崇智（印）

民国四年三月十二日

（四年三月十三日上〈午〉九时收到）

据黄季陆主编：《革命文献》第四十
辑，台北，中国国民党中央委员会党史
史料编纂委员会一九六九年九月出版

附载：中华革命党本部总务部致军事部
告总理准委湖北各区司令官熊炳坤等函

（一九一五年三月十三日）①

径启者：顷由总理交下贵部转据湖北司令长官蔡济民呈请委任湖北第一、第二、第三各区司令官熊炳坤等一案，奉批"准照办理"等因，合行转达，即希察照。顺颂

公安

军务部②鉴

总务部启

三月十三

（缮发）

据《致军事部函稿》，载中华革命党本部
总务部《文稿》第一卷（中华民国三年十
月二十八号立），原稿本，上海图书馆藏

---

① 函末未标年份，此据底本《文稿》的前后编排次序酌定。

② 当时军事部亦称"军务部"。

批满洲船分部长请改委赵植芝为分部长函

（一九一五年三月十五日收到）

准照办理。

附：满洲船支部长原呈

中山大总理钧鉴：

敬肃者，前由林来君赍来委任状，为满洲船部长，敢不躬亲执行，尽忠党务。惟自忖志行薄弱，众望未敷，于交通党内机关，诚恐弗克乃责。兹本船同事中有赵植芝其人者，本同盟先进，旷达涵养，为敝同事等所乐认，想大总理亦颇有所闻，诚恳将驻满洲船支部长委任状转发给与赵植芝君，俾得以措置党务一切事宜。至前部长戴卓民乞祈准免部长，仍事协助赵君进行，以尽责无旁贷，吾党幸甚。如何之处，乞为卓夺。专此，并请

义安

满洲船支部长平告
四年二月九日

（四年三月十五日下〈午〉四时收到）

据黄季陆主编：《革命文献》第四十八
辑，台北，中国国民党中央委员会党史
史料编纂委员会一九六九年九月出版

批居正请委李笃彬为巴城筹饷局长呈

（一九一五年三月十八日）

准照办理。

附：居正原呈

敬呈者：据巴城支部长沈选青函，请委李笃彬为巴城筹饷局长一节，照章呈请委任。右件伏乞总理鉴核示遵。

党务部居正（印）谨呈

民国四年三月十八日

（四年三月十九日下〈午〉一时收到）

据黄季陆主编：《革命文献》第四十八辑，台北，中国国民党中央委员会党史史料编纂委员会一九六九年九月出版

与陈其美张人杰联署委任李笃彬为巴城筹饷局长状

（一九一五年三月十九日）

委任状

委任李笃彬为巴城筹饷局长。此状。

中华革命党总理孙文

总务部部长陈其美

财政部部长张人杰

中华民国四年三月十九日

据原件，台北、中国国民党文化传播委员会党史馆藏

附载：中华革命党本部总务部致党务部
告总理准委李笃彬为巴城筹饷局长函

（一九一五年三月十九日）①

径启者：顷由总理交下贵部转据巴城支部长沈选青函请委任李笃彬为巴城筹饷局长一案，奉批"准照办理"等因，合行转达，即希察照。顺颂
公安
〈党务部鉴〉

总务部启
三月十九日
（缮发）

据《致党务部函》，载中华革命党本部总务部《文稿》第一卷（中华民国三年十月二十八号立），原稿本，上海图书馆藏

附载：中华革命党本部总务部致军事部
告总理准委夏之麟为江西司令长官函

（一九一五年四月一日）②

径启者：顷由总理交下江西军界同人李思广等函请委任夏之麟为江西司令长官一案，奉批"准照办理"等因，除由部缮具委任状外，合将全案移送贵部察照存□，即请备案存查，□为公便。顺颂
大安
军事部鉴

总务部启
四月一日

---

① 函末未标年份，此据底本《文稿》的前后编排次序酌定。
② 函末未标年份，此据底本《文稿》的前后编排次序酌定。

计附原函五件、原电一件。

（缮发）

据《致军事部函》，载中华革命党本部总
务部《文稿》第一卷（中华民国三年十
月二十八号立），原稿本，上海图书馆藏

批陈逸川冯熙周请派萧佛成为暹罗交通部长函

（一九一五年四月三日）①

给委任状，并复函，用总理名。

附：陈逸川等原函

中山先生大鉴：

龙蛇起陆，天地皆苏，想先生迩来大德正高，雄心愈炽，为颂为慰。肃启者：
慨自讨袁军失败之后，国运日就颓危，吾党政纲又将随世而没，本埠华侨怵焉忧
之，常思所以救亡之策。故去年夏间组织一交通分部，隶于香港南方军务统筹部，
由众公举萧佛成君为部长。同年秋间邓铿君倡义惠州，本交通部亦曾捐助微款，
足征人心之尚未尽死也。顷陈君逸川抵暹，道及先生组织中华革命党本部，七月
间已成立于日本东京，各省埠皆已委人设立支部，弟等闻之，不胜欣忭。今本交
通部欲另行改组，与本部联络，请将所有誓约、方略、铃〔钤〕记、总章及办法
如何，号数由若干起，请详示知。且祈仍委萧君办理，以专责成。此间同志盼望
已极，恳早日指示一切办法，幸甚。专此，即请旅安，并希垂察不宣。

暹交通部干事员陈逸川、冯熙周谨上

四年二月廿八号

---

① 日期以收函时间拟定。陈逸川等原函上有"四月三日下午收到"字样。

通信处：暹罗七星嬷中华会馆收。

据黄季陆主编：《革命文献》第四十八辑，台北，中国国民党中央委员会党史史料编纂委员会一九六九年九月出版

批蔡济民①请委湖北革命军各区司令官呈②

（一九一五年四月十日收到）

着即发委任状，其款俟有着时方给。此批。

总理字

附：蔡济民原呈

敬启者：鄂事未经统一以前，曾由总理委任荆沙、宜昌二处司令，原系一时权宜之计。自济民承责后，划定军区，分别责成，复呈请委任熊秉坤为湖北第一区司令官，王华国为第二区司令官，刘英为第三区司令官在案。其余第四、第五两区尚付缺如。现与田桐、居正等会议，既函征在内同人之同意，拟改任赵鹏飞为第一区司令官，熊秉坤调第二区司令官，刘英仍任第三区司令官，曾尚武为第四区司令官，王华国调第五区司令官。除刘英委状无须更动外，其第一、二、四、五四区各司令官即请迅赐委任，以便进行。其各区司令人员等均在沪上，并设有机关。据实在情形，每区拟暂定每月接济百元，以为随时派遣联络交通人员等各项费用，亦请迅赐批准，俾济民有确实把握，以答复同人。其运动北军条件，亦请迅速规定发下，以便遵行，实为公便。此呈总理钧鉴。

湖北革命军司令官蔡济民呈（印）
民国四年四月七日

据黄季陆主编：《革命文献》第四十八辑，台北，中国国民党中央委员会党史史料编纂委员会一九六九年九月出版

---

① 蔡济民时任湖北革命军司令长官。

② 秦孝仪《国父全集》该条略异，为"着即发委任状。其款俟有着时乃给。此批。总理字"。

附载：谢持致周应时告奉总理面谕
无须加委陈其美为代理军事部长函

（一九一五年四月十一日）①

径启者：昨夜奉总理面谕，"顷据军事部副部长周应时呈请委任陈○○②代理军事部长一案，查此次陈○○赴沪系受本总理全权代表之委托，所有关于军事计画即应由周应时就近与陈○○商详〔详商〕办理，所请加委代理军事部长之处应无庸议，又前日发寄之空白委任状，着即由陈○○主持〈与周应时商酌〉办理"等因，除分函陈○○先生外，理合将缮具公函转达麾下，希即察照，实为公便。此致
军事部副部长周应时先生钧鉴

总务部谢持启

四月十一日

（缮发）

据《致周应时函》，载中华革命党本部总务部《文稿》第一卷（中华民国三年十月二十八号立），原稿本，上海图书馆藏

附载：谢持致陈其美告奉总理面谕
无须加委陈为代理军事部长函

（一九一五年四月十一日）③

径启者：昨夜奉总理面谕，"顷据军事部副部长周应时呈请委任陈○○④代理军事部部长一案，查此次陈○○赴沪系受本总理全权代表之委托，所有关于军事

---

① 函末未标年份，此据底本《文稿》的前后编排次序酌定。
② 陈○○即陈其美。下同。
③ 函末未标年份，此据底本《文稿》的前后编排次序酌定。
④ 陈○○即陈其美。下同。

计画自应由周应时就近与陈○○详商办理，所请加委代理军事部长之处应无庸议，又前日发寄之空白委任状，着即由陈○○主持与周应时商酌办理"等因，除分函周哲谋①先生外，理合缮具公函转达麾下，即希察照，实为公便。此致

部长陈○○先生钧鉴

总务部谢持启

四月十一日

（缮发）

据《致陈○○函》，载中华革命党本部总务部《文稿》第一卷（中华民国三年十月二十八号立），原稿本，上海图书馆藏

批党务部请委陆孟飞骆谭为英国利物浦
支部正副支部长呈

（一九一五年四月十二日）

准照办理，着委为英国利物浦支部长、副支部长可也。

附：党务部原呈

敬呈者：据欧洲利物浦支部报告，该支部开支部长选举会，公举陆孟飞为正支部长，骆谭为副支部长。照章合行呈请委任，伏乞总理核夺，交总务部查照执行，以专责成，而重党务，不胜待命之至。

党务部谨呈

民国四年四月十二日

（四年四月十二日下四时收到）

据黄季陆主编：《革命文献》第四十八辑，台北，中国国民党中央委员会党史史料编纂委员会一九六九年九月出版

---

① 周应时，号哲谋。

批陈其美请委魏诚为江西筹饷局长函

（一九一五年四月十二日）

面谕：照办。

（持注。四月十三日）

附：陈其美原函

（一九一五年四月七日）

先生钧鉴：

　　昨日寄上第二号书，谅可先此投览。昨晚夏仁卿来，转达江西欧阳豪等，请委魏诚为江西筹饷局长。查魏君曾任该省民国银行总理，家富巨万，一次革命时，捐款达十万，热心国事，迄今未减。现如委以要职，进行之费，当不难筹，望速赐裁覆。如允其所请，即祈将委状寄下为盼。山田君美来时即稍有恙，日来渐烈，昨今热度竟增至三十九度以上，势颇重，伊病，外间又少一人活动。前请寄空白委状，已付邮否，盼甚。此陈恭候大安。

晚其美谨启

四月七日发，第三号

据黄季陆主编：《革命文献》第四十八辑，台北，中国国民党中央委员会党史史料编纂委员会一九六九年九月出版

批居正请委刘廷汉等职呈

（一九一五年四月十四日）

　　准。

附：居正原呈

党务部呈请委任职员如左：刘廷汉代理第三局长，曾省三为第二局职务员，区汉奇为第二局职务员，孙镜为机要处职务员。

党务部居正（印）谨呈

民国四年四月十四日

（四年四月十四日下四时收到）

据黄季陆主编：《革命文献》第四十八辑，台北，中国国民党中央委员会党史史料编纂委员会一九六九年九月出版

批居正请委仰光支部职员呈

（一九一五年四月十四日）

准。

附：居正原呈

敬呈者：据仰光支部长何荫三报告，该支部开选举职员会，公举曹伯忠等，分任各科职务等因前来。照章呈请委任，伏乞总理鉴核，批准施行。

党务部居正（印）谨呈

民国四年四月十四日

（四年四月十四日下四时收到）

附抄仰光支部职员姓名如左：

副支部长　　　　曹伯忠

总务科正主任　　饶潜川

　　副主任　　李引随

干　事	邱子安	钟宪之
党务科正主任	郑士铨	
副主任	池吉允	
干　事	王金鼎	朱璧山
财务科正主任	黄德源	
副主任	彭炳森	
干　事	黄传宽	梁卓贵
调查科正主任	蓝　磊	
副主任	杜督夷	
干　事	刘友士	陈陆明
交际科正主任	曹华碧	
副主任	朱立初	
干　事	朱伟民	陈顺德
评议部正议长	曾省三	
副议长	许显南	

议　员　李雁行　黄雄裔　梁荣芳　王景升　朱惠民　陈渊源

黄日初　杨昭达　林尔佑　柯建章　张光崎　许有才

符史书　林军国　蔡如波　吴连拱

据黄季陆主编：《革命文献》第四十八辑，台北，中国国民党中央委员会党史史料编纂委员会一九六九年九月出版

附载：中华革命党本部总务部致周应时
告总理准委夏之麟为江西司令长官函

（一九一五年四月十六日）①

径启者：顷由总理交下贵副部长呈江西李思广等禀请委任夏之麟为江西司令

---

① 函末未标年份，此据底本《文稿》的前后编排次序酌定。

长官一案，奉批"已如议施行矣"等因，合行转达，即希察照。此致

军事部副部长周应时先生鉴

总务部启

四月十六日

（缮发）

据《致周应时函》，载中华革命党本部总务部《文稿》第一卷（中华民国三年十月二十八号立），原稿本，上海图书馆藏

批居正请委龙光为四川支部长等事呈

（一九一五年四月二十七日）

行。

附：党务部原呈

一、呈报事由：广东支部长何炯因事他往，函请伍云拔代理。

一、请委事由：四川支部长黄复生因任满改选，召集在京党员开会，另行推荐支部长，到会者十四人，公推龙光为支部长。

巴城金一清函称，前委荷属主盟今请改委为荷属联络委员，以便扩充党势。

右各件是否有当，伏乞总理鉴核批准施行。

居正（印）谨呈

民国四年四月二十六日

（四年四月廿七日下〈午〉一时收到）

据黄季陆主编：《革命文献》第四十八辑，台北，中国国民党中央委员会党史史料编纂委员会一九六九年九月出版

与陈其美居正联署委任金一清
为中华革命党南洋荷属联络委员状

（一九一五年四月二十九日）

委任状

委任金一清为南洋荷属联络委员。此状。

中华革命党总理孙文
总务部部长陈其美
党务部部长居正
中华民国四年四月二十九日

据原件照片，台北、中国国民
党文化传播委员会党史馆藏

批居正请委苏洛支部联员呈

（一九一五年五月一日）

行。

文

党务部呈报各件如左：

一、呈报事由：仰光支部长何荫三函请准委彭攻坚为书记。

一、请委事由：据伍平一来函，苏洛支部业已成立，举张成谟为正支部长，江琼波为副支部长，谭攻阻为总务主任。又据安徽支部党员等函称，该省支部长张汇滔辞职后，缺已久悬，兹届改选之期，于三月二十九日推荐谭惟洋为该省支部长，业蒙谕准，理合备案。呈请总理鉴核，批令施行。

居正（印）谨呈
民国四年五月一日

（四年五月一日下〈午〉二时收到）

据黄季陆主编：《革命文献》第四十八辑，台北，中国国民党中央委员会党史史料编纂委员会一九六九年九月出版

批居正请委寸海亭为云南缅甸分部部长呈

（一九一五年五月一日）

行。

文

附：居正原呈

敬呈者：据云南支部长周知礼呈请添设云南缅甸分部，举定寸海亭为分部长等情前来。照章合行呈请委任，伏乞总理鉴核，批令施行。

党务部居正（印）谨呈

民国四年五月一日

（四年五月一日下〈午〉二时收到）

据黄季陆主编：《革命文献》第四十八辑，台北，中国国民党中央委员会党史史料编纂委员会一九六九年九月出版

准许崇智呈委席正铭为贵州中华革命军参谋长批

（一九一五年五月十四日）

准照办理。

据黄季陆主编：《革命文献》第四十八辑，台北，中国国民党中央委员会党史史料编纂委员会一九六九年九月出版

批许崇智等请委蔡济民为湖北革命军司令官呈

（一九一五年五月二十六日）

着照办理。

附：许崇智等原呈

军事部正、副部长呈：拟请委任蔡济民为湖北革命军司令长官，可否？伏乞批示祗遵。右呈总理钧鉴。

许崇智（印）、周应时（印）

附履历一纸。

民国四年五月二十六日

蔡济民履历：

蔡济民字幼襄，年二十九岁，湖北黄陂县人。湖北陆军特别小学堂卒业，充二十九标排长，联络同志，旋充该标革命同志总代表。辛亥八月武昌起义，充军务部副长。二月黄申芗举兵逐孙武，其时南京政府告成，改军务部为军务司，充军务司长。袁政府成立，授以中将勋二位。二次革命入南京，事败走日本。

据黄季陆主编：《革命文献》第四十八辑，台北，中国国民党中央委员会党史史料编纂委员会一九六九年九月出版

批居正请委陈泰高李庆标分为瓦城勃生分部长呈

（一九一五年六月四日）

行。

附：居正原呈

敬呈者：据仰光支部长何荫三来函，呈请委任陈泰高为瓦城分部长，李庆标

为勃生分部长等情前来。照章合行呈请委任，伏乞总理鉴核，批示遵行。

党务部长居正（印）谨呈

民国四年六月三日

（四年六月四日下〈午〉八时收到）

据黄季陆主编：《革命文献》第四十八
辑，台北，中国国民党中央委员会党史
史料编纂委员会一九六九年九月出版

与陈其美等联署委任李庆标为
中华革命党勃生分部长状

（一九一五年六月七日）

委任状

　　委任李庆标为勃生分部长。此状。

中华革命党总理孙文

总务部部长陈其美

党务部部长居正

中华民国四年六月七日

据原件照片，台北、中国国民党文化传播委员会党史馆藏

批居正请委许逸夫等为星洲联络员呈

（一九一五年六月十日）

行。

附：居正原呈

党务部呈：敬呈者，据星加坡联络委员邓子瑜函称，许逸夫、郭剑存、徐洞

云、李天如等热心党务，请委为星洲联络委员等情前来。照章合行呈请委任，是否有当，伏乞总理鉴核，批示祗遵。

居正（印）谨呈

民国四年六月十号

（四年六月十日上〈午〉十时收到）

据黄季陆主编：《革命文献》第四十八辑，台北，中国国民党中央委员会党史史料编纂委员会一九六九年九月出版

附载：中山先生嘱中华革命党本部总务部代复叶夏声函

（一九一五年六月十八日）①

竞生先生执事：

顷中山先生交〈下〉执事原缄，嘱代覆。许、徐、郭三君之委状已照发矣。子瑜兄荷属筹饷委状令亦填就寄上。精卫未东来，大致不如以调人自处。足下攻击之说，中山先生谓大可不必，"其他因攻击所生荆棘不少，颇不少也"云云。谨此奉达，即颂

箸安

总务部启

六月十八日

（缮发）

据《致叶夏声函》，载中华革命党本部总务部《文稿》第一卷（中华民国三年十月二十八号立），原稿本，上海图书馆藏

---

① 函末未标年份，此据底本《文稿》的前后编排次序酌定。

准委彭养光为长崎联络委员及
从缓派员视察江西党务批^①

（一九一五年七月十五日）

江西派人从缓，彭养光照委。总理批。

据原件，台北、中国国民党文化传播委员会党史馆藏

李思辕等六人均改为菲律宾联络员批^②

（一九一五年七月十五日）

所委六人均改为菲律宾联络委员。总理批。

据原件，台北、中国国民党文化传播委员会党史馆藏

与陈其美居正联署委任黄吉宸为中华革命党
星加坡支部正支部长状

（一九一五年七月十六日）

委任状

委任黄吉宸为星加坡支部正支部长。此状。

中华革命党总理孙文
总务部部长陈其美

---

① 原呈为转据江西支部长徐苏中催派徐鉴往江西各地视察党务，又请委彭养光为长崎联络委员事。

② 原呈为居正拟请委李思辕为菲律宾支部主监正委员，张本汉为副委员，黄燮泰为总务委员，冯万瞿为党务委员，陈天扶为财务委员，甄佑为联络委员事。

党务部部长居正

中华民国四年七月十六日

据原件，台北、中国国民党文化传播委员会党史馆藏

与陈其美居正联署委任彭炳森为中华革命党仰光支部财务科副主任状

（一九一五年七月二十二日）

委任状

委任彭炳森为仰光支部财务科副主任。此状。

中华革命党总理孙文

总务部部长陈其美

党务部部长居正

中华民国四年七月二十二日

据原件，台北、中国国民党文化传播委员会党史馆藏

与陈其美居正联署委任黄德源为中华革命党仰光支部财务科主任状

（一九一五年七月二十二日）

委任状

委任黄德源为仰光支部财务科主任。此状。

中华革命党总理孙文

总务部部长陈其美

党务部部长居正

中华民国四年七月二十二日

据原件影印件，台北、中国国民党文化传播委员会党史馆藏

委任张民达为中华革命党南洋联络员令

（一九一五年七月三十一日）

中华革命党总理令　第十二号

委任张民达为南洋联络员。此令。

孙文

中华民国四年七月三十一日发

据原件，台北、中国国民党
文化传播委员会党史馆藏

与陈其美张人杰联署委任何荫三为
中华革命党仰光筹饷局监督状

（一九一五年八月十九日）

委任状

委任何荫三为仰光筹饷局监督。此状。

中华革命党总理孙文
总务部部长陈其美
财政部部长张人杰
中华民国四年八月十九日

据原件影印件，台北、中国国
民党文化传播委员会党史馆藏

与陈其美张人杰联署委任黄德源
为中华革命党仰光筹饷局长状

（一九一五年八月十九日）

委任状

　　委任黄德源为仰光筹饷局长。此状。

中华革命党总理孙文

总务部部长陈其美

财政部部长张人杰

中华民国四年八月十九日

据原件，台北、中国国民党
文化传播委员会党史馆藏

与陈其美张人杰联署委任黄德源为
中华革命党仰光筹饷局理财状

（一九一五年八月二十二日）

委任状

　　委任黄德源为仰光筹饷局理财。此状。

中华革命党总理孙文

总务部部长陈其美

财政部部长张人杰

中华民国四年八月二十二日

据原件，台北、中国国民党
文化传播委员会党史馆藏

与陈其美张人杰联署委任陈甘敏为
中华革命党仰光筹饷局董事状

（一九一五年八月二十二日）

委任状

委任陈甘敏为仰光筹饷局董事。此状。

中华革命党总理孙文

总务部部长陈其美

财政部部长张人杰

中华民国四年八月二十二日

据原件，台北、中国国民党
文化传播委员会党史馆藏

与陈其美张人杰联署委任梁卓贵为
中华革命党仰光筹饷局董事状

（一九一五年八月二十二日）

委任状

委任梁卓贵为仰光筹饷局董事。此状。

中华革命党总理孙文

总务部部长陈其美

财政部部长张人杰

中华民国四年八月二十二日

据原件，台北、中国国民党
文化传播委员会党史馆藏

与陈其美张人杰联署委任黄壬戌为
中华革命党仰光筹饷局董事状

（一九一五年八月二十二日）

委任状

委任黄壬戌〔戊〕为仰光筹饷局董事。此状。

中华革命党总理孙文

总务部部长陈其美

财政部部长张人杰

中华民国四年八月二十二日

据原件，台北、中国国民党
文化传播委员会党史馆藏

与陈其美居正联署委任郑受炳为中华革命党
巴双支部副部长状

（一九一五年九月二十四日）

委任状

委任郑受炳为巴双支部副部长。此状。

中华革命党总理孙文

总务部部长陈其美

党务部部长居正

中华民国四年九月二十四日

据原件照片，台北、中国国民
党文化传播委员会党史馆藏

委任彭泽文为雪兰峨副支部长状

（一九一五年九月二十四日）

委任状

　　委任彭泽文为雪兰峨副支部长。此状。

中华革命党总理孙文

总务部部长陈其美

党务部部长居正

中华民国四年九月二十四日

据尚明轩主编：《孙中山全集》第十二卷，

北京，人民出版社二〇一五年六月出版

委邓子瑜为新加坡民安栈总司理
各旧股东为董事批^①

（一九一五年十月六日）

　　委足下为总司理，各旧股东为董事，代本部办理该栈。

据原件，台北、中国国民党

文化传播委员会党史馆藏

---

　　①　原函为中华革命党总务部部长陈其美请派邓子瑜为新加坡民安栈总司理事。

委任刘崛邓铿分为广西广东
革命军司令长官手谕

（一九一五年十月二十六日）①

委任刘崛为广西革命军司令长官，邓铿为广东司令长官。

据原件，台北、中国国民党
文化传播委员会党史馆藏

委任赖天球为南赣游击司令令

（一九一五年十月二十七日）

命令第一号

委任赖天球为南赣游击司令。此令。

总务部（孙文之印）

十月二十七日

据原件，台北、中国国民党
文化传播委员会党史馆藏

委任石蕴光等三人为四川各区革命军司令官令

（一九一五年十月二十七日）

命令第二号

委任石蕴光为川东区司令官，刘国佐为川北区司令官，韩侯为下川南区司令

---

① 原件未署时间，仅署"总理面交陈部长手，十月二十六日收到"，据《民国四至五年委任中华革命军人员姓名录》，当系一九一五年。

官。此令。

　　外发给空白委状十五张

总务部（孙文之印）

十月二十七日

据原件，台北、中国国民党
文化传播委员会党史馆藏

委任梁泽生等二十五人分为甲必地等
六地中华革命党组织职员令①

（一九一五年十月二十八日）

命令第三号

　　委任梁泽生、胡维济为甲必地分部正、副分部长，余才、余京、李福、高福为总务、党务、财务、调查、交际各科主任；叶夏声、李海云为港澳支部正、副支部长；郑螺生、李源水为怡保支部正、副支部长，李孝章为党务科正主任，冯业生为财务科正主任；梁省躬、唐藻华为太平支部正、副支部长，雷宜礼、陆元陞、何鉴源为总务、党务、财务各科正主任；叶青眼为闽南支部正支部长，邱廑竞、许春草、陈金芳为总务、党务、财务各科正主任，黄冈、黄瑞伯、施仁德为总务、党务、财务各科副主任；赵植芝为香港海上交通委员。此令。

总务部（孙文之印）

十月二十八日

据原件，台北、中国国民党
文化传播委员会党史馆藏

---

　　①　原件上注有"四年十一月一日下午三时收到"字样。

与陈其美许崇智联署委任范毅为
中华革命军川西区司令状

（一九一五年十月二十八日）①

委任状

　　委任范毅为中华革命军四川川西区司令。此状。

中华革命党总理孙文

总务部部长陈其美

军事部部长许崇智

据原件，台北、中国国民党文化传播委员会党史馆藏

与陈其美张人杰联署委任李源水为
中华革命党霹雳筹饷局理财状

（一九一五年十月二十八日）

委任状

　　委任李源水为霹雳筹饷局理财。此状。

中华革命党总理孙文（印）

总务部部长陈其美　（印）

财政部部长张人杰　（印）

中华民国四年十月二十八日

据原件影印件，载黄警顽编：《南洋霹雳华侨革命史
迹》，上海，文华美术图书公司一九三三年二月印行

---

　　①　原件未署年月日，据《委任中华革命军人员姓名录》，孙文委任四川川东区、川南区、川北区司令官的时间均系一九一五年十月二十八日，那么，委任四川川西区司令官的时间当系同一时间。

与陈其美张人杰联署委任郑螺生为
中华革命党霹雳筹饷局监督状

（一九一五年十月二十八日）

委任状

　　委任郑螺生为霹雳筹饷局监督。此状。

中华革命党总理孙文（印）

总务部部长陈其美（印）

财政部部长张人杰（财政部印）

中华民国四年十月二十八日

据原件影印件，载黄警顽编：《南洋
霹雳华侨革命史迹》，上海，文华美
术图书公司一九三三年二月印行

与陈其美张人杰联署委任李源水为
中华革命党霹雳筹饷局理财状

（一九一五年十月二十八日）

委任状

　　委任李源水为中华革命党霹雳筹饷局理财。此状。

中华革命党总理孙文（孙文之印）

总务部长陈其美（陈其美印）

□□部长张人杰（印）

（中华革命党本部之印）

中华民国四年十月二十八日

据原件影印件，载《国父图像墨迹集珍》，
台北，近代中国出版社一九八四年二月初版

委任赵铁桥等五人为中华革命党四川支部职员令①

（一九一五年十一月二日）

命令第五号

委任赵铁桥为四川支部参议兼总务科科长，夏名儒为党务科科长，刘镛为调查科科长，吴山为会计科科长，卢师谡为书记长。此令。

总务部（孙文之印）

十一月二日

据原件，台北、中国国民党
文化传播委员会党史馆藏

委任洪耀国等八人为中华革命党
东婆罗等三地支部职员令②

（一九一五年十一月四日）

命令第六号

委任洪耀国、洪兆创为东婆罗支部正、副支部长；程文岳、吴六奇为麻六甲支部党务科正、副主任，郑美金为调查科副主任，姚金溪为交际科正主任，何纲为交际科副主任；彭吉平为广东钦廉分部长。此令。

总务部（孙文之印）

十一月四日

据原件，台北、中国国民党
文化传播委员会党史馆藏

---

① 原件上署有"四年十一月二日下午二时收到"字样。
② 原件上署有"四年十一月五日下午二时收到"字样。

委任王守愚为湖北第三区司令官参谋长令

（一九一五年十一月五日）

命令第八号

　　委任王守愚为湖北第三区司令官参谋长。此令。

总务部（孙文之印）

十一月五日

据原件，台北、中国国民党
文化传播委员会党史馆藏

准谢超武辞湖北第三区司令官参谋长令

（一九一五年十一月六日）

命令第九号

　　湖北第三区司令官参谋长谢超武准其辞职。此令。

　　总、军务部查照

（孙文之印）

十一月六日

据原件，台北、中国国民党
文化传播委员会党史馆藏

委任郑汉淇为中华革命党飞律滨群岛支部长令[①]

（一九一五年十一月七日）

　　委任郑汉淇为飞律滨群岛支部长。其前寄之泯利剌支部长郑台委任状一纸，

---

① 原件旁注云："此状填发日期系十一月三日，以用前日已填日期之状纸也。"

掣回。

据原件，台北、中国国民党
文化传播委员会党史馆藏

委任王忠诚为中华革命党飞律滨群岛支部副长令

（一九一五年十一月七日）

委任王忠诚为飞律滨群岛支部副长。

据原件，台北、中国国民党
文化传播委员会党史馆藏

与陈其美居正联署委任郑螺生为
中华革命党霹雳支部正部长状

（一九一五年十一月二十一日）

委任状

委任郑螺生为霹雳支部正部长。此状。

中华革命党总理孙文（印）

总务部部长陈其美（印）

党务部部长居正（印）

中华民国四年十一月廿一日

据原件影印件，载黄警顽编：《南洋
霹雳华侨革命史迹》，上海，文华美
术图书公司一九三三年二月印行

委任山中峰太郎①为中华革命军东北军参谋长状

（一九一五年十二月二十九日）②

委任状

委任山中峰太郎为中华革命军东北军参谋长。此状。

中华革命党总理孙文（印）

中华民国四年十二月二十九日

据原件，上海某人藏，转录自郝盛潮主编，
王耿雄等编：《孙中山集外集补编》，上
海，上海人民出版社一九九四年七月出版

与陈其美居正联署委任李南生为中华革命党
怡保支部总务科正主任状

（一九一六年一月二十日）

委任状

委任李南生为怡保支部总务科正主任。此状。

中华革命党总理孙文

总务部部长陈其美

党务部部长居正

---

①　山中峰太郎系现役的日本陆军将校，参与计划讨袁革命。著有《实录亚细亚的黎明——第三次革命真相》一书，在记述时间上有错误。

②　日本学者把孙文委任山中峰太郎的时间定为"一九一四年末"，从而把孙文与日本军部巨头上原勇作的密谈时间提早一年，并涉及所谓一九一五年二月五日《中日盟约》及一九一五年三月十四日《致小池张造信》的真实性。一九九一年十月上海图书馆举办"辛亥革命八十周年纪念展览"开幕时，有某人持此委任状原件出示，是首次发现，由编者抄录。此委任状的发现，对史实可做进一步的探索。

中华民国五年一月二十日

据原件影印件，载黄警顽编：《南洋
霹雳华侨革命史迹》，上海，文华美
术图书公司一九三三年二月印行

与陈其美居正联署委任陈继平为
中华革命党星加坡琼州分部交际科主任状

（一九一六年二月十八日）

委任状

　　委任陈继平为星加坡琼州分部交际科主任。此状。

中华革命党总理孙文

总务部部长陈其美

党务部部长居正

中华民国五年二月十八日

据原件，台北、中国国民党
文化传播委员会党史馆藏

与陈其美居正联署委任符养华为
星加坡琼州分部正分部长状

（一九一六年二月十八日）

委任状

　　委任符养华为星加坡琼州分部正分部长。此状。

中华革命党总理孙文（印）

□□部部长陈其美（印）

□□部部长居正（印）

（中华革命党本部之印）

中华民国五年二月十八日

据原件影印件，载云愉民：《新嘉坡琼侨概况》，海口，海南书局一九三一年六月初版

与陈其美居正联署委任何以兴为
中华革命党大山脚分部总务科主任状

（一九一六年二月十八日）

委任状

委任何以兴为大山脚分部总务科主任。此状。

中华革命党总理孙文

总务部部长陈其美

党务部部长居正

中华民国五年二月十八日

据原件照片，台北、中国国民党文化传播委员会党史馆藏

与陈其美张人杰联署委任刘谦祥为
中华革命党宿务筹饷局董事状

（一九一六年二月二十日）

委任状

委任刘谦祥为宿务筹饷局董事。此状。

中华革命党总理孙文

总务部部长陈其美

财政部部长张人杰

中华民国五年二月二十日

据原件，台北、中国国民党文化传播委员会党史馆藏

委任朱定和为庇能筹饷局局长状

（一九一六年二月二十日）

委任状

　　委任朱定和为庇能筹饷局局长。此状。

中华革命党总理孙文

总务部部长陈其美

财政部部长张人杰

中华民国五年二月二十日

据原件影印件，载李穗梅主编：《孙中山
与帅府名人文物与未刊资料选编》，广州，
广东科技出版社二〇一一年九月出版

特派冯自由往南洋澳洲宣布国内
情形并筹款通启函

（一九一六年二月二十四日）

　　通启者：自滇黔起义以来，各省切实筹画，陆续响应者比比皆是，幽燕一隅，危如累卵，袁贼世凯，命在旦夕。惟当此军事旁午、一发千钧之时，非得大宗款项，不足以歼灭万恶政府，而奠定民国邦基，诸君深明大义，必能踊跃捐输。兹特派冯君自由前来南洋、澳洲等处，宣布国内进行情形，筹集巨款。该员到时，务望妥为接洽。特此通告，并颂

筹安

孙文

二月二十四日

据中国国民党中央党史史料编纂委
员会编：《总理全书》之十《函札》
上册，台北，中央文物供应社出版

与陈其美居正联署委任黄德源为
中华革命党仰光支部副部长状

（一九一六年三月二十日）

委任状

　　委任黄德源为仰光支部副部长。此状。

中华革命党总理孙文

总务部部长陈其美

党务部部长居正

中华民国五年三月二十日

据原件照片，台北、中国国民党文化传播委员会党史馆藏

致居正准吴大洲辞职电

（一九一六年四月十二日）

　　吴大洲辞职，当照准。孙文。

据《总理亲笔录存电稿》，台北、中国国民党文化传播委员会党史馆藏

与陈其美张人杰联署委任叶独醒为
中华革命党宿务筹饷局总劝募员状

（一九一六年四月二十二日）

委任状

　　委任叶独醒为宿务筹饷局总劝募员。此状。

中华革命党总理孙文（孙文之印）

总务部部长陈其美（印）

财政部部长张人杰（印）

（中华革命党本部之印）

中华民国五年四月二十二日

据原件影印件，台北、中国国
民党文化传播委员会党史馆藏

与陈其美居正联署委任陈明春为
中华革命党巴双支部副部长状

（一九一六年□月十七日）①

委任状

委任陈明春为巴双支部副部长。此状。

中华革命党总理孙文

总务部部长陈其美

党务部部长居正

中华民国五年□月十七日

据原件照片，台北、中国国民
党文化传播委员会党史馆藏

---

① 据《中华革命党总务部机要处职员姓名录》（台北中国国民党文化传播委员会党史馆
藏）考订，本任命状的发布时间应为五月。

准居正呈委居正谢持廖仲恺分为
中华革命党总务党务财务各部主任批

（一九一六年十月十三日）

呈悉。即委居正为总务主任，谢持为党务主任，廖仲恺为财务主任。

孙文

据黄季陆主编：《总理全集》，成
都，近芬书屋一九四四年七月初版

委卢鸿为广属安抚使令

（一九一六年）①

委卢鸿为广属安抚使。

文

附：香港来电

三万五千六百元收。卢鸿系请委广属安抚使，误写多四字能委，乞电示。符②。

据原件，台北、中国国民党
文化传播委员会党史馆藏

---

① 原件未署时间，系朱执信于一九一六年任广东司令长官时所发之电报。

② 符：朱大符，即朱执信。

民国三至五年中华革命党各支分部职员名录①

（一九一四至一九一六年）

马尼剌支部

 部　　长　郑汉淇　三年十月七日给委

巴东支部

 部　　长　杨汉孙　三年十月十二日给委

 总　　务　翁享周　四年七月十九日给委

     黄济澂　同

 党　　务　廖南华　同

     张义斋　同

 财　　政　颜春侯　同

     韩亨丰　四年七月十九日给委

 调　　查　方拔馨　四年十二月七日给委

     李新宇　同

 交　　际　李兆楼　同

     欧阳卿　同

 副部长　温菊朋　五年二月二十六日给委

麻坡支部

 部　　长　郑文炳　三年十月十二日给委，三年十月三十日改委

     林照英　同，为正副支部长

芙蓉支部

 部　　长　伍薏石　三年十月十二日给委

     伍蕴山　三年十月十二日给委

 总　　务　麦炳初　四年七月二十二日给委

---

 ① 本件内纪年系中华民国纪年。

党　务　邓培生　四年七月二十二日给委

财　政　梁　英　四年七月二十二日给委

总　务　邓子实　四年九月二十六日给委

　　　　邓　光　四年十一月三十日给委

　　　　陈　鸿　四年十一月三十日给委

党　务　谭元贵　四年十一月三十日给委

财　务　叶泽民　四年十一月三十日给委

调　查　李　容　四年十一月三十日给委

　　　　谭丙子　四年十一月三十日给委

交　际　梅锦棠　四年十一月三十日给委

　　　　柯武炎　四年十一月三十日给委

新嘉坡支部

部　长　张永福　三年十月十二日给委

　　　　陈楚楠　三年十月十二日给委

　　　　黄吉宸　四年七月二十二日给委

　　　　徐统雄　四年七月二十二日给委

名誉部长　梁谷勋　四年七月二十二日给委

　　　　简英甫　四年七月二十二日给委

总　务　黄子明　四年七月二十二日给委

　　　　廖挽权　四年七月二十二日给委

党　务　陆指明　四年七月二十二日给委

　　　　陈湛权　四年七月二十二日给委

财　政　刘福田　四年七月二十二日给委

　　　　陈紫和　四年七月二十二日给委

调　查　欧达泉　四年七月二十二日给委

　　　　李访仙　四年七月二十二日给委

交　际　丘天锡　四年七月二十二日给委

　　　　杨蓄史　四年七月二十二日给委

　　　　　　　何少芝　四年八月三日给委

　　调　查　蓝衡史　四年八月三日给委

　　党　务　徐飞虎　四年十一月一日给委

　　调　查　刘华生　四年十一月一日给委

檀香山支部

　　部　长　谢己原　三年十月十二日给委

　　　　　　　余　揖　三年十月十二日给委

　　部　长　杨广达　五年三月十三日给委

　　　　　　　许直臣

　　总　务　李成功　谭　钊

　　党　务　杨耀焜　喻　业

　　财　政　曾长福　许石贵

　　调　查　萧全棣　温崇礼

　　交　际　李　流　陈　阁

春洋丸分部

　　部　长　梁日青　三年十月二十二日给委

　　　　　　　罗锦星　四年六月十日给委

列港支部

　　部　长　黄甲元　三年十月二十八日给委

庇能支部

　　部　长　陈新政　三年十月二十八日给委

巴城支部

　　部　长　沈选青　三年十月二十八日给委

　　　　　　　林温良　三年十月二十八日给委

　　　　　　　温君文　四年四月二日给委

　　总　务　吴公辅　四年七月二十二日给委

　　　　　　　沈树良　四年七月二十二日给委

　　党　务　陈相鹏　四年七月二十二日给委

　　　　　钟少文　四年七月二十二日给委

　财　务　钟秀珊　四年七月二十二日给委

　　　　　黎倬云　四年七月二十二日给委

　调　查　李逊三　四年七月二十二日给委

　　　　　饶弼臣　四年七月二十二日给委

　交　际　钟公任　四年七月二十二日给委

　　　　　饶镜彬　四年七月二十二日给委

飞立宾支部

　部　长　郑汉淇　三年十一月十日给委

　　　　　王忠诚　三年十一月十日给委

　　　　　戴金华　四年十月十一日给委

　　　　　陈贵成　四年十月十一日给委

　总　务　黄开物　四年十月十六日给委

　党　务　吴宗明　四年十月十六日给委

　财　务　叶扳桂　四年十月十六日给委

　交　际　黄三记　四年十月十六日给委

　调　查　黄家声　四年十月十六日给委

　总　务　孙清标　四年十一月二十四日给委

　党　务　林籁余　四年十一月二十四日给委

　财　务　李秉传　四年十一月二十四日给委

　　　　　林维祥　四年十一月二十四日给委

　交　际　林金柳　四年十一月二十四日给委

高丽丸分部

　部　长　宋瑞珊　三年十一月二十日给委

　　　　　黄碧珊　三年十一月二十日给委

天洋丸分部

　部　长　陈槐卿　三年十一月二十日给委

　　　　　唐正隆　四年八月二日给委

李竹田　四年九月二十五日给委

吉礁支部

部　　长　傅荣华　三年十一月二十八日给委

　　　　　李启明　三年十一月二十八日给委

名誉部长　林天奇　四年一月二十二日给委

　　　　　李友朋　四年一月二十二日给委

总　　务　林偶然　四年七月二十三日给委

党　　务　蔡怀安　四年七月二十三日给委

　　　　　李茂海　四年七月二十三日给委

财　　务　林有祥　四年七月二十三日给委

　　　　　徐群芳　四年七月二十三日给委

调　　查　陈英担　四年七月二十三日给委

交　　际　李引口　四年七月二十三日给委

　　　　　颜金叶　四年七月二十三日给委

宿雾支部

部　　长　叶独醒　三年十一月二十八日给委

　　　　　伍尚铨　三年十一月二十八日给委

总　　务　谢汉兴　四年七月二十二日给委

党　　务　傅子政　四年七月二十二日给委

财　　务　陈伯豪　四年七月二十二日给委

交　　际　刘谦祥　四年七月二十二日给委

调　　查　薛家弼　四年七月二十二日给委

　　　　　林伸寿　四年七月二十二日给委

宿务支部

部　　长　陈伯豪　五年正月廿日给委

　　　　　叶独醒　五年正月廿日给委

总　　务　伍尚铭　五年正月廿日给委

　　　　　庄应宜　五年正月廿日给委

党　　务　张文财　五年正月廿日给委

　　　　　萧剑云　五年正月廿日给委

交　　际　刘谦祥　五年正月廿日给委

　　　　　郑丹老　五年正月廿日给委

调　　查　甄英羡　五年正月廿日给委

　　　　　林伸寿　五年正月廿日给委

财　　务　江维三　五年正月廿日给委

　　　　　伍卓庭　五年正月廿日给委

巨港支部

部　　长　谢谦谐　三年十二月五日给委

　　　　　潘珠安　三年十二月五日给委

总　　务　林连称　四年七月二十二日给委

党　　务　郑大奇　四年七月二十二日给委

财　　务　许清滚　四年七月二十二日给委

总　　务　李成其　四年九月二日给委

　　　　　蒲星若　四年九月二日给委

党　　务　林连称　四年九月二日给委

　　　　　陈责吾　四年九月二日给委

财　　务　许清滚　四年九月二日给委

　　　　　许和元　四年九月二日给委

调　　查　丘苑庵　四年九月二日给委

　　　　　杨春畴　四年九月二日给委

交　　际　许得水　四年九月二日给委

　　　　　徐壮立

西伯利亚船分部

部　　长　卢伯筠

地洋丸分部

部　　长　黄　林　三年十二月六日给委

　　　　　麦睿珊　四年六月十日给委

蒙古船分部

　　部　长　罗光汉　三年十二月六日给委

支那船分部

　　部　长　蔡文修　三年十二月六日给委

满洲船分部

　　部　长　戴焯文　三年十二月六日给委

　　　　　赵植芝　四年三月十五日给委

日里支部

　　部　长　梁　愚　三年十二月六日给委

　　　　　陈乙民　三年十二月六日给委

仰光支部

　　部　长　何荫三　四年一月十日给委

　　　　　曹伯忠　四年四月十三日给委

　　总　务　饶潜川　四年七月二十三给委

　　　　　李引随　四年七月二十三给委

　　党　务　郑士铨　四年七月二十三给委

　　　　　池吉尹　四年七月二十三给委

　　财　务　黄德源　四年七月二十三给委

　　　　　彭炳森　四年七月二十三给委

　　调　查　蓝　磊　四年七月二十三给委

　　　　　杜督夷　四年七月二十三给委

　　交　际　曹华碧　四年七月二十三给委

　　　　　朱立初　四年七月二十三给委

麻六甲支部

　　部　长　沈鸿柏　四年一月十三给委

　　　　　龙道舜　四年一月十三给委

　　调　查　陈炳坤　四年九月二十六日给委

　　　　　　程文岳　四年九月二十六日给委

　　总　务　刘汉香　四年九月二十六日给委

　　　　　　蔡石泉　四年九月二十六日给委

　　党　务　郑炳南　四年九月二十六日给委

　　　　　　邱仰峰　四年九月二十六日给委

　　财　务　张　庆　四年九月二十六日给委

　　　　　　杨　焜　四年九月二十六日给委

　　　　　　姚金溪　四年九月二十六日给委

　　　　　　何　纲　四年九月二十六日给委

　　党　务　程文岳　四年十一月五日给委

　　　　　　吴六奇　四年十一月五日给委

　　调　查　郑美金　四年十一月五日给委

　　交　际　姚金溪　四年十一月五日给委

　　　　　　何　纲　四年十一月五日给委

麻椐巴辖分部

　　部　长　甄寿南　四年一月二十二日给委

　　　　　　雷绵超　四年一月二十二日给委

美州〔洲〕支部

　　部　长　林　森　四年二月二日给委

　　　　　　冯自由　四年二月二日给委

神户大坂〔阪〕支部

　　部　长　王敬祥　四年二月十一日给委

怡朗埠支部

　　部　长　陈民钟　四年四月二日给委

　　　　　　余以和　同

　　总　务　关国昶　四年七月十九日给委

　　　　　　余陶民　同

　　党　务　谢耀公　同

　　　　　　　　吴庆余　同

　　交　际　关国赓　同

　　　　　　　　黄汉兴　同

　　调　查　余治中　同

　　　　　　　　关国深　同

暹罗支部

　　部　长　萧佛成　四年四月七日给委

利物浦支部

　　部　长　陆孟飞　四年四月十三给委

　　　　　　　　骆　谭　同

苏禄支部

　　部　长　张成谟　四年五月五号给委

　　　　　　　　江琼波　同

　　总务主任　谭攻阻　同

　　　　　　　陈　毅　四年八月二十四给委

　　财　务　吕绍登　同

　　调　查　戴谷辉　五年正月十二日给委

　　　　　　　　朱　佳　同

　　交　际　林怡孙　同

　　财　务　江沃华　四年十一月一日给委

云南缅甸分部

　　部　长　寸海亭　四年五月五号给委

勃生分部

　　部　长　李庆标　四年六月八号给委

瓦城分部

　　部　长　陈泰高　四年六月八号给委

琼州分部

　　部　长　陈侠农　四年六月十日给委

　　　　　　吴　伯　同

　　总　务　陈岛沧　四年十月十六日给委

　　党　务　陈得平　同

　　财　务　龙唐阶　同

　　交　际　吴公侠　同

　　调　查　符公民　同

星加坡分部

　　部　长　卢耀堂　四年六月十九日给委

　　　　　　何德如　同

　　财政主任　梁允祺　同

　　部　长　　何瑞廷　四年八月三日给委

　　总　务　　李霞举　同

　　党　务　　何德如　同

　　财　务　　梁允祺　同

　　调　查　　胡廷川　同

　　交　际　　何德基　同

满堤高船分部

　　部　长　陈炳生　四年八月二日给委

山口羊支部

　　部　长　林龙祥　四年八月三日给委

　　　　　　邓铿堂　同

　　总务主任　邓克辛　同

　　　　　　廖耀轩　同

　　党　务　　吴小枚　同

　　　　　　沈炳煌　同

　　财　务　　龚桂林　同

　　　　　　谢广源　同

　　　　　　李公杰　同

　　　　　　　黄能昌　　同

　　交　　际　　林西黎　　同

　　　　　　　邓剑南　　同

　　总　　务　　廖耀轩　　五年三月廿六日给委

　　　　　　　蔡祝军　　同

　　党　　务　　陈宴棠　　同

　　调　　查　　黄德祥　　同

泗水支部

　　部　　长　　陈铁伍　　四年八月三日给委

　　　　　　　陈瑞昌　　同

　　总　　务　　赖文齐　　同

　　　　　　　黄北明　　同

　　党　　务　　谭焯耀　　同

　　　　　　　张恩汉　　同

　　调　　查　　梁　其　　同

　　　　　　　李紫宸　　同

　　财　　务　　冯锦堂　　同

　　　　　　　刘福江　　同

　　　　　　　古仰周　　四年八月十五改委

　　　　　　　莫　炯　　同

　　总　　务　　杨灼如　　同

　　党　　务　　陈铁伍　　同

　　交　　际　　叶新元　　同

　　调　　查　　谭焯耀　　同

　　部　　长　　古宗尧　　同

　　　　　　　黄谷如　　同

纽丝伦支部

　　部　　长　　黄国民　　四年八月十九给委

孖礼位分部

　　部　长　苏　坤　四年八月二十四给委

玛珑分部

　　部　长　赵　超　四年九月二日给委

勃卧分部

　　部　长　周希尧　四年九月二日给委

沙勝越分部

　　部　长　萧春生　四年九月二日给委

　　　　　　李鸿标　同

石龙门分部

　　部　长　何权甫　四年九月二日给委

巴双支部

　　部　长　吴若采　四年九月二十六日给委

　　总　务　郑受炳　同

　　党　务　陈　聪　同

　　财　务　谭　进　同

　　副部长　陈明春　五年四月十三日给委

　　副总务　陈荣气　同

　　副党务　邝景云　同

　　副财务　符建章　同

　　调　查　曾飞云　同

　　　　　　王士才　同

　　交　际　温冀生　同

　　　　　　陈北平　同

吉生船分部

　　部　长　周柏祥　四年九月二十六日给委

　　　　　　吴　芳　同

雪兰峨支部

部　　长　陈占梅　四年九月二十六给委

彭泽文　同

财　　务　张志升　同

廖　全　五年正月十二日给委

总　　务　林希逸　同

何森池　同

党　　务　冯夋公　同

梁　如　同

调　　查　彭星海　同

符树秀　同

交　　际　罗寿三　同

黄爱群　同

槟榔屿支部

部　　长　林世安　四年九月二十六日给委

总　　务　廖桂生　同

党　　务　王镜波　同

财　　务　熊玉珊　同

朱伯卿　同

部　　长　张援民　五年四月十三日给委

副部长　关　铭　同

副总务　高振汉　同

副党务　贺向宾　同

调　　查　李英才　同

副调查　伍警常　同

交　　际　冯中行　同

副交际　林伟夫　同

笠庇坦分部

部　　长　李雁行　四年九月二十六日给委

驾芽鄢分部

　　财　务　张侯春　四年十月六日给委

　　　　　　林忠华　同

　　部　长　吴世桢　五年二月三日给委

　　　　　　关晓初　同

　　财　务　吴进安　同

横滨支部

　　部　长　黄绰民　四年十月六日给委

　　　　　　陈自觉　同

　　总　务　陈荷荪　四年十一月一日给委

　　财　务　陈泽景　同

　　交　际　杨少佳　同

　　调　查　成　均　同

　　　　　　刘季谋　同

　　党　务　胡铁生　四年十二月十七给委

衣士顿船分部

　　部　长　黄　益　四年十月二十五给委

海防支部

　　部　长　梁丽生　四年十一月一日给委

　　　　　　杜子齐　同

　　总　务　邓直愚　五年正月十二日给委

　　　　　　黄卓知　同

　　党　务　梁复光　同

　　　　　　李　瀚　同

　　财　务　黄志愚　同

　　　　　　梁耀池　同

　　调　查　彭吉平　同

　　　　　　潘　南

交　际　守　义　同

　　　　　陈觉梦　同

印度支部

　部　长　汉雨翘　四年十一月一日给委

　　　　　熊明兴　同

　总　务　朱　明　同

　　　　　王梯云　同

　党　务　欧岳舟　同

　　　　　黄应辉　同

　财　务　欧卓兰　同

　　　　　李汉修　同

港澳支部

　部　长　叶夏声　四年十一月一日给委

　　　　　李海云　同

　总　务　陈永惠　四年十二月七日给委

　　　　　陆任宇　同

　党　务　陆觉生　同

　　　　　邓仕学　同

　财　务　陈耀平　同

　调　查　李宝祥　同

甲必地分部

　部　长　梁泽生　四年十一月一日给委

　　　　　胡惟济　同

　总　务　蔡庆平　同

　党　务　余　才　同

　财　务　余　京　同

　调　查　李　福　同

　交　际　高　福　同

怡保支部

部　　长	郑螺生	四年十一月一日给委
	李源水	同
党　　务	李孝章	同
财　　务	冯业生	同
	符东海	五年正月廿日给委
副部长	杨炳辉	同
总　　务	李南生	同
	区信英	同
党　　副	朱进德	同
调　　查	吴公奋	同
	吴琰生	同
交　　际	林志光	同
	胡　华	同

太平支部

部　　长	梁省躬	四年十一月一日给委
	唐藻华	同
总　　务	雷宜礼	同
党　　务	陆元陞	同
财　　务	何鉴源	同

闽南支部

部　　长	叶青眼	四年十一月一日给委
总　　务	邱厘竞	同
	黄　冈	同
党　　务	许春草	同
	黄瑞伯	同
财　　务	陈金芳	同
	施仁德	同

　　书记长　傅振箕　五年正月十五日给委

　　调　查　黄廷元　五年二月廿六日给委

东婆罗支部

　　部　长　洪国耀　四年十一月五日给委

　　　　　　洪兆创　同

　　总　务　李光坤　五年正月十九日给委

　　　　　　吴南宫　同

　　党　务　郭兰圃　同

　　　　　　俞继进　同

　　财　务　洪有源　同

　　　　　　翁志山　同

　　调　查　陈红治　同

　　　　　　周振华　同

　　交　际　黄世诚　同

　　　　　　杨四兴　同

吡叻朱毛分部

　　部　长　欧雨初　四年十一月十五给委

　　　　　　陈克萨　同

　　总　务　霍　荫　同

　　党　务　招　爽　同

　　财　务　林　滔　同

　　调　查　梁　㴪　同

　　交　际　林　维　同

南海漳分部

　　部　长　潘云村　四年十一月十五给委

　　财　务　伍丽臣　同

摩洛棉分部

　　部　长　黄汉章　四年十一月十五给委

彭亨文冬支部

　　部　长　伍发文　四年十二月十三日给委

　　部　务　覃体仁　同

　　党　务　熊伯言　同

　　财　务　严瑞轩　同

班让分部

　　部　长　余文学　四年十二月十三日给委

福生船分部

　　部　长　郑成忠　四年十二月十六给委

　　　　　　余启康　同

埔吧哇分部

　　部　长　林玉郎　四年十二月十七日给委

　　　　　　谢福郎　同

　　总　务　侯顺兴　同

　　党　务　邓来发　同

　　财　务　刘贵友　同

纳卯支部

　　部　长　洪铨禄　四年十二月廿六日给委

　　　　　　李　练　同

　　总　务　林美回　同

　　党　务　邝子修　同

　　财　务　李赍明　同

　　调　查　苏　广　同

江西德化分部

　　部　长　罗立民　四年十二月二十给委

江西彭泽分部

　　部　长　周济时　四年十二月二十给委

江西湖口分部

部　长　蔡任民　四年十二月二十给委

江西瑞昌分部

部　长　李觉民　四年十二月二十日给委

江西德安分部

部　长　夏拯民　四年十二月二十给委

江西龙南分部

部　长　赖其辉　四年十一月二十四给委

广东钦廉分部

部　长　彭吉平　四年十一月四日给委

江西大庾分部

部　长　刘祖向　四年十一月廿四日给委

江西南康分部

部　长　郭伯棠　四年十一月廿四给委

江西崇义分部

部　长　赖家骈　四年十一月廿四日给委

江西信丰分部

部　长　赖多三　四年十一月二十四给委

江西定南分部

部　长　叶含芬　四年十一月二十四给委

江西雩都分部

部　长　邱汇宗　四年十一月二十四给委

江西宁都分部

部　长　曾　辕　四年十一月二十四给委

江西长宁分部

部　长　黄炳麟　四年十一月二十四给委

江西会昌分部

部　长　曾维翰　四年十一月二十四给委

江西安远分部

　部　　长　叶彬章　四年十一月二十四给委

湖北支部

　部　　长　田　桐　三年十月七日给委

云南支部

　部　　长　杨益谦　三年十月七日给委

　　　　　　周知礼　四年二月十一日给委

江西支部

　部　　长　徐苏中　三年十月七日给委

　总　　务　黄　觉　四年十一月二十四给委

　党　　务　王有蓉　同

　调　　查　张四维　同

　书记长　徐　鉴　同

　会　　计　谢式南　五年正月十五日给委

江苏支部

　部　　长　吴藻华　三年十月十二日给委

　总务科长　茅祖权　四年二月十九日给委

　参　　议　张锦堂　同

　　　　　　施承谟　同

　党务科长　张　维　同

河南支部

　部　　长　凌　越　三年十月十二日给委

安徽支部

　部　　长　张汇滔　三年十月十二日给委

　　　　　　谭惟洋　四年五月五日给委

陕西支部

　部　　长　宋元恺　三年十月十二日给委

浙江支部

　部　　长　戴天仇　三年十月二十二日给委，三年十一月十九改署理马持任，

更名传贤

广西支部

　　部　　长　　苏无涯　　三年十一月二日给委

山西支部

　　部　　长　　阎崇义　　三年十一月十九给委

湖南支部

　　部　　长　　覃　振　　四年一月十三日给委

　　参　　议　　陈家鼐　　四年十二月廿六日给委

　　　　　　　　荆嗣佑　　同

　　　　　　　　李　焕　　同

　　　　　　　　万黄裳　　同

　　总　　务　　罗　迈　　同

　　党　　务　　林祖涵　　同

　　会　　计　　熊兆孟　　同

　　调　　查　　唐　健　　同

　　书　　记　　易　象　　同

甘肃支部

　　部　　长　　张宗海　　三年十二月十七给委

　　党　　务　　师尚谦　　五年二月十一日给委

　　会　　计　　张永修　　同

广东支部

　　部　　长　　何天炯　　三年十二月十七给委

　　总　　务　　连声海　　四年十二月十七给委

　　党　　务　　朱相州　　同

　　调　　查　　黎　光　　同

　　会　　计　　梅　迳　　同

　　书　　记　　苏理平　　同

　　参　　议　　区汉奇　　同

　　　　　谢永年　同

　　　　　朱　道　同

山东支部

　　部　长　刘　光　四年一月五号给委

东三省支部

　　部　长　刘大同　四年一月十日给委

　　吉林党务联络委员　史明民　五年三月十八日给委

贵州支部

　　部　长　凌　霄　四年一月二十二日给委

福建支部

　　部　长　黄展云　四年二月八日给委

四川支部

　　部　长　龙　光　四年四月二十九给委

　　参议兼总务　赵铁樵　四年十一月二日给委

　　党　务　夏名儒　同

　　会　计　吴　山　同

　　调　查　刘　庸　同

　　书记长　卢师襄　同

　　参议兼驻沪联络委员　曹　笃　五年正月十二日给委

　　　　　　　游盛庠　同

广东琼分部

　　部　长　郑振春　四年九月二日给委

安徽颍州分部

　　部　长　王善继　四年九月二日给委

嘉丽支部

　　部　长　杨诚恺　五年正月十二日给委

　　总　务　张昌鲁　同

　　　　　庄硕三　同

```
党　务　李少璋　同
　　　　吕素怀　同
财　务　卓慈生　同
调　查　吕毓童　同
　　　　张西溪　同
交　际　廖衍甫　同
　　　　黄长庚　同
```

依里岸分部
```
部　长　杨佳礼　五年正月十五日给委
　　　　邝　满　同
总　务　张土有　同
党　务　谭　平　同
财　务　李国炳　同
交　际　何敬听　同
```

西都文罗分部
```
部　长　吴菜瓜　五年正月十五日给委
财　务　温宗发　五年正月二十五给委
副部长　温山炎　五年四月廿四日给委
总　务　杨德麟　同
党　务　黄接桂　同
调　查　郑清渊　同
交　际　郭瑞庆　同
```

福建泉州分部
```
部　长　王泉笙　五年正月十五日给委
```

福建同安分部
```
部　长　陈延香　五年正月十五日给委
```

南生船分部
```
部　长　麦源就　五年正月十八日给委
```

　　　　　黄瑞生　同

江西武宁分部

　　部　长　黄　辉　五年正月十九日给委

江西清江分部

　　部　长　曾宗鲁　五年正月十九日给委

三宝垄支部

　　部　长　郑绍本　五年正月十九日给委

　　　　　李　澍　同

　　总　务　廖燮南　同

　　党　务　张世宗　同

　　　　　郑三阳

　　财　务　黄贞诵　同

　　调　查　谭子巨　同

　　交　际　陈德洲　同

江西新昌县分部

　　部　长　漆瞻琪　五年正月廿日给委

江西萍乡县分部

　　部　长　彭汝颜　五年正月二十日给委

万里望分部

　　部　长　杨大汉　五年正月廿日给委

　　总　务　冯天然　同

　　党　务　伍秉汉　同

　　财　务　黄国公　同

　　调　查　伍乾三　同

　　交　际　张益友　同

霹雳安顺分部

　　部　长　黄少行　五年正月廿日给委

　　　　　邓子贤　同

总　　务　施炳华　同

党　　务　林松友　同

财　　务　吴合胜　同

调　　查　简乾仰　同

交　　际　吴　进　同

实兆远分部

部　　长　林初来　五年正月廿日给委

总　　务　柯教海　同

党　　务　陈良知　同

财　　务　陈克朗　同

调　　查　王晏来　同

交　　际　林持纲　同

吡叻布先分部

部　　长　吕　生　五年正月廿日给委

　　　　　罗达廷　同

总　　务　蔡缉熙　同

党　　务　曹品崑　同

财　　务　叶　义　同

调　　查　张伟勋　同

交　　际　梁　生　同

文都鲁苏分部

部　　长　郭绍珍　五年正月廿五日给委

加里昔分部

部　　长　卢桂华　五年正月廿五日给委

　　　　　伍麟祥　五年四月廿四日给委

党　　务　卢己明　同

财　　务　卢天祥　同

金宝分部

部　长	黄心持	五年正月廿五日给委
	郑茂生	同
总　务	高一峰	同
党　务	沈铁成	同
财　务	黄瑞麟	同
调　查	邓惠田	同
交　际	黄如筠	同

江西上高县分部

部　长	罗　震	五年二月三日给委

仙葛洛分部

部　长	杨谋强	五年二月十一日给委

江西永丰县分部

部　长	廖霎尘	五年二月十一日给委

巴生港口分部

部　长	黄承祖	五年二月十一日给委
	陈德熹	同
总　务	陈序洲	同
党　务	严福纪	同
财　务	周孙维	同
调　查	王瑞庭	同
交　际	林梅端	同

三宝雁分部

部　长	关焯堂	五年二月十三日给委
	黄保之	同
党　务	曾干楠	同
财　务	曾杏初	同
总　务	庄廷芳	五年四月廿四日给委
调　查	胡　珍	同

交　际　黄允材　同

大完肚分部

部　长　陈永德　五年二月十三日给委

钟金昌　同

总　务　李善明　同

党　务　温呈祥　同

财　务　黄石松　同

调　查　赖纯卿　同

交　际　刘凤生　同

高砥分部

部　长　丘炯堂　五年二月十八日给委

生瓦分部

部　长　岑菊邻　五年二月十八日给委

雪兰峨琼州分部

部　长　陈家凤　五年二月十八日给委

陈振銎　同

总　务　陈养民　同

党　务　王裔　同

财　务　符树秀　同

调　查　陈世德　同

交　际　陈治大　同

星加坡琼州分部

部　长　符养华　五年二月十八日给委

张刚　同

总　务　符尚志　同

党　务　洪世丙　同

财　务　陈绍平　同

调　查　王华庭　同

交　际　陈继平　同

大山脚分部

部　长　朱步云　五年二日十八日给委

李发赋　同

总　务　何以兴　同

党　务　卢炳勋　同

财　务　王如进　同

调　查　何旺龙　同

交　际　甄炜吉　同

双溪大哗分部

部　长　杜文福　五年二月十八日给委

林文鸿　同

总　务　陈瑞云　同

党　务　陈大深　同

财　务　梁文钦　同

调　查　冯观霖　同

交　际　卢启彬　同

浮芦山背分部

部　长　徐德祐　五年二月十八日给委

陈　俄　同

总　务　张振南　同

党　务　罗金开　同

财　务　罗　满　同

调　查　黄启光　同

交　际　欧阳志夷　同

仁丹分部

部　长　麦燮堂　五年二月十八日给委

邹义同　同

　　总　务　林政良　同
　　党　务　崔改非　同
　　财　务　林天相　同
　　调　查　温玉铿　同
　　交　际　郑达棠　同
天洋丸分部
　　部　长　陈槐卿　五年三月八日给委
孟加映分部
　　部　长　古锦祥　五年三月八日给委
　　　　　　杨桂廷　同
　　总　务　蔡德三　同
　　党　务　张莲生　同
　　财　务　陈乙秀　同
　　交　际　杨南仁　同
　　调　查　黄添喜　同
江西修水县分部
　　部　长　吴　炅　五年三月十四日给委
江西铜鼓县分部
　　部　长　袁　滃　五年三月十四日给委
江西宜黄县分部
　　部　长　尹辅汤　五年三月十四日给委
江西建昌县分部
　　部　长　萧文楼　五年三月十四日给委
广东肇庆分部
　　部　长　朱相州　五年三月十四日给委
　　　　　　伍洪培　同
广东四邑两阳分部
　　部　长　黎　光　五年三月十四日给委

　　　　　　　　唐熙年　同

都弯分部

　　部　长　黄俊仪　五年三月十六日给委

　　　　　　　　郭立业　同

　　党　务　周玉成　同

　　财　务　林瑞安　同

罅辖分部

　　部　长　王星泉　五年三月十八日给委

　　　　　　　　林　有　同

　　总　务　彭维纲　同

　　党　务　林英石　同

　　财　务　梁栋英　同

　　调　查　唐　贵　同

　　交　际　胡　佐　同

华都呀吧分部

　　部　长　祁　寿　五年三月十八日给委

　　　　　　　　何大生　同

　　总　务　黄佐廷　同

　　党　务　罗伯绸　同

　　财　务　李普恩　同

　　调　查　梁逢生　同

　　交　际　黄云清　同

打扣分部

　　部　长　何钟汉　五年三月十八日给委

　　总　务　区景才　同

　　党　务　曾宪纯　同

　　财　务　冯泽泉　同

　　调　查　钟景邦　同

交　际　古宗邦　同

端洛分部

部　长　陈炳秋　五年三月十八日给委

总　务　廖景唐　同

党　务　温锦池　同

财　务　林三和　同

调　查　林扬武　同

交　际　冯　祺　同

亚巴里分部

部　长　曾志高　五年三月十二日给委

仰光支部

部　长　曾允明　五年三月二十日给委

黄德源　同

总　务　杨昭雅　同

黄任戍〔壬戌〕　同

党　务　陈琴舫　同

曾金坛　同

财　务　林经国　同

彭炳森　同

调　查　蓝　磊　同

曾清早　同

交　际　陈甘敏　同

朱立初　同

芙蓉琼州分部

部　长　陈序机　五年三月廿六日给委

符兰亭　同

总　务　陈敬初　同

党　务　蔡　辉　同

财　　务　吴昌贤　同

调　　查　陈玉山　同

交　　际　梁善卿　同

南菲洲支部

部　　长　陈沛南　五年四月十三日给委

　　　　　朱印山　同

通扣分部

部　　长　郭少慈　五年四月十三日给委

　　　　　郭心田　同

总　　务　黄　先　同

党　　务　陈汉文　同

财　　务　杨建来　同

调　　查　李朗溪　同

交　　际　陆伯泉　同

坤甸支部

部　　长　林梅六　五年四月十三日给委

　　　　　林文安　同

总　　务　林宝田　同

　　　　　黄强斋　同

党　　务　赖炳文　同

财　　务　黄炎斋　同

　　　　　黎洪汉　同

调　　查　丘祝汉　同

　　　　　谢源兴　同

交　　际　陈贞吉　同

　　　　　江英华　同

江西万安县分部

部　　长　曾振五　五年四月十三日给委

亚细亚皇后船分部

　　部　长　陈　荣　五年四月十三日给委

仁物埠分部

　　部　长　伍麟祥　五年四月廿四日给委

　　　　　黎玉成　同

　　党　务　杨明扬　同

　　财　务　饶秋元　同

据《中华革命党总务部机要处职员姓名录》原件，
台北、中国国民党文化传播委员会党史馆藏

民国三至五年中华革命党特务职员名录①

（一九一四至一九一六年）

地点	职务	姓名	给委年月日
飞立宾	联络委员	伍平一	三年十月七日
同	同	冯百罹	四年六月十七日
同	同	李思辕	同
同	同	张本汉	同
同	同	陈天扶	同
同	同	黄燮恭	同
同	同	甄　祐	同
同	筹饷特派员	宋　振	四年九月二十三日
同	同	胡汉民	同
同	同	杨庶堪	同
汉口	联络委员	岑　楼	三年十月十二日

---

　　①　本件内纪年系中华民国纪年。

（续表）

地点	职务	姓名	给委年月日
同	交通委员	李祖诒	四年二月二十一日
海上各船舶	交际委员	林　来	三年十月二十二日
同	同	苏无涯	四年四月二十六日
同	同	严华生	同
新加坡	联络委员	梁允煊	三年十月二十八日
同	同	陈孔忠	同
同	同	吴炽寰	同
新加坡	联络委员	郑少芝	三年十月二十八日
同	同	李霞举	同
同	同	何德如	同
同	同	卢耀堂	同
同	同	邓子瑜	同
同	同	梁允祺	三年十二月十日
同	同	刘福田	同
同	同	简英甫	四年三月一日
同	同	郭剑存	四年六月十日
同	同	许逸夫	
同	同	徐洞云	
同	同	李天如	
巴城	联络委员	弓长杰	三年十一月三日
仰光	联络委员	陈廷楷	四年一月五日
南洋各埠	特务委员	许崇智	四年三月三日
同	同	何天炯	同
同	同	叶夏声	同
同	筹办福建军债特派员	许崇智	四年六月八日

（续表）

地点	职务	姓名	给委年月日
同	同	宋　振	同
同	同	黄展云	同
南洋各埠	联络委员	张民达	四年八月三日
加拿大	同	夏重民	四年四月二十六日
南洋荷属	同	金一清	四年四月二十九日
福建兴化	同	余寄舫	四年六月二十日
长崎	同	彭养光	四年七月十七日
檀香山	同	吴铁城	四年八月十日
亚庇	同	李运玉	四年九月二日
柔佛六条	同	李贞廷	四年九月二日
琼侨	同	吴　伯	四年十月十六日
广州湾	同	周子贞	四年十月二十一日
诗鹅	同	陈电洲	四年十一月一日
砂胜越	同	李　汉	四年十一月一日
香港	海上交通员	赵植芝	四年十一月一日
南洋航路	联络委员	谢炳坤	四年十二月十六日
西都文罗	特别团体联络委员	温山炎	五年二月十八日
同	同	杨德麟	同
南洋澳洲	特派委员	冯自由	五年二月二十二日
大连	交通委员	傅笠渔	五年三月十六日

据《中华革命党总务部机要处职员姓名录》原件，
台北、中国国民党文化传播委员会党史馆藏

民国四至五年委任中华革命军人员姓名录[①]

（一九一五至一九一六年）

邓　铿　　委任为广东革命军司令长官

刘　崛　　委任为广西革命军司令长官

高建瓴　　委任为湖北革命军荆沙司令官，十一月八号亲手领去

安　健　　委任为贵州司令长官

张汇滔　　委为江北皖北司令长官

吴藻华　　委为江南司令长官

王善继　　河南军事联络员

白耀辰　　关外军事联络员

梁宗汉　　委为湖北宜昌司令官，已交

李　萁　　为广东游击队司令

卢师谌　　委任为四川司令长官，正月十六号

蔡济民　　委任为湖北司令长官

夏尔玙　　委任为浙江革命军司令长官，四年正月卅一号领去。当具服务状一
　　　　　纸

江炳灵　　湖北革命军司令长官部副官长，二月五日委

吴醒汉　　湖北革命军司令长官部参谋长，二月五日委

郑炳垣　　浙江革命军第一旅旅长，五号委

金维系　　浙江革命军严州司令长官，五号委

邵元冲　　浙江革命军绍兴司令官，五号委

程　壮　　江北革命军通州司令官，三号委

哈在田　　江北革命军徐州司令官，三号委

丁明钦　　江北革命军海州司令官，三号委

---

①　本件内纪年系中华民国纪年。

臧在新　江北革命军淮上司令官

庞三杰　鲁豫淮游击司令官

盛碧潭　宁波革命军司令官

周应时　兼充江苏革命军司令长官

吴藻华　江苏革命军司令长官部参谋长

丁士杰　江苏革命军司令长官副官长

俞　奋　南京革命军司令官

陈　剧　镇江革命军司令官

吴江左　苏州革命军司令官

吴正卿　苏州革命军司令部参谋长

孙宗孺　苏州革命军司令部副官长

陈雄洲　江苏革命军第二师师长

张建勋　江宁革命军第一旅旅长

刘　泽　江宁革命军第二旅旅长

华盛文　南京军事特派员

丁联英　太湖军事联络员

王程远　苏州革命军警察厅长

伏　龙　南京革命军司令部参谋长

蒯　辅　南京革命军司令部副官长

文鼎仙　南京军械局正局长

李　郯　南京军械局副局长

刘　斌　通州革命军司令部参谋长

童勤培　通州革命军司令部副官长

祁耿寰　关外革命军司令长官

余良材　武汉军事联络员

　　　　上海法界宝昌路宝康里六十一号

　　　　法界华盛顿里八十一号　姜寓

邹云彪　福建革命军汀龙司令官

沈国英　福建革命军泉州司令官

江　涛　福建革命军兴化司令官

吴俊杰　福建革命军第壹师第一团团长

徐镜清　福建革命军第二师师长兼延建邵司令部

沈汉秋　福建革命军第一师骑兵营营长

黄国华　福州革命军司令官

林德轩　湖南革命军司令长官

谭　根　航空队司令长官

许崇智　南洋特派员

夏之麒①　江西司令长官，四年十一月初在沪被刺

曾　杰　河南司令长官

熊炳坤　湖北第二区司令官

王华国　湖北第五区司令官

刘　英　湖北第三区司令官

赵鹏飞　湖北第一区司令官

曾尚武　湖北第四区司令官

明星辰　委任为云南军事联络员

席正铭　贵州司令长官部参谋长

朱卓文　中华革命军广东全权筹备委员

杨　虎　海军联络员

杨圭瓒　中华革命军湖南司令长官部驻沪联络正委员，七月九号委

廖家骥　中华革命军湖南司令长官部驻沪联络副委员，七月九号委

黄庆喜　关外游击司令部卫队长（七月十号委）

徐炳炎　关外军事筹备委员（七月十号委）

宁　武　关外军事筹备委员（七月十号委）

柴子安　关外游击司令部先锋队长（七月十号委）

---

① 原件为夏之麟，《国父全集》据一九一五年四月委夏之麒为江西司令长官的记载，校改为夏之麒。

黄廷剑 关外游击司令官（七月十号委）

尹 钧 关外军事联络委员（七月十号委）

聂 豫 湖北第一区司令部参谋长

黄 石 湖北第一区司令部副官长

熊 持 湖北第二区司令部参谋长

田 牺 湖北第三区司令部副官长

谢超武 湖北第三区司令部参谋长，已辞职

陈人杰 湖北第三区司令部副官长

吴继玠 湖北第四区司令部参谋长

冉 鑫 湖北第四区司令部副官长（曹东侠被捕以冉鑫改任）

王守愚 湖北司令长官部参谋，已升为第三区参谋长

阮 复 湖北司令长官副官

李祖贻 湖北第二区司令部参谋

马祖谟 湖北第二区司令部副官

张鹏程 湖北第三区司令部参谋

刘 洁 湖北第三区司令部副官

索飞龙 湖北第四区司令部副官

梁耀武
　　　　　 为湖北第三区司令部参谋
朱旭东

　　　　　 均由部委，十一月五日发

廖 藻 为湖北第三区司令部副官

王守愚 湖北第三区参谋长

　　　　　 山东方面新委人员

吴大洲 山东司令长官

庄文学 曹州司令

赵中玉 胶东司令

戚云龙 登州司令

张健斋 胶州司令

刘毓斗　兖州司令

陈冠五　武定司令

王献芝　德州司令

张香坡　青州司令

尤操范　岱南招抚使

邓天乙　胶东招抚使

薄子明　岱南司令

江苏方面新委人员

李佩莲　徐海游击队司令官

庞子舟　丰沛砀游击队司令官

钱　通　安徽军事联络委员，八月廿一委

李　武　湖南司令长官部军事联络委员

刘国佐　四川川北区司令官，十月廿八日委

韩　傧　四川下川南区司令官，十月廿八日委

赖天球　南赣游击司令，十月廿八日委（已改委韶赣游击司令）

石蕴光　四川川东区司令官，十月廿八日委

印　数

发湖北司令长官印一颗，七月一号发

发江苏司令长官印一颗，七月五号发

发江西司令长官印一颗，八月卅一号

发广东司令长官印一颗，八月卅一号

发浙江司令长官印一颗，七月十八日

发湖南司令长官印一颗，八月十三日

发广西司令长官印一颗，八月十六日

发四川司令长官印一颗，十月二日

发云南司令长官印一颗，十月十八日

发山东司令长官印一颗，十月十八日

发福建司令长官印一颗，九月六日

发河南司令长官印一颗，九月廿七日

　　颁发各省司令长官印信日期录左：

湖北　四年七月一日　　四川　四年十月二日

江苏　四年七月五日　　云南　四年十月十八日

浙江　四年七月十八日　山东　四年十月十八日

湖南　四年八月十三日　福建　四年九月六日

广东　四年八月卅一日　河南　四年九月三十日

广西　四年八月十六日　贵州　四年九月二十七日

江西　四年八月卅一日

　　总务部机要处录十一月四日

谢介僧　湖南司令长官部副官长 ⎫
林修梅　湖南司令长官部参谋长 ⎬ 均十一月初八给
仇　鳌　湖南司令长官部军事参议 ⎭

徐炳炎　山东济南先锋司令，十一月二给

陈文选　湖南司令长官部辰沈靖筹备委员，十一月廿八委

黄　伟
　　　　湖南第一区司令部参谋，十一月十五由军事部委
方　震

蔡福来　湖北第一区司令部副官，十一月十五由军事部委

赖天球　改委中华革命军韶赣游击司令，十一月十九委

黄汉杰　委广东两阳军事筹备委员，十一月廿三日

李海云　委广东高雷两阳恩开新等处区司令，十一月廿三日

朱执信　广东司令长官，十二月初二

陆任宇　广东高雷司令官，五年正月四日委

李可简　广东恩开新司令官，五年正月四日委

　　　　　　　　　据《中华革命党委派人员别号住址及派委回国者姓名登记
　　　　　　　　　簿》毛笔原件，台北、中国国民党文化传播委员会党史馆藏

委任中华革命党人员姓名录①

（一九一四至一九一六年）

委任令第一号（一九一四年七月）

总务部长　陈其美

　副部长　谢　持

党务部长　居　正

　副部长　冯自由

军务部长　许崇智

　副部长　周应时

政治部长　胡汉民

　副部长　杨庶堪

财政部长　张人杰

　副部长　廖仲恺

委任令第二号

党务部第一局长　凌　钺

　第二局长　萧　萱

　第三局长　张肇基

　第四局长　贺治寰

　第五局长　徐朗西

机要职务长　范鸿钧

　机要庶务　方　谷

第三局职务员　周道万

---

① 本件括号内年月系据《国父全集》考订增列。

（第三局职务员）　　夏重民

　　　　　　　　　　钟　鼎

委任令第三号

江西支部长　徐苏中三年①四月

河南支部长　凌　钺

云南支部长　杨益谦

陕西支部长　宋元恺

福建支部长　许崇智

安徽支部长　张汇滔三年十月

湖北支部长　田　桐三年九月

广东支部长　何天炯

江苏支部长　吴藻华

署理浙江支部长　戴天仇

东三省支部长　刘大同四年一月十四发

委任令第四号　二十八号（一九一四年十月）

菲律宾支部长　郑汉淇（重）

菲律宾联络委员　伍平一

新加坡支部长　张永福

　　副支部长　陈楚楠

庇能支部长　陈新政

芙蓉支部长　伍熹石

　　副支部长　伍蕴山

麻坡分部长　郑文炳取消前发委状尚未收转

　　副分部长

---

①　文内纪年系中华民国纪年，下同。

巴东支部长　杨汉孙

檀香山支部长　谢已原

　　副支部长　余　楫

烈港支部长　黄甲元四年一月十四发

巴城支部长　沈选青

　副支部长　林温良

新加坡联络委员　梁允煊、陈孔忠、吴炽寰、郑少芝、李霞举、何德如、
　　　　　　　卢耀堂、邓子瑜

委任令第五号　三十一日（一九一四年十月）

麻城支部长　郑文炳

　副支部长　林照英

委任令第六号　十一月二日（一九一四年）

广西支部长　苏无涯

委任令第七号　四日（一九一四年十一月）

吧城联络委员　弓长杰

委任令第八号　十日（一九一四年十一月）

菲律滨群岛支部长　郑汉淇

　　副支部长　王忠诚

委任令第九号　十九日（一九一四年十一月）

浙江支部长　戴传贤

山西支部长　阎崇义

委任令第十号　三十日（一九一四年十一月）

宿雾正支部长　叶独醒

副支部长　伍尚铨

委任令第十一号　十二月一日（一九一四年）

吉礁正支部长　傅荣华

副支部长　李启明

委任令第十二号　十二月七日（一九一四年）

地洋丸分部长　黄　林辞

飞腊宾筹饷委员　薛汉英

西伯利亚丸分部长　卢伯筼

支那丸分部长　蔡文修

满洲丸分部长　戴焯文收转

蒙古船分部长　罗光汉

委任令第十三号　九日（一九一四年十二月）

巨港正支部长　谢谦谐

副支部长　潘珠安

委任令第十四号　十三日（一九一四年十二月）

日里正支部长　梁　愚

副支部长　陈乙民

星加坡联络委员　刘福田

梁允祺

委任令第十五号　十八日（一九一四年十二月）

广东支部长　何天炯十月

湖南支部长　陈家鼐三年五月

甘肃支部长　张宗海

委任令第十六号　四年正月七日

山东支部长　刘　光

缅甸仰光联络委员　陈廷楷

委任令第十七号　一月十四日（一九一五年）

仰光支部长　何荫三

湖南支部长　覃　振

南洋荷属联络员　李容恢收转

麻六甲正支部长　沈鸿相

　　副支部长　龙道舜

委任令第十八号　一月二十三日（一九一五年）

吉樵名誉正部长　林天奇

　　副部长　李友朋

麻楮巴辖分部正部长　甄寿南

　　　副部长　雷绵超

贵州支部长　凌　霄十月

委任令第十九号　二月三日（一九一五年）

桑港支部长　林　森

　　　冯自由

委任令第二十号　二月十五日（一九一五年）

神户大坂〔阪〕支部长　王敬祥

云南支部长　周知礼

福建支部长　黄展云

委任令第二十一号　二月十九日（一九一五年）

江苏支部党务科科长　张　维

江苏支部总务科科长　茅祖权

江苏支部参议　施承谟

　　　　　　张锦堂

委任令第二十二号　二月二十七日（一九一五年）

鄂属汉口交通委员　李祖贻

委任令第二十三号　三月二日（一九一五年）

新加坡联络委员　简任甫

委任令第二十四号　三月十六日（一九一五年）

满洲船分部长　赵植芝

委任令第二十五号　四月六日（一九一五年）

菲律宾怡朗埠正支部长　陈民钟

　　　　　副支部长　余以和

巴城副支部长　温君文

委任令第二十六号　四月十四日（一九一五年）

英国利物浦支部长　陆孟飞

　　　　　　骆　谭

委任令第二十七号　四月十九日（一九一五年）

代理党务部第三局局长　刘廷汉

党务部第二局职员　曾省三、区汉奇

党务部机要处职务员　孙　镜

仰光支部副支部长　曹伯忠

委任令第二十八号　四月二十六日（一九一五年）

加拿大联络委员　夏重民

海洋各船舶交际员　严华生

　　　　　　　　　苏无涯

委任令第二十九号　四月二十九日（一九一五年）

南洋荷属联络委员　金一清

委任令第三十号　五月一日（一九一五年）

四川支部长　龙　光

委任令第三十一号　五月五日（一九一五年）

安徽支部长　谭惟洋

云南缅甸分部长　寸海亭

苏洛正支部长　张成谟

　　副支部长　江瑗波

　　总务科主任　谭攻阻

暹罗支部长　萧佛成四月九日

委任令第三十二号　六月十日（一九一五年）

琼州正分部长　陈侠农

　　副分部长　吴　伯

星加坡联络委员　许逸夫、郭剑存、徐洞云、李天如

委任令第三十三号　六月十五日（一九一五年）

勃生分部长　李庆标

瓦城分部长　陈泰高

委任令第三十四号　六月十六日（一九一五年）

春洋丸分部长　罗锦星

地洋丸分部长　麦睿珊

委任令第三十五号　六月二十日（一九一五年）

福建兴化党务联络员　涂寄舫

委任令第三十六号　七月十七日（一九一五年）

菲律宾联络委员　黄燮恭、甄　佑、冯伯瞿、陈天扶、张本汉、李思辕

委任令第三十七号　七月十九日（一九一五年）

长崎联络委员兼办交通事务　彭养光

委任令第三十八号　七月二十六日（一九一五年）

芙蓉支部总务科主任　麦炳初

党务科主任　邓培生

财务科主任　梁　英

巨港支部财务科主任　许清滚

党务科主任　郑太奇收转交总务部

总务科主任　林连称同上

吉礁支部总务科主任　林偶然

财务科主任　林有祥

副主任　徐群芳

党务科主任　蔡怀安

副主任　李茂海

调查科主任　陈英擔

交际科主任　李引口

副主任　顾金叶

巴城支部交际科正主任　钟公任

副主任　饶镜彬

调查科主任　李逊三

　　副主任　饶弼臣

财务科主任　钟秀珊

　　副主任　黎倬云

党务科主任　陈相鹏

　　副主任　钟少文

总务科主任　吴公辅

　　副主任　沈树良

巴东支部财务科主任　颜春侯

　　副主任　韩亨丰

党务科主任　廖南华

　　副主任　张义斋

总务科主任　翁享周

　　副主任　黄洛澄

怡朗支部总务科主任　关国昶

　　副主任　余陶民

党务部主任　谢耀公

　　副主任　吴庆余

财务科主任　关国深

调查科主任　余治中

交际科主任　黄汉兴

　　副主任　关国赓

星加坡支部长　黄吉宸

　副支部长　徐统雄

　　名誉支部长　梁谷勋、简英甫

　　总务科主任　黄子明

　　　副主任　廖挽权

　　党务科主任　陆指明

　　　　　　　　副主任　　陈湛权

　　　　　　财政科主任　　刘福田

　　　　　　　　副主任　　陈紫和

　　　　　调查科主任　　欧达泉

　　　　　交际科主任　　丘天锡

　星加坡分部长　　卢耀堂

　　　　　　财政科主任　　梁允祺

　宿务支部总务科主任　　谢汉兴

　　　　　党务科主任　　傅子政

　　　　　财务科主任　　陈伯豪

　　　　　交际科主任　　刘谦祥

　仰光支部总务科主任　　饶潜川

　　　　　　　　副主任　　李引随

　　　　　党务科主任　　郑士铨

　　　　　　　　副主任　　池吉尹

　　　　　财政科主任　　黄德源

　　　　　　　　副主任　　彭炳森

　　　　　调查科主任　　蓝　磊

　　　　　　　　副主任　　杜督夷

　　　　　交际科主任　　曹华碧

　　　　　　　　副主任　　朱立初

委任令第三十九号　八月二日（一九一五年）

天洋丸分部长　　唐正隆收转交总务部

满堤高船分部长　　陈炳生

南洋联络委员　　张民达

委任令第四十号　八月五日（一九一五年）

山口羊支部正支部长　　林龙祥

副支部长　邓铿堂

总务科正主任　邓克辛

副主任　廖耀轩

党务科正主任　吴小枚

副主任　沈炳煌

财务科正主任　龚桂森

副主任　谢广源

调查科正主任　李公杰

副主任　黄能昌

交际科正主任　林西黎

副主任　邓剑南

泗水支部正支部长　陈铁伍收转

副支部长　陈瑞昌同

总务科正主任　赖文斋同

副主任　黄北明同

党务科正主任　谭焯耀同

副主任　张恩汉收转

调查科正主任　梁　其同

副主任　李紫宸

财务科正主任　冯锦堂收转

副主任　刘福江同

新加坡支部调查科副主任　蓝衡史

新加坡支部交际科副主任　何少芝

新加坡分部副分部长　何瑞廷

总务科正主任　李霞举

党务科主任　何德如

财务科主任　梁允祺

调查科主任　胡廷川

交际科主任　何国基

委任令第四十一号（一九一五年八月五日）

联络员　王镜波

星加坡联络员　陈峰海

委任令第四十二号（一九一五年八月五日）

檀香山特派联络委员　吴铁城

泗水正支部长　古宗尧

副支部长　黄谷如

总务科正主任　杨灼如

党务科正主任　陈铁伍

财务科正主任　古仰周

副主任　莫　炯

调查科正主任　谭卓耀

交际科正主任　叶新元

委任令第四十三号　八月二十七日（一九一五年）

孖礼位分部长　苏　坤

苏洛支部交际科正主任　林怡孙

苏洛支部总务科主任　陈　毅

财务科正主任　吕绍登

副主任　戴谷辉

调查科正主任　陈　应

副主任　朱　佳

委任令第四十四号　九月四日（一九一五年）

巨港支部总务科正主任　李成其

副主任　蒲星若

党务科正主任　林连称

副主任　陈责吾

财务科正主任　许清滚

副主任　许元和

调查科正主任　丘苑菴

副主任　杨春畴

交际科正主任　许得水

副主任　徐壮立

广东琼州分部长　郑振春

安徽颖〔颍〕州分部长　王善继

缅属勃卧分部长　周希尧

泗属玛垄分部长　赵　超

沙胜越分部长　萧春生

星属石龙门分部长　何权甫

星属沙胜越副分部长　李鸿标

亚庇联络委员　李运玉

柔佛六条石联络委员　李贞庭

委任令第四十五号　九月二十四日（一九一五年）

天洋丸分部长　李竹田

宿务调查科正主任　薛家弼

副主任　林伸寿

英蓉总务科主任　邓子实

庇能支部长　林世安

总务科主任　廖桂生

党务科主任　王镜波

财务科正主任　熊玉珊

　　　　副主任　朱伯卿

笠庇坦分部长　李雁行

麻六甲总务科正主任　刘汉香

　　　　副主任　蔡石香

委任令第四十六号　十月六日（一九一五年）

横滨正支部长　黄绰民

横滨副支部长　陈自觉

驾芽鄢支部交际科主任　林忠华

　　　　财务科主任　张侯椿

委任令第四十七号　十月十七日（一九一五年）

琼侨联络委员　吴　伯

广东琼州分部总务科主任　陈岛沧

　　　　党务科主任　陈得平

　　　　财务科主任　龙唐阶

　　　　交际科主任　吴公侠

　　　　调查科主任　符公民

委任令第四十八号　十月二十日（一九一五年）

菲律宾支部正支部长　戴金华

　　　　副支部长　陈贵成

　　　　总务科正主任　黄开物

　　　　党务科正主任　吴宗明

　　　　财务科正主任　叶扳桂

　　　　调查科正主任　黄家声

　　　　交际科正主任　黄三记

委任令第四十九号　十月二十二日（一九一五年）

广州湾党务联络委员　周之贞

委任令第五十号　十月二十五日（一九一五年）

衣士顿船分部长　黄　益

委任令第五十号　十月二十九日（一九一五年）

印度支部正支部长　汉雨翘

　　　　副支部长　熊明兴

　　　　总务科正主任　朱　明

　　　　　　副主任　王梯云

　　　　党务科正主任　欧岳舟

　　　　　　副主任　黄应辉

　　　　财务科正主任　欧卓兰

　　　　　　副主任　李汉修

沙胜越联络委员　李　汉

诗鹅联络委员　陈电洲

新加坡支部党务科副主任　徐飞虎

　　　调查科副主任　刘华生

委任令第五十一号　十月三十一日（一九一五年）

横滨支部总务科主任　陈荷荪

　　　财务科主任　陈泽景

　　　交际科主任　杨少佳

　　　调查科主任　成　均

　　　　副主任　刘季谋

港澳支部正支部长　叶夏声

副支部长　李海云

香港上海交通委员　赵植芝

海防支部正支部长　梁丽生

副支部长　杜子齐

委任令第五十二号　十一月二日（一九一五年）

四川支部参议兼总务科科长　赵铁桥

党务科科长　夏名儒

会计科科长　吴　山

调查科科长　刘　庸

书记长　卢师譔

怡保支部正支部长　郑螺生

副支部长　李源水

党务科主任　李孝章

财务科主任　冯业生

闽南支部正支部长　叶青眼

总务科主任　邱厪竞

副主任　黄　冈

党务科正主任　许春草

副主任　黄瑞伯

财务科正主任　陈金芳

财务科副主任　施仁德

太平支部正支部长　梁省躬

副支部长　唐藻华

总务科正主任　雷宜礼

党务科正主任　陆元陞

财务科正主任　何鉴源

甲必地分部正分部长　梁泽生

副分部长　胡维济

总务科主任　蔡庆平

党务科主任　余　才

财务科主任　余　京

调查科主任　李　福

交际科主任　高　福

委任令第五十三号　十一月四日（一九一五年）

钦廉分部长　彭吉平

苏洛支部财务科副主任　江沃毕

委任令第五十四号　九日（一九一五年十一月）

东婆罗洲支部长　洪耀国

副支部长　洪北创

委任令第五十五号　十一月十一日（一九一五年）

麻六甲支部党务科正主任　程文岳

副主任　吴六奇

调查科副主任　郑美金

交际科正主任　姚金溪收转交总部十二月十二日

副主任　何　纲收转交总部十二月二十二日

委任令第五十六号　十一月十七日（一九一五年）

吡叻朱毛分部正分部长　欧雨初

副分部长　陈克萨

总务科主任　霍　荫

党务科主任　招　爽

财务科主任　林　滔

调查科主任　梁　澺

交际科主任　林　维

南海漳分部正分部长　潘云村

财务科主任　伍丽臣

摩洛棉分部正分部长　黄汉章

委任令第五十七号　二十五日（一九一五年十一月）

江西龙南分部长　赖其辉

江西安远分部长　叶彬章

江西会昌分部长　曾维翰

江西长宁分部长　黄炳麟

江西宁都州分部长　曾　辕

江西雩都分部长　邱汇宗

江西定南分部长　叶含芬

江西信丰分部长　赖多三

江西崇义分部长　赖家骈

江西南康分部长　郭伯棠

江西大庾分部长　刘祖向

江西支部书记长　徐　鉴

江西支部调查科科长　张四维

江西支部党务科科长　王有蓉

江西支部总务科科长　黄　觉

芙蓉支部交际科副主任　柯武炎

正主任　梅锦棠

调查科正主任　李　容

副主任　谭丙子

财务科副主任　叶泽民

党务科副主任　谭元贵

总务科副主任　陈　鸿

正主任　邓　光

菲律宾支部总务科副主任　孙清标

党务科副主任　林籁余

财务科副主任　李秉传

调查科副主任　林维祥

交际科副主任　林金柳

补九月二十六日委任（一九一五年）

巴双支部正部长　吴采若

总务科正主任　郑受炳

党务科正主任　陈　聪

财务科正主任　谭　进

委任令第五十八号　十二月九日（一九一五年）

港澳支部总务科正主任　陈永惠

副主任　陆任宇

党务科正主任　陆觉生

副主任　邓仕学

财务科正主任　陈耀平

调查科正主任　李宝祥

巴东支部调查科正主任　方拔馨

副主任　李新宇

交际科正主任　李兆楼

副主任　欧阳卿

委任令第五十九号　十二月十七日（一九一五年）

福生船正分部长　郑成忠

副分部长　余启康

南洋航路联络委员　谢炳坤

班让分部部长　余文学

彭亨文冬支部部长　伍发文

总务科正主任　覃体仁

党务科正主任　熊伯言

财务科正主任　严瑞轩

委任令第六十号　十二月二十一日（一九一五年）

江西德安县分部长　夏拯民

江西瑞昌县分部长　李觉民

江西湖口县分部长　蔡任民

江西彭泽县分部长　周济时

江西德化县分部长　罗立民

横滨支部党务科主任　胡铁生

广东支部参议　朱　道、谢永年、区汉奇

书记长　苏理平

总务科长　连声海

党务科长　朱相州

调查科长　黎　光

会计科长　梅　径

埔吧哇分部正分部长　林玉郎

副分部长　谢福郎

总务科主任　侯顺兴

党务科主任　邓来发

财务科主任　刘贵友

委任令第六十一号　十二月二十七日（一九一五年）

湖南支部参议　陈家鼐、荆嗣佑、李　焕、万黄裳

湖南支部总务科长　罗　迈

　党务科长　林祖涵

　会计科长　熊兆孟

　调查科长　唐　健

　书记长　易　象

纳卯支部正支部长　洪铨禄

　副支部长　李　练

　总务科正主任　林美回

　党务科正主任　邝子修

　财务科正主任　李赍明

　调查科正主任　苏　广

委任令第六十二号　五年一月五日

马六甲支部交际科正主任　赖玉生

　副主任　姚金溪

峇眼西比支部正分部长　黄卓汉

　副分部长　黄天降

　总务科正主任　翁了解

　副主任　洪宇声

　党务科正主任　洪周武

　副主任　宋萃仁

　财务科正主任　孙文盖

　副主任　黄天鹅

　交际科正主任　王淑涵

　副主任　黄犹兴

噦申分部正分部长　林泽斋

　总务科主任　襦善庭

　党务科主任　吴礼庭

财务科主任　熊炳霖

交际科主任　符受初

亚沙汉分部正分部长　郭晓村

总务科主任　陈咸亨

党务科主任　陈宽深

财务科主任　陈贵和

交际科主任　罗兰汀

广东支部长　伍云披

雪兰峨支部长　陈占梅补四年九月二十六日委

副部长　彭泽文

财务科正主任　张志昇

委任令第六十三号　五年一月十五日

雪兰峨支部总务科正主任　林希逸

副主任　何希池

党务科正主任　冯炎公

副主任　梁　如

财务科正主任　廖　全

调查科正主任　彭星海

副主任　符树秀

交际科正主任　罗寿三

副主任　黄爱群

苏洛支部调查科正主任　戴谷辉

嘉丽支部正支部长　杨诚恺

总务科正主任　张昌鲁

副主任　庄硕三

党务科正主任　李少璋

副主任　吕怀素

　　　　　财务科正主任　卓慈生

　　　　　调查科正主任　吕毓童

　　　　　　　　副主任　张西溪

　　　　　交际科正主任　廖衍甫

　　　　　　　　副主任　黄长庚

四川支部参议兼驻沪联络委员　曹　笃、游盛庠

汀西支部长　徐苏中

委任令第六十四号　一月十七日（一九一六年）

西都文罗分部长　吴莱瓜

闽南支部书记长　傅振箕

福建泉州分部长　王泉笙

福建同安分部长　陈延香

海防支部总务科正主任　邓直愚

　　　　　　　副主任　黄卓知

　　　　党务科正主任　梁复光

　　　　　　　副主任　李　瀚

　　　　财务科正主任　黄志愚

　　　　　　　副主任　梁耀池

　　　　调查科正主任　彭吉平

　　　　　　　副主任　潘　南

　　　　交际科正主任　守　义

　　　　　　　副主任　陈觉梦

依里岸分部正分部长　杨佳礼

　　　　　副分部长　邝　满

　　　　　总务科正主任　张土有

　　　　　党务科主任　谭　平

　　　　　财务科主任　李国炳

交际科主任　何敬听

江西支部会计科长　谢式南

委任令第六十五号　一月十八日（一九一六年）

南生船正分部长　麦源就

副分部长　黄瑞生

委任令第六十六号　一月二十日（一九一六年）

江西清江分部长　曾宗鲁

江西武宁分部长　黄　辉

东婆罗洲支部总务科正主任　李光坤

副主任　吴南宫

党务科正主任　郭兰圃

副主任　俞继进

财务科正主任　洪有源

副主任　翁志山

调查科正主任　陈红治

副主任　周振华

交际科正主任　黄世诚

副主任　杨四兴

三宝垄支部正支部长　郑绍本

副支部长　李　澍

总务科正主任　廖燮南

党务科正主任　张世宗

副主任　郑三阳

财务科正主任　黄贞诵

调查科正主任　谭子巨

交际科正主任　陈德洲

四年九月二十六日

吉生船正分部长　周柏祥

　　　副分部长　吴　芳

高丽船正分部长　宋瑞珊

　　　副分部长　黄碧珊

委任令第六十七号　一月二十四日（一九一六年）

吡叻布先分部正分部长　吕　生

　　　　副分部长　罗达廷

　　　　总务科正主任　蔡缉熙

　　　　党务科主任　曹品崑

　　　　财务科主任　叶　义

　　　　调查科主任　张伟勋

　　　　交际科主任　梁　生

江西新昌县分部长　漆瞻琪

江西萍乡县分部长　彭汝颜

霹雳安顺分部正分部长　黄少行

　　　　副分部长　邓子贤

　　　　总务科主任　施炳华

　　　　党务科主任　林松友

　　　　财务科主任　吴合胜

　　　　调查科主任　简乾仰

　　　　交际科主任　吴　进

万里望分部正分部长　杨大汉

　　　　总务科主任　冯天然

　　　　党务科主任　伍秉汉

　　　　财务科主任　黄国公

　　　　调查科主任　伍乾三

交际科主任　张益友

实兆远分部正分部长　林初来

　　　总务科主任　柯教海

　　　党务科主任　陈良知

　　　财政科主任　陈克朗

　　　调查科主任　王晏来

　　　交际科主任　林持纲

怡保支部总务科副主任　区信英

　　　党务科副主任　朱进德

　　　财务科副主任　符东海

　　　调查科正主任　吴公奋

　　　　　副主任　吴琰生

　　　交际科正主任　林志光

　　　　　副主任　胡　华

怡保支部副支部长　杨炳辉

　　　总务科主任

委任令第六十八号　一月二十八日（一九一六年）

文都鲁苏分部长　郭绍珍

加里昔分部部长　卢桂华

西都文罗分部财务科主任　温宗发

宿务支部长　陈伯豪

　副支部长　叶独醒

宿务总务科正主任　伍尚铭

　　　　　副主任　庄应宜

　　　财务科正主任　江维三

　　　　　副主任　伍卓庭

　　　党务科正主任　张文财

副主任　萧剑云

交际科正主任　刘谦祥

副主任　郑丹老

调查科正主任　甄英羡

副主任　林伸寿

金宝分部正分部长　黄心持

副分部长　郑茂生

总务科主任　高一峰

党务科主任　沈铁武

财务科主任　黄瑞麟

调查科主任　邓惠田

交际科主任　黄如筠

委任令第六十九号　二月八日（一九一六年）

江西上高县分部长　罗　震

驾芽鄢分部长　吴世桢

副分部长　关晓初

财务科主任　吴进初

委任令第七十号　二月十五日（一九一六年）

檀香山正支部长　杨广达

副支部长　许直臣

总务科正主任　李成功

副主任　谭　钊

党务科正主任　杨耀焜

副主任　喻　业

财务科正主任　曾长福

副主任　许石贵

调查科正主任　萧全棣

　　　　　副主任　温崇礼

交际科正主任　李　流

　　　　　副主任　陈　阁

大完肚正分部长　陈永德

　　副分部长　钟金昌

　　总务科主任　李善明

　　党务科主任　温呈祥

　　财务科主任　黄石松

　　调查科主任　赖纯卿

　　交际科主任　刘凤生

三宝雁正分部长　关焯堂

　　副分部长　黄保之

　　党务科主任　曹干楠

　　财务科主任　曾杏初

甘肃支部党务科科长　师尚谦

　　会计科科长　张永修

江西永丰县分部长　廖霎尘

仙葛洛分部长　杨谋强

巴生港口正分部长　叶承祖

　　副分部长　陈德熹

　　总务科主任　陈序洲

　　党务科主任　严福纪

　　财务科主任　周孙维

　　调查科主任　王瑞庭

　　交际科主任　林梅端

委任令第七十一号（一九一六年二月十五日）

高砥分部长　丘炯堂

生瓦分部长　岑菊邻

特别团体联络委员　杨德麟一右

特别团体联络委员　温山炎一左

仁丹分部长　麦燮堂

　副分部长　邹义同

　　总务科主任　林政良

　　党务科主任　崔改非

　　财务科主任　林天相

　　调查科主任　温王铿

　　交际科主任　郑达棠

浮庐山背分部正分部长　徐德祐

　　　　副分部长　陈　俄

　　　　总务科主任　张振南

　　　　党务科主任　罗金开

　　　　财务科主任　罗　满

　　　　调查科主任　黄启光

　　　　交际科主任　欧阳志夷

大山脚分部正分部长　朱步云

　　　　副分部长　李发斌

　　　　总务科主任　何以兴

　　　　党务科主任　卢炳勋

　　　　财务科主任　王如进

　　　　调查科主任　何旺龙

　　　　交际科主任　甄炜吉

双溪大哖正分部长　杜文福

　　　　副分部长　林文鸿

　　　　总务科主任　陈瑞云

　　　　党务科主任　陈大深

财务科主任　梁文钦

调查科主任　冯观霖

交际科主任　卢启彬

雪兰峨古毛分部正分部长　官文森

副分部长　袁景荣

总务科主任　郭锡龄

党务科主任　江若云

财务科主任　庄家传

调查科主任　丘玉如

交际科主任　叶毓勋

雪兰峨琼州分部正分部长　陈家凤

副分部长　陈振鋆

总务科主任　陈养民

党务科主任　王　裔

财务科主任　符树秀

调查科主任　陈世德

交际科主任　陈治大

委任令第七十二号　三月九日（一九一六年）

孟加映分部正部长　古锦祥

副部长　杨桂廷

总务科主任　蔡德三

党务科主任　张莲生

财务科主任　陈乙秀

交际科主任　杨南仁

调查科主任　黄添喜

天洋丸分部部长　陈槐卿

委任令第七十三号　三月十七日（一九一六年）

广东肇庆分部长　朱相丹

副分部长　伍洪培

广东四邑两阳分部长　黎　光

副部长　唐熙年

江西修水县分部长　吴　炅

江西铜鼓县分部长　袁　滗

江西宜黄县分部长　尹辅汤

江西建昌县分部长　萧文楼

委任令第七十四号　三月二十一日（一九一六年）

都湾分部正部长　黄俊仪

副部长　郭立业

党务科主任　周玉成

财务科主任　林瑞安

驻连交通委员　傅笠渔

委任令第七十五号　三月二十二日（一九一六年）

吉林党务联络委员　史明民

仰光支部正部长　曾允明

副部长　黄德源

总务科正主任　杨昭雅

副主任　黄壬戌

党务科正主任　陈琴舫

副主任　曾金坛

财务科正主任　林经国

副主任　彭炳森

调查科正主任　蓝　磊

副主任　曾清早

交际科正主任　陈甘敏

副主任　朱立初

罅辖分部正部长　王星泉

副部长　林　有

总务科主任　彭维纲

党务科主任　林英石

财务科主任　梁栋英

调查科主任　唐　贵

交际科主任　胡　佐

华都呀吧分部正部长　祁　寿

副部长　何大生

总务科主任　黄佐廷

党务科主任　罗伯炯

财务科主任　李普恩

调查科主任　梁逢生

交际科主任　黄云清

打扪分部部长　何钟汉

总务科主任　区景才

党务科主任　曾宪纯

财务科主任　冯泽泉

调查科主任　钟景邦

交际科主任　古宗邦

端洛分部部长　陈炳秋

总务科主任　廖景唐

党务科主任　温锦池

财务科主任　林三和

调查科主任　林扬武

交际科主任　冯　祺

亚巴里分部部长　曾志高

委任令第七十六号　三月二十七日（一九一六年）

芙蓉琼州分部长　陈序机

副分部长　符兰亭

总务科主任　陈敬初

党务科主任　蔡　辉

财务科主任　吴昌贤

调查科主任　陈玉山

交际科主任　梁善卿

山口羊支部总务科主任　廖耀轩

总务科副主任　蔡祝军

党务科主任　陈宴堂

调查科主任　黄德祥

委任令第七十七号　四月十七日（一九一六年）

江西万安县分部长　曾振五

星加坡琼州分部正部长　符养华

副部长　张　刚

总务科主任　符尚志

党务科主任　洪世丙

财务科主任　陈绍平

调查科主任　王华庭

交际科主任　陈继平

委任令第七十八号　四月二十一日（一九一六年）

亚细亚皇后船分部长　陈　荣

坤甸支部正部长　林梅六

　　副部长　林文安

　　总务科正主任　林宝田

　　　　副主任　黄强斋

　　党务科正主任　赖炳文

　　财务科正主任　黄炎裔

　　　　副主任　黎洪汉

　　调查科正主任　丘祝汉

　　　　副主任　谢源兴

　　交际科正主任　陈贞吉

　　　　副主任　江英华

南非洲支部正部长　陈沛南

　　副部长　朱印山

槟榔屿支部正部长　张援民

　　副部长　关　铭

　　总务科副主任　高振汉

　　党务科副主任　贺向宾

　　交际科正主任　冯中行

　　　　副主任　林伟夫

　　调查科正主任　李英才

　　　　副主任　伍警常

通扣分部正部长　郭少慈

　　副部长　郭心田

　　总务科主任　黄　先

　　党务科主任　陈汉文

　　财务科主任　杨建来

　　调查科主任　李朗溪

　　交际科主任　陆伯泉

巴双支部副部长　陈明春

　　　总务科副主任　陈荣气

　　　党务科副主任　邝景云

　　　财务科副主任　符建章

　　　调查科正主任　曾飞云

　　　　　　副主任　王士才

　　　交际科正主任　温冀生

　　　　　　副主任　陈北平

委任令第七十九号　四月二十八日（一九一六年）

三宝雁分部总务科主任　庄廷芳

　　　　调查科主任　胡　珍

　　　　交际科主任　黄允材

西都文罗分部副部长　温山炎

　　　　总务科主任　杨德麟

　　　　党务科主任　黄接桂

　　　　调查科主任　郑清渊

　　　　交际科主任　郭瑞庆

加里昔分部副部长　伍麟祥

　　　　党务科主任　卢己明

　　　　财务科主任　卢天祥

仁物分部正部长　伍麟祥

　　　副部长　黎玉成

　　　党务科主任　杨明扬

　　　财务科主任　饶秋元

据《中华革命党本部委任人员簿》原件，台
北、中国国民党文化传播委员会党史馆藏

批隆世储请辞函

（一九一七年一月一日）①

当力任艰巨，以维民国，切勿萌退志也。

据原件，台北、中国国民党
文化传播委员会党史馆藏

特任伍廷芳为中华民国军政府外交总长令

（一九一七年九月十一日）

大元帅令

特任伍廷芳为中华民国军政府外交总长。此令。

（大元帅印）

中华民国六年九月十一日

据《命令》，载广州《军政府公报》②
第一号，一九一七年九月十七日

特任唐绍仪为中华民国军政府财政总长令

（一九一七年九月十一日）

大元帅令

特任唐绍仪为中华民国军政府财政总长。此令。

---

① 日期据来函。

② 军政府公报处一九一七年九月起、军政府印铸局公报处一九一八年二月起、军政府总务厅一九一八年八月起以"修字"编号，军政府总务厅一九二〇年十二月起以"光字"编号在广州发行。

（大元帅印）

中华民国六年九月十一日

据《命令》，载广州《军政府公报》
第一号，一九一七年九月十七日

特任张开儒为中华民国军政府陆军总长令

（一九一七年九月十一日）

大元帅令

　　特任张开儒为中华民国军政府陆军总长。此令。

（大元帅印）

中华民国六年九月十一日

据《命令》，载广州《军政府公报》
第一号，一九一七年九月十七日

特任程璧光为中华民国军政府海军总长令

（一九一七年九月十一日）

大元帅令

　　特任程璧光为中华民国军政府海军总长。此令。

（大元帅印）

中华民国六年九月十一日

据《命令》，载广州《军政府公报》
第一号，一九一七年九月十七日

特任孙洪伊为中华民国军政府内政总长令

（一九一七年九月十一日）

大元帅令

　　特任孙洪伊为中华民国军政府内政总长。此令。

（大元帅印）

中华民国六年九月十一日

据《命令》，载广州《军政府公报》
第一号，一九一七年九月十七日

特任胡汉民为中华民国军政府交通总长令

（一九一七年九月十一日）

大元帅令

　　特任胡汉民为中华民国军政府交通总长。此令。

（大元帅印）

中华民国六年九月十一日

据《命令》，载广州《军政府公报》
第一号，一九一七年九月十七日

任命王正廷为中华民国军政府外交次长令

（一九一七年九月十一日）

大元帅令

　　任命王正廷为中华民国军政府外交次长。此令。

（大元帅印）

中华民国六年九月十一日

据《命令》，载广州《军政府公报》
第一号，一九一七年九月十七日

任命居正为中华民国军政府内政次长令

（一九一七年九月十一日）

大元帅令

　　任命居正为中华民国军政府内政次长。此令。

（大元帅印）

中华民国六年九月十一日

据《命令》，载广州《军政府公报》
第一号，一九一七年九月十七日

着王正廷暂行代理外交总长令

（一九一七年九月十一日）

大元帅令

　　外交总长伍廷芳未到任以前，着王正廷暂行代理。此令。

（大元帅印）

中华民国六年九月十一日

据《命令》，载广州《军政府公报》
第一号，一九一七年九月十七日

着居正暂行代理内政总长令

（一九一七年九月十一日）

大元帅令

　　内政总长孙洪伊未到任以前，着居正暂行代理。此令。

（大元帅印）

中华民国六年九月十一日

据《命令》，载广州《军政府公报》
第一号，一九一七年九月十七日

特任林葆怿为中华民国军政府海军总司令令

（一九一七年九月十一日）

大元帅令

　　特任林葆怿为中华民国军政府海军总司令。此令。

（大元帅印）

中华民国六年九月十一日

据《命令》，载广州《军政府公报》
第一号，一九一七年九月十七日

特任方声涛为中华民国军政府卫戍总司令令

（一九一七年九月十一日）

大元帅令

　　特任方声涛为中华民国军政府卫戍总司令。此令。

（大元帅印）

中华民国六年九月十一日

据《命令》，载广州《军政府公报》
第一号，一九一七年九月十七日

特任李烈钧为中华民国军政府参谋总长令

（一九一七年九月十一日）

大元帅令

　　特任李烈钧为中华民国军政府参谋总长。此令。

（大元帅印）

中华民国六年九月十一日

据《命令》，载广州《军政府公报》
第一号，一九一七年九月十七日

特任章炳麟为大元帅府秘书长令

（一九一七年九月十一日）

大元帅令

　　特任章炳麟为大元帅府秘书长。此令。

（大元帅印）

中华民国六年九月十一日

据《命令》，载广州《军政府公报》
第一号，一九一七年九月十七日

特任许崇智为大元帅府参军长令

（一九一七年九月十一日）

大元帅令

许崇智为大元帅府参军长。此令。

（大元帅印）

中华民国六年九月十一日

据《命令》，载广州《军政府公报》
第一号，一九一七年九月十七日

任命李福林为大元帅府亲军总司令令

（一九一七年九月十一日）

大元帅令

任命李福林为大元帅府亲军总司令。此令。

（大元帅印）

中华民国六年九月十一日

据《命令》，载广州《军政府公报》
第一号，一九一七年九月十七日

任命黄大伟为大元帅府参军令

（一九一七年九月十一日）

大元帅令

任命黄大伟为大元帅府参军。此令。

（大元帅印）

中华民国六年九月十一日

据《命令》，载广州《军政府公报》
第一号，一九一七年九月十七日

任命周应时为大元帅府参军令

（一九一七年九月十一日）

大元帅令

　　任命周应时为大元帅府参军。此令。

（大元帅印）

中华民国六年九月十一日

据《命令》，载广州《军政府公报》
第一号，一九一七年九月十七日

任命邓玉麟为大元帅府参军令

（一九一七年九月十一日）

大元帅令

　　任命邓玉麟为大元帅府参军。此令。

（大元帅印）

中华民国六年九月十一日

据《命令》，载广州《军政府公报》
第一号，一九一七年九月十七日

任命高尚志为大元帅府参军令

（一九一七年九月十一日）

大元帅令

　　任命高尚志为大元帅府参军。此令。

（大元帅印）

中华民国六年九月十一日

据《命令》，载广州《军政府公报》
第一号，一九一七年九月十七日

任命周之贞为大元帅府参军令

（一九一七年九月十一日）

大元帅令

　　任命周之贞为大元帅府参军。此令。

（大元帅印）

中华民国六年九月十一日

据《命令》，载广州《军政府公报》
第一号，一九一七年九月十七日

任命罗家衡为大元帅府秘书令

（一九一七年九月十一日）

大元帅令

　　任命罗家衡为大元帅府秘书。此令。

（大元帅印）

中华民国六年九月十一日

据《命令》，载广州《军政府公报》
第一号，一九一七年九月十七日

任命刘奇瑶为大元帅府秘书令

（一九一七年九月十一日）

大元帅令

　　任命刘奇瑶为大元帅府秘书。此令。

（大元帅印）

中华民国六年九月十一日

据《命令》，载广州《军政府公报》
第一号，一九一七年九月十七日

任命秦广礼为大元帅府秘书令

（一九一七年九月十一日）

大元帅令

　　任命秦广礼为大元帅府秘书。此令。

（大元帅印）

中华民国六年九月十一日

据《命令》，载广州《军政府公报》
第一号，一九一七年九月十七日

任命叶夏声为大元帅府秘书令

（一九一七年九月十一日）

大元帅令

任命叶夏声为大元帅府秘书。此令。

（大元帅印）

中华民国六年九月十一日

据《命令》，载广州《军政府公报》
第一号，一九一七年九月十七日

任命张大义为大元帅府秘书令

（一九一七年九月十一日）

大元帅令

任命张大义为大元帅府秘书。此令。

（大元帅印）

中华民国六年九月十一日

据《命令》，载广州《军政府公报》
第一号，一九一七年九月十七日

任命马君武为大元帅府秘书令

（一九一七年九月十一日）

大元帅令

任命马君武为大元帅府秘书。此令。

（大元帅印）

中华民国六年九月十一日

据《命令》，载广州《军政府公报》
第一号，一九一七年九月十七日

任命贺赞元为大元帅府秘书令

（一九一七年九月十一日）

大元帅令

　　任命贺赞元为大元帅府秘书。此令。

（大元帅印）

中华民国六年九月十一日

据《命令》，载广州《军政府公报》
第一号，一九一七年九月十七日

任命刘盥训为大元帅府秘书令

（一九一七年九月十一日）

大元帅令

　　任命刘盥训为大元帅府秘书。此令。

（大元帅印）

中华民国六年九月十一日

据《命令》，载广州《军政府公报》
第一号，一九一七年九月十七日

任命张伯烈为大元帅府秘书令

（一九一七年九月十一日）

大元帅令

　　任命张伯烈为大元帅府秘书。此令。

（大元帅印）

中华民国六年九月十一日

据《命令》，载广州《军政府公报》
第一号，一九一七年九月十七日

任命平刚为大元帅府秘书令

（一九一七年九月十一日）

大元帅令

　　任命平刚为大元帅府秘书。此令。

（大元帅印）

中华民国六年九月十一日

据《命令》，载广州《军政府公报》
第一号，一九一七年九月十七日

任命吕复为大元帅府参议令

（一九一七年九月十一日）

大元帅令

　　任命吕复为大元帅府参议。此令。

（大元帅印）

中华民国六年九月十一日

据《命令》，载广州《军政府公报》
第一号，一九一七年九月十七日

任命吴宗慈为大元帅府参议令

（一九一七年九月十一日）

大元帅令

　　任命吴宗慈为大元帅府参议。此令。

（大元帅印）

中华民国六年九月十一日

据《命令》，载广州《军政府公报》
第一号，一九一七年九月十七日

任命宋渊源为大元帅府参议令

（一九一七年九月十一日）

大元帅令

　　任命宋渊源为大元帅府参议。此令。

（大元帅印）

中华民国六年九月十一日

据《命令》，载广州《军政府公报》
第一号，一九一七年九月十七日

任命周震鳞为大元帅府参议令

（一九一七年九月十一日）

大元帅令

　　任命周震麟〔鳞〕为大元帅府参议。此令。

（大元帅印）

中华民国六年九月十一日

据《命令》，载广州《军政府公报》
第一号，一九一七年九月十七日

任命茅祖权为大元帅府参议令

（一九一七年九月十一日）

大元帅令

　　任命茅祖权为大元帅府参议。此令。

（大元帅印）

中华民国六年九月十一日

据《命令》，载广州《军政府公报》
第一号，一九一七年九月十七日

任命吕志伊为大元帅府参议令

（一九一七年九月十一日）

大元帅令

　　任命吕志伊为大元帅府参议。此令。

（大元帅印）

中华民国六年九月十一日

据《命令》，载广州《军政府公报》
第一号，一九一七年九月十七日

任命王湘为大元帅府参议令

（一九一七年九月十一日）

大元帅令

　　任命王湘为大元帅府参议。此令。

（大元帅印）

中华民国六年九月十一日

据《命令》，载广州《军政府公报》
第一号，一九一七年九月十七日

任命马骧为大元帅府参议令

（一九一七年九月十一日）

大元帅令

　　任命马骧为大元帅府参议。此令。

（大元帅印）

中华民国六年九月十一日

据《命令》，载广州《军政府公报》
第一号，一九一七年九月十七日

任命王法勤为大元帅府参议令

（一九一七年九月十一日）

大元帅令

　　任命王法勤为大元帅府参议。此令。

（大元帅印）

中华民国六年九月十一日

据《命令》，载广州《军政府公报》
第一号，一九一七年九月十七日

任命凌钺为大元帅府参议令

（一九一七年九月十一日）

大元帅令

　　任命凌钺为大元帅府参议。此令。

（大元帅印）

中华民国六年九月十一日

据《命令》，载广州《军政府公报》
第一号，一九一七年九月十七日

任命邹鲁为大元帅府参议令

（一九一七年九月十一日）

大元帅令

　　任命邹鲁为大元帅府参议。此令。

（大元帅印）

中华民国六年九月十一日

据《命令》，载广州《军政府公报》
第一号，一九一七年九月十七日

任命赵世钰为大元帅府参议令

（一九一七年九月十一日）

大元帅令

　　任命赵世钰为大元帅府参议。此令。

（大元帅印）

中华民国六年九月十一日

据《命令》，载广州《军政府公报》
第一号，一九一七年九月十七日

任命吴宗慈为川滇劳军使令

（一九一七年九月十二日）

大元帅令

　　任命吴宗慈为川滇劳军使。此令。

（大元帅印）

中华民国六年九月十二日

据《命令》，载广州《军政府公报》
第一号，一九一七年九月十七日

任命王湘为川滇劳军使令

（一九一七年九月十二日）

大元帅令

　　任命王湘为川滇劳军使。此令。

（大元帅印）

中华民国六年九月十二日

据《命令》，载广州《军政府公报》
第一号，一九一七年九月十七日

特任陈炯明为中华民国军政府第一军总司令令

（一九一七年九月十二日）

大元帅令

　　特任陈炯明为中华民国军政府第一军总司令。此令。

（大元帅印）

中华民国六年九月十二日

据《命令》，载广州《军政府公报》
第一号，一九一七年九月十七日

任命万黄裳为大元帅府秘书令

（一九一七年九月十二日）

大元帅令

　　任命万黄裳为大元帅府秘书。此令。

（大元帅印）

中华民国六年九月十二日

据《命令》，载广州《军政府公报》
第一号，一九一七年九月十七日

任命陈群为大元帅府秘书令

（一九一七年九月十二日）

大元帅令

　　任命陈群为大元帅府秘书。此令。

（大元帅印）

中华民国六年九月十二日

据《命令》，载广州《军政府公报》
第一号，一九一七年九月十七日

任命陆兰清为大元帅府参军令

（一九一七年九月十三日）

大元帅令

　　任命陆兰清为大元帅府参军。此令。

（大元帅印）

中华民国六年九月十三日

据《命令》，载广州《军政府公报》
第一号，一九一七年九月十七日

任命崔文藻为大元帅府参议令

（一九一七年九月十三日）

大元帅令

　　任命崔文藻为大元帅府参议。此令。

（大元帅印）

中华民国六年九月十三日

据《命令》，载广州《军政府公报》
第一号，一九一七年九月十七日

任命刘成禺为大元帅府参议令

（一九一七年九月十三日）

大元帅令

　　任命刘成禺为大元帅府参议。此令。

（大元帅印）

中华民国六年九月十三日

据《命令》，载广州《军政府公报》
第一号，一九一七年九月十七日

任命刘英为大元帅府参议令

（一九一七年九月十三日）

大元帅令

　　任命刘英为大元帅府参议。此令。

（大元帅印）

中华民国六年九月十三日

据《命令》，载广州《军政府公报》
第一号，一九一七年九月十七日

任命彭介石为大元帅府参议令

（一九一七年九月十三日）

大元帅令

　　任命彭介石为大元帅府参议。此令。

（大元帅印）

中华民国六年九月十三日

据《命令》，载广州《军政府公报》
第一号，一九一七年九月十七日

任命萧晋荣为大元帅府参议令

（一九一七年九月十三日）

大元帅令

　　任命萧晋荣为大元帅府参议。此令。

（大元帅印）

中华民国六年九月十三日

据《命令》，载广州《军政府公报》
第一号，一九一七年九月十七日

任命谢持为大元帅府参议令

（一九一七年九月十三日）

大元帅令

　　任命谢持为大元帅府参议。此令。

（大元帅印）

中华民国六年九月十三日

据《命令》，载广州《军政府公报》
第一号，一九一七年九月十七日

任命张大昕为大元帅府参议令

（一九一七年九月十三日）

大元帅令

　　任命张大昕为大元帅府参议。此令。

（大元帅印）

中华民国六年九月十三日

据《命令》，载广州《军政府公报》
第一号，一九一七年九月十七日

任命李执中为大元帅府参议令

（一九一七年九月十三日）

大元帅令

　　任命李执中为大元帅府参议。此令。

（大元帅印）

中华民国六年九月十三日

据《命令》，载广州《军政府公报》第一号，一九一七年九月十七日

任命胡祖舜为大元帅府参议令

（一九一七年九月十三日）

大元帅令

　　任命胡祖舜为大元帅府参议。此令。

（大元帅印）

中华民国六年九月十三日

据《命令》，载广州《军政府公报》第一号，一九一七年九月十七日

任命郭椿森为大元帅府参议令

（一九一七年九月十四日）

大元帅令

　　任命郭椿森为大元帅府参议。此令。

（大元帅印）

中华民国六年九月十四日

据《命令》，载广州《军政府公报》第二号，一九一七年九月二十日

任命曾彦为大元帅府参议令

（一九一七年九月十四日）

大元帅令

　　任命曾彦为大元帅府参议。此令。

（大元帅印）

中华民国六年九月十四日

据《命令》，载广州《军政府公报》
第二号，一九一七年九月二十日

任命覃超为大元帅府参议令

（一九一七年九月十四日）

大元帅令

　　任命覃超为大元帅府参议。此令。

（大元帅印）

中华民国六年九月十四日

据《命令》，载广州《军政府公报》
第二号，一九一七年九月二十日

任命龚政为大元帅府参议令

（一九一七年九月十四日）

大元帅令

　　任命龚政为大元帅府参议。此令。

（大元帅印）

中华民国六年九月十四日

据《命令》，载广州《军政府公报》
第二号，一九一七年九月二十日

任命徐之琛为大元帅府参议令

（一九一七年九月十四日）

大元帅令

　　任命徐之琛为大元帅府参议。此令。

（大元帅印）

中华民国六年九月十四日

据《命令》，载广州《军政府公报》
第二号，一九一七年九月二十日

任命徐瑞霖为大元帅府参议令

（一九一七年九月十四日）

大元帅令

　　任命徐瑞霖为大元帅府参议。此令。

（大元帅印）

中华民国六年九月十四日

据《命令》，载广州《军政府公报》
第二号，一九一七年九月二十日

任命曹亚伯为大元帅府参议令

（一九一七年九月十四日）

大元帅令

　　任命曹亚伯为大元帅府参议。此令。

（大元帅印）

中华民国六年九月十四日

据《命令》，载广州《军政府公报》
第二号，一九一七年九月二十日

任命许继祥为大元帅府参议令

（一九一七年九月十四日）

大元帅令

　　任命许继祥为大元帅府参议。此令。

（大元帅印）

中华民国六年九月十四日

据《命令》，载广州《军政府公报》
第二号，一九一七年九月二十日

任命毛仲芳为大元帅府参议令

（一九一七年九月十四日）

大元帅令

　　任命毛仲芳为大元帅府参议。此令。

（大元帅印）

中华民国六年九月十四日

据《命令》，载广州《军政府公报》
第二号，一九一七年九月二十日

任命苏理平为大元帅府秘书令

（一九一七年九月十四日）

大元帅令

　　任命苏理平为大元帅府秘书。此令。

（大元帅印）

中华民国六年九月十四日

据《命令》，载广州《军政府公报》
第二号，一九一七年九月二十日

任命谢英伯为大元帅府秘书令

（一九一七年九月十四日）

大元帅令

　　任命谢英伯为大元帅府秘书。此令。

（大元帅印）

中华民国六年九月十四日

据《命令》，载广州《军政府公报》
第二号，一九一七年九月二十日

任命黄展云为大元帅府秘书令

（一九一七年九月十四日）

大元帅令

　　任命黄展云为大元帅府秘书。此令。

（大元帅印）

中华民国六年九月十四日

据《命令》，载广州《军政府公报》
第二号，一九一七年九月二十日

任命梅培为大元帅府秘书令

（一九一七年九月十四日）

大元帅令

　　任命梅培为大元帅府秘书。此令。

（大元帅印）

中华民国六年九月十四日

据《命令》，载广州《军政府公报》
第二号，一九一七年九月二十日

任命古应芬为大元帅府秘书令

（一九一七年九月十四日）

大元帅令

　　任命古应芬为大元帅府秘书。此令。

（大元帅印）

中华民国六年九月十四日

据《命令》，载广州《军政府公报》
第二号，一九一七年九月二十日

任命熊英为大元帅府秘书令

（一九一七年九月十四日）

大元帅令

　　任命熊英为大元帅府秘书。此令。

（大元帅印）

中华民国六年九月十四日

据《命令》，载广州《军政府公报》
第二号，一九一七年九月二十日

任命梁树熊为大元帅府秘书令

（一九一七年九月十四日）

大元帅令

　　任命梁树熊为大元帅府秘书。此令。

（大元帅印）

中华民国六年九月十四日

据《命令》，载广州《军政府公报》
第二号，一九一七年九月二十日

任命冯自由为大元帅府参议令

（一九一七年九月十四日）

大元帅令

　　任命冯自由为大元帅府参议。此令。

（大元帅印）

中华民国六年九月十四日

据《命令》，载广州《军政府公报》
第二号，一九一七年九月二十日

任命谭民三为大元帅府参议令

（一九一七年九月十六日）

大元帅令

　　任命谭民三为大元帅府参议。此令。

（大元帅印）

中华民国六年九月十六日

据《命令》，载广州《军政府公报》
第二号，一九一七年九月二十日

任命邵元冲为大元帅府秘书令

（一九一七年九月十六日）

大元帅令

　　任命邵元冲为大元帅府秘书。此令。

（大元帅印）

中华民国六年九月十六日

据《命令》，载广州《军政府公报》
第二号，一九一七年九月二十日

任命林焕庭为大元帅府秘书令

（一九一七年九月十六日）

大元帅令

　　任命林焕庭为大元帅府秘书。此令。

（大元帅印）

中华民国六年九月十六日

据《命令》，载广州《军政府公报》
第二号，一九一七年九月二十日

任命蒋文汉为大元帅府秘书令

（一九一七年九月十六日）

大元帅令

　　任命蒋文汉为大元帅府秘书。此令。

（大元帅印）

中华民国六年九月十六日

据《命令》，载广州《军政府公报》
第二号，一九一七年九月二十日

任命李禄超为大元帅府秘书令

（一九一七年九月十六日）

大元帅令

　　任命李禄超为大元帅府秘书。此令。

（大元帅印）

中华民国六年九月十六日

据《命令》，载广州《军政府公报》
第二号，一九一七年九月二十日

任命林直勉为大元帅府秘书令

（一九一七年九月十六日）

大元帅令

　　任命林直勉为大元帅府秘书。此令。

（大元帅印）

中华民国六年九月十六日

据《命令》，载广州《军政府公报》
第二号，一九一七年九月二十日

任命陈民钟为大元帅府参议令

（一九一七年九月十六日）

大元帅令

　　任命陈民钟为大元帅府参议。此令。

（大元帅印）

中华民国六年九月十六日

据《命令》，载广州《军政府公报》
第二号，一九一七年九月二十日

任命时功玖为大元帅府参议令

（一九一七年九月十六日）

大元帅令

　　任命时功玖为大元帅府参议。此令。

（大元帅印）

中华民国六年九月十六日

据《命令》，载广州《军政府公报》
第二号，一九一七年九月二十日

任命童昆瀛为大元帅府参议令

（一九一七年九月十六日）

大元帅令

　　任命童昆瀛为大元帅府参议。此令。

（大元帅印）

中华民国六年九月十六日

据《命令》，载广州《军政府公报》
第二号，一九一七年九月二十日

委任邓耀为广东招抚局长状

（一九一七年九月十六日）

任命状

　　任命邓耀为广东招抚局长。此状。

中华民国海陆军大元帅孙文

中华民国六年九月十六日

据抄件，台北、中国国民党
文化传播委员会党史馆藏

任命杨福田为大元帅府参军令

（一九一七年九月十七日）

大元帅令

　　任命杨福田为大元帅府参军。此令。

（大元帅印）

中华民国六年九月十七日

据《命令》，载广州《军政府公报》
第三号，一九一七年九月二十一日

准任命蒋国斌等三人分为参军处
总务等三科科长令

（一九一七年九月十七日）

大元帅令

　　参军长许崇智呈请任命蒋国斌为参军处总务科科长，梅培为参军处会计科科长，陈永惠为参军处庶务科科长，应照准。此令。

（大元帅印）

中华民国六年九月十七日

据《命令》，载广州《军政府公报》
第三号，一九一七年九月二十一日

任命黄伯耀李建中为大元帅府秘书令

（一九一七年九月十八日）

大元帅令

　　任命黄伯耀、李建中为大元帅府秘书。此令。

（大元帅印）

中华民国六年九月十八日

据《命令》，载广州《军政府公报》
第三号，一九一七年九月二十一日

任命吕复兼大元帅府秘书令

（一九一七年九月十八日）

大元帅令

　　任命吕复兼大元帅府秘书。此令。

（大元帅印）

中华民国六年九月十八日

据《命令》，载广州《军政府公报》
第三号，一九一七年九月二十一日

任命林学衡为大元帅府秘书令

（一九一七年九月十八日）

大元帅令

　　任命林学衡为大元帅府秘书。此令。

（大元帅印）

中华民国六年九月十八日

据《命令》，载广州《军政府公报》
第三号，一九一七年九月二十一日

任命蒙民伟为大元帅府参议令

（一九一七年九月十八日）

大元帅令

　　任命蒙民伟为大元帅府参议。此令。

（大元帅印）

中华民国六年九月十八日

据《命令》，载广州《军政府公报》
第三号，一九一七年九月二十一日

任命段雄为大元帅府参议令

（一九一七年九月十八日）

大元帅令

　　任命段雄为大元帅府参议。此令。

（大元帅印）

中华民国六年九月十八日

据《命令》，载广州《军政府公报》
第三号，一九一七年九月二十一日

任命张华澜为大元帅府参议令

（一九一七年九月十八日）

大元帅令

　　任命张华澜为大元帅府参议。此令。

（大元帅印）

中华民国六年九月十八日

据《命令》，载广州《军政府公报》
第三号，一九一七年九月二十一日

任命梁培为大元帅府参议令

（一九一七年九月十八日）

大元帅令

　　任命梁培为大元帅府参议。此令。

（大元帅印）

中华民国六年九月十八日

据《命令》，载广州《军政府公报》
第三号，一九一七年九月二十一日

任命李茂之等十人为大元帅府参议令

（一九一七年九月十八日）

大元帅令

　　任命李茂之、卢信、李华林、朱念祖、王有兰、张于浔、陈时铨、黄元白、黄攻素、卢仲琳为大元帅府参议。此令。

（大元帅印）

中华民国六年九月十八日

据《命令》，载广州《军政府公报》
第三号，一九一七年九月二十一日

任命杨大实等十一人为大元帅府参议令

（一九一七年九月十八日）

大元帅令

　　任命杨大实、于洪起、邓天一、李秉恕、方潜、张瑞萱、曹振懋、王观铭、寇遐、杨铭源、王乃昌为大元帅府参议。此令。

（大元帅印）

中华民国六年九月十八日

据《命令》，载广州《军政府公报》
第三号，一九一七年九月二十一日

任命丁象谦等三人为大元帅府参议令

（一九一七年九月十八日）

大元帅令

　　任命丁象谦、刘泽龙、李国定为大元帅府参议。此令。

（大元帅印）

中华民国六年九月十八日

据《命令》，载广州《军政府公报》
第三号，一九一七年九月二十一日

任命李含芳为大元帅府参议令

（一九一七年九月十八日）

大元帅令

　　任命李含芳为大元帅府参议。此令。

（大元帅印）

中华民国六年九月十八日

据《命令》，载广州《军政府公报》

第三号，一九一七年九月二十一日

任命覃振等八人为大元帅府参议令

（一九一七年九月十九日）

大元帅令

　　任命覃振、田桐、陈策、王釜、陈寿如、刘芷芳、陈鸿钧、汪哕鸾为大元帅府参议。此令。

（大元帅印）

中华民国六年九月十九日

据《命令》，载广州《军政府公报》

第三号，一九一七年九月二十一日

任命张左丞林镜台为大元帅府参议令

（一九一七年九月二十日）

大元帅令

　　任命张左丞、林镜台为大元帅府参议。此令。

（大元帅印）

中华民国六年玖月二十日

据《命令》，载广州《军政府公报》
第三号，一九一七年九月二十一日

特任徐谦代理大元帅府秘书长令

（一九一七年九月二十二日）

大元帅令

特任徐谦代理大元帅府秘书长。此令。

（大元帅印）

中华民国六年九月二十二日

据《命令》，载广州《军政府公报》
第五号，一九一七年九月二十三日

特任廖仲恺代理中华民国军政府财政总长令

（一九一七年九月二十二日）

大元帅令

特任廖仲恺代理中华民国军政府财政总长。此令。

（大元帅印）

中华民国六年九月二十二日

据《命令》，载广州《军政府公报》
第五号，一九一七年九月二十三日

任命邹鲁为中华民国军政府财政次长令

（一九一七年九月二十二日）

大元帅令

　　任命邹鲁为中华民国军政府财政次长。此令。

（大元帅印）

中华民国六年九月二十二日

据《命令》，载广州《军政府公报》

第五号，一九一七年九月二十三日

委任郑祖怡为大元帅府参军状

（一九一七年九月二十四日）

任命状

　　任命楚豫舰长郑祖怡为大元帅府参军。此状。

中华民国海陆军大元帅孙文

中华民国六年九月二十四日

据原件，台北、中国国民党

文化传播委员会党史馆藏

致唐继尧告特派张左丞为驻滇代表电

（一九一七年九月二十四日）

　　滇督军公署转行营唐元帅鉴：申密。东日特派本府参议张左丞为驻滇代表，由港来滇，面陈一切，请赐接洽。孙文。敬。（印）

据原件，昆明、云南省档案馆藏

特任马君武代理中华民国军政府交通总长令

（一九一七年九月二十五日）

大元帅令

特任马君武代理中华民国军政府交通总长。此令。

（大元帅印）

中华民国六年九月二十五日

据《命令》，载广州《军政府公报》
第六号，一九一七年九月二十五日

任命叶夏声代理内政次长令

（一九一七年九月二十五日）

大元帅令

任命叶夏声代理内政次长。此令。

（大元帅印）

中华民国六年九月二十五日

据《命令》，载广州《军政府公报》
第六号，一九一七年九月二十五日

任命邓慕韩为大元帅府参议令

（一九一七年九月二十五日）

大元帅令

任命邓慕韩为大元帅府参议。此令。

（大元帅印）

中华民国六年九月二十五日

据《命令》，载广州《军政府公报》
第六号，一九一七年九月二十五日

任命吴铁城等五人为大元帅府参议令

（一九一七年九月二十七日）

大元帅令

　　任命吴铁城、金雅丞、孙继烈、冯镇东、彭泽为大元帅府参议。此令。

（大元帅印）

中华民国六年九月二十七日

据《命令》，载广州《军政府公报》
第八号，一九一七年九月二十七日

任命黄承胄为大元帅府参议令

（一九一七年九月二十七日）

大元帅令

　　任命黄承胄为大元帅府参议。此令。

（大元帅印）

中华民国六年九月二十七日

据《命令》，载广州《军政府公报》
第九号，一九一七年九月二十八日

任命李炳初为筹饷委员状

（一九一七年九月二十七日）

任命状

　　任命李炳初为筹饷委员。此状。

中华民国海陆军大元帅孙文

中华民国六年九月二十七日

据原件照片，台北、中国国民
党文化传播委员会党史馆藏

任命杨汉魂为筹饷委员状

（一九一七年九月二十七日）

任命状

　　任命杨汉魂为筹饷委员。此状。

中华民国海陆军大元帅孙文

中华民国六年九月二十七日

据原件照片，台北、中国国民
党文化传播委员会党史馆藏

任命刘汉川为大元帅府参议令

（一九一七年九月二十八日）

大元帅令

　　任命刘汉川为大元帅府参议。此令。

（大元帅印）

中华民国六年九月二十八日

据《命令》，载广州《军政府公报》
第九号，一九一七年九月二十八日

任命刘成为大元帅府参军令

（一九一七年九月二十八日）

大元帅令

  任命刘成为大元帅府参军。此令。

（大元帅印）

中华民国六年九月二十八日

据《命令》，载广州《军政府公报》
第九号，一九一七年九月二十八日

任命吴醒汉为大元帅府参军令

（一九一七年十月二日）

大元帅令

  任命吴醒汉为大元帅府参军。此令。

（大元帅印）

中华民国六年十月二日

据《命令》，载广州《军政府公报》
第十五号，一九一七年十月十七日

任命童杭时为大元帅府参议状

（一九一七年十月四日）

任命状

　　任命童杭时为大元帅府参议。此状。

中华民国海陆军大元帅孙文

中华民国六年十月四日

据原件照片，台北、中国国民
党文化传播委员会党史馆藏

任命潘乃德为大元帅府参议状

（一九一七年十月四日）

任命状

　　任命潘乃德为大元帅府参议。此状。

中华民国海陆军大元帅孙文（印）

中华民国六年十月四日

据原件影印件，载中国人民政治协商会议全
国委员会文史资料研究委员会、中国革命博
物馆联合编辑：《孙中山先生画册》，北
京，中国文史出版社一九八六年九月出版

任命李玉昆为大元帅府参军令

（一九一七年十月九日）

大元帅令

　　任命李玉昆为大元帅府参军。此令。

（大元帅印）

中华民国六年十月九日

据《命令》，载广州《军政府公报》
第十五号，一九一七年十月十七日

任命熊秉坤为大元帅府参军令

（一九一七年十月十一日）

大元帅令

　　任命熊秉坤为大元帅府参军。此令。

（大元帅印）

中华民国六年十月十一日

据《命令》，载广州《军政府公报》
第十五号，一九一七年十月十七日

任命曾尚武为大元帅府参军令

（一九一七年十月十一日）

大元帅令

　　任命曾尚武为大元帅府参军。此令。

（大元帅印）

中华民国六年十月十一日

据《命令》，载广州《军政府公报》
第十五号，一九一七年十月十七日

任命席正铭为大元帅府参军令

（一九一七年十月十一日）

大元帅令

　　任命席正钦〔铭〕为大元帅府参军。此令。

（大元帅印）

中华民国六年十月十一日

据《命令》，载广州《军政府公报》
第十五号，一九一七年十月十七日

任命孙智兴①为香港筹饷委员状

（一九一七年十月十一日）

任命状

　　任命孙光明为香港筹饷委员。此状。

中华民国海陆军大元帅孙文

中华民国六年十月十一日

据原件，珠海、孙仲钦（孙智兴侄孙）家藏

---

① 孙智兴（另名孙光明）早年追随孙文革命，参与对海外筹饷事宜。

致杨庶堪请转寄委任黄复生卢师谛为四川国民军
总副司令状并商石青阳川东招讨使职仍旧电

（一九一七年十月十二日）

上海杨沧伯先生鉴：阳日寄上任命卢师谛川西招讨使、石青阳川东招讨使各状，兹得沪电复生函称："已在泸组国民军，可得有械八支队，请任总司令，卢为副司令，此后委者均归复生节制"等语。即照委，状仍寄兄转。前寄卢招讨使状即取消，但石仍照旧，是否合宜？应否宣布？盼速电复。致方师长电已送。孙文。

据《护法之役致川滇黔湘各省要电》，载胡汉民编：《总理全集》第三集，上海，民智书局一九三〇年二月初版

致黄复生等三人任命黄为中华民国军政府
四川国民军总司令及另二人军职电

（一九一七年十月十二日）

泸州赵军长转黄复生、卢师谛、石青阳三君鉴：兹悉已组成四川国民军，即任命复生为总司令，师谛为副司令，该军称中华民国军政府四川国民军。青阳在綦江，另任命为中华民国军政府川东招讨使。除分电唐帅、刘督量予援助，并转各军、师、旅、团长知照外，望即妥速接洽，共策进行。状另寄。孙文。

据《护法之役致川滇黔湘各省要电》，载胡汉民编：《总理全集》第三集，上海，民智书局一九三〇年二月初版

特任许崇智署理中华民国军政府陆军总长令

（一九一七年十月十四日）

大元帅令

　　特任许崇智署理中华民国军政府陆军总长。此令。

（大元帅印）

中华民国六年十月十四日

据《命令》，载广州《军政府公报》
第十四号，一九一七年十月十五日

着黄大伟代理大元帅府参军长令

（一九一七年十月十四日）

大元帅令

　　许崇智现署理陆军总长，其参军长事务，着黄大伟代理。此令。

（大元帅印）

中华民国六年十月十四日

据《命令》，载广州《军政府公报》
第十四号，一九一七年十月十五日

委任李国定刘泽龙为四川劳军使令

（一九一七年十月十五日）

大元帅令

　　委任李国定、刘泽龙为四川劳军使。此令。

（大元帅印）

中华民国六年十月十五日

据《命令》，载广州《军政府公报》
第十五号，一九一七年十月十七日

任命蒋群为大元帅府参军令

（一九一七年十月十五日）

大元帅令

　　任命蒋群为大元帅府参军。此令。

（大元帅印）

中华民国六年十月十五日

据《命令》，载广州《军政府公报》
第十五号，一九一七年十月十七日

任命刘谦祥为小吕宋筹饷委员状

（一九一七年十月十七日）

任命状

　　任命刘谦祥为小吕宋筹饷委员。此状。

中华民国海陆军大元帅孙文

中华民国六年十月十七日

据原件，台北、中国国民党
文化传播委员会党史馆藏

委任崔鼎新为西堤筹饷委员状

（一九一七年十月十七日）

任命状

　　任命崔鼎新为西堤筹饷委员。此状。

中华民国海陆军大元帅孙文

中华民国六年十月十七日

据原件，台北、中国国民党
文化传播委员会党史馆藏

任命叶独醒为小吕宋筹饷委员状

（一九一七年十月十七日）

任命状

　　任命叶独醒为小吕宋筹饷委员。此状。

中华民国海陆军大元帅孙文

中华民国六年十月十七日

据原件，台北、中国国民党
文化传播委员会党史馆藏

林祖涵为湖南劳军使令

（一九一七年十月十七日）

　　林祖涵为湖南劳军使。

据《军政府大事记》，载一九一七年十
月二十九日上海《民国日报》第六版

任命林飞云为大元帅府秘书令

（一九一七年十月十九日）

大元帅令

　　任命林飞云为大元帅府秘书。此令。

（大元帅印）

中华民国六年十月十九日

据《命令》，载广州《军政府公报》
第十六号，一九一七年十月二十日

任命蒋国斌为大元帅府参军令

（一九一七年十月二十二日）

大元帅令

　　任命蒋国斌为大元帅府参军。此令。

（大元帅印）

中华民国六年十月廿二日

据《命令》，载广州《军政府公报》
第十八号，一九一七年十月二十七日

特任刘存厚为中华民国军政府四川督军令

（一九一七年十月二十四日）

大元帅令

　　特任刘存厚为中华民国军政府四川督军。此令。

（大元帅印）

中华民国六年十月廿四日

据《命令》，载广州《军政府公报》第二十四号，一九一七年十一月十七日

任命王孰闻①为西伯利亚调查专员状

（一九一七年十月二十五日）

任命状

特任王孰闻为西北〔伯〕利亚调查专员。此状。

中华民国海陆军大元帅孙文（印）

中华民国六年十月二十五日

据原件影印件，载一九八五年三月三十日北京《团结报》

任命戴愧生为小吕宋筹饷委员状

（一九一七年十月二十七日）

任命状

任命戴愧生为小吕宋筹饷委员。此状。

中华民国海陆军大元帅孙文

中华民国六年十月二十七日

据原件，台北、中国国民党文化传播委员会党史馆藏

---

① 王孰闻，湖北英山人，一九一七年孙文派他赴俄国西伯利亚考察。

任命吴山为大元帅府秘书令

（一九一七年十月二十九日）

大元帅令

　　任命吴山为大元帅府秘书。此令。

（大元帅印）

中华民国六年十月廿九日

据《命令》，载广州《军政府公报》
第二十号，一九一七年十一月六日

任命管鹏为大元帅府参议状

（一九一七年十月二十九日）

任命状

　　任命管鹏为大元帅府参议。此状。

中华民国海陆军大元帅孙文
中华民国六年十月二十九日

据原件影印件，台北、中国国
民党文化传播委员会党史馆藏

任命朱晋经为筹饷委员状

（一九一七年十月三十日）

任命状

　　任命朱晋经为筹饷委员。此状。

中华民国海陆军大元帅孙文

中华民国六年十月三十日

据原件影印件，台北、中国国
民党文化传播委员会党史馆藏

任命张群蒋介石为大元帅府参军令

（一九一七年十一月一日）

大元帅令

　　任命张群、蒋介石为大元帅府参军。此令。

（大元帅印）

中华民国六年十一月一日

据《命令》，载广州《军政府公报》
第二十号，一九一七年十一月六日

任命阮日华为筹饷委员状

（一九一七年十一月三日）

任命状

　　任命阮日华为筹饷委员。此状。

中华民国海陆军大元帅孙文

中华民国六年十一月三日

据原件影印件，台北、中国国
民党文化传播委员会党史馆藏

任命高敦焯为筹饷委员状

（一九一七年十一月三日）

任命状

　　任命高敦焯为筹饷委员。此状。

中华民国海陆军大元帅孙文

中华民国六年十一月三日

据原件影印件，台北、中国国
民党文化传播委员会党史馆藏

任命刘汉华为军事委员状

（一九一七年十一月三日）

任命状

　　任命刘汉华为军事委员。此状。

中华民国海陆军大元帅孙文

中华民国六年十一月三日

据原件照片，台北、中国国民
党文化传播委员会党史馆藏

任命洪慈等三人为大元帅府参军令

（一九一七年十一月四日）

大元帅令

　　任命洪慈、瞿钧祈、耿寰为大元帅府参军。此令。

（大元帅印）

中华民国六年十一月四日

据《命令》，载广州《军政府公报》
第二十号，一九一七年十一月六日

任命孙洪伊为中华民国军政府驻沪全权代表令

（一九一七年十一月五日）

大元帅令

任命内政总长孙洪伊为中华民国军政府驻沪全权代表。此令。

（大元帅印）

中华民国六年十一月五日

据《命令》，载广州《军政府公报》
第二十一号，一九一七年十一月八日

准任命阮复等八人分为内政部秘书或佥事令

（一九一七年十一月五日）

大元帅令

代理内政总长居正呈请任命阮复、丁震、王度、张龙云、方谷为内政部秘书，方策、詹德烜、丁象离为内政部佥事，应照准。此令。

（大元帅印）

中华民国六年十一月五日

据《命令》，载广州《军政府公报》
第二十一号，一九一七年十一月八日

任命刘汉华为东海十六沙护沙督办状

（一九一七年十一月五日）

任命状

　　任命刘汉华为东海十六沙护沙督办。此状。

中华民国海陆军大元帅孙文

中华民国六年十一月五日

据原件照片，台北、中国国民
党文化传播委员会党史馆藏

致张煦告加任其为川南镇守使及任傅畅和
为建昌道尹并派员解送公债收条电

（一九一七年十一月八日）

　　东川专送宁远靖国第七军张午岚总司令鉴：傅君畅和来粤，备稔近状，知黾勉不懈，佩慰何穷。宁远控扼南服，旁通川边，形势之区，正可力筹发展。兹加任兄为川南镇守使，望竭诚规画，以树勋业。傅君明于政理，才识优裕，兹亦任为建昌道尹，想能相得益彰也。闻尊处军需稍形支绌，特于日内派员解送内国公债收条五十万，计五十册，装成一箱至云南刘护督，于该债券到时，即由尊处派员备文赴滇领解应用，并盼电复。孙文。

据《护法之役致川滇黔湘各省要电》，
载胡汉民编：《总理全集》第三集，
上海，民智书局一九三〇年二月初版

准任命郑振春等七人分为佥事或技正令

（一九一七年十一月二十一日）

代理内政总长居正呈请任命郑振春、袁麟阁、黎庆恩、林者仁、曹羡、吴适为佥事，李维新为技正，应照准。此令。

（大元帅印）

中华民国六年十一月二十一日

据《命令》，载广州《军政府公报》
第三十号，一九一七年十一月三十日

任命安健为川边宣慰使令

（一九一七年十一月二十四日）

大元帅令

任命安健为川边宣慰使。此令。

（大元帅印）

中华民国六年十一月二十四日

据《命令》，载广州《军政府公报》
第三十号，一九一七年十一月三十日

任命林义顺为大元帅府参议状

（一九一七年十一月二十六日）

任命状

任命林义顺为大元帅府参议。此状。

中华民国海陆军大元帅孙文

中华民国六年十一月二十六日

据原件照片，台北、中国国民
党文化传播委员会党史馆藏

任命连声海为印铸局长令

（一九一七年十一月二十九日）

大元帅令

任命连声海为印铸局长。此令。

（大元帅印）

中华民国六年十一月二十九日

据《命令》，载广州《军政府公报》
第三十号，一九一七年十一月三十日

复唐继尧请酌量委任黄复生卢师谛
并报军政府加委电

（一九一七年十一月二十九日）

云南督军署转行营唐元帅鉴：申密①。有电奉悉。黄复生、卢师谛既以委任，名誉有所歧异，此间又未尽悉，其军队情况，亦似宜确当之名②。不如尊处酌量委任后，即行电知，再军府加委，方为适合也。特此奉闻。孙文叩。艳。（印）③

据原件，昆明、云南省档案馆藏

---

① 另据《孙中山致唐元帅电》，《军政府公报》一九一七年十一月三十日第三十号《函电》，无"申"字。
② "名义有所歧异。此间又未悉黄、卢军队详况，亦难定确当之名。"
③ "再由军府加委，较为适合也。特此奉复。孙文。艳。"

任命管鹏为安徽招抚使状

（一九一七年十一月三十日）

任命状

　　任命管鹏为安徽招抚使。此状。

中华民国海陆军大元帅孙文

中华民国六年十一月三十日

据原件，台北、中国国民党
文化传播委员会党史馆藏

任命苏苍为大元帅府秘书令

（一九一七年十二月五日）

大元帅令

　　任命苏苍为大元帅府秘书。此令。

（大元帅印）

中华民国六年十二月五日

据《命令》，载广州《军政府公报》第
三十三号，一九一七年十二月十二日

准任命周道万三人为内政部佥事令

（一九一七年十二月七日）

　　代理内政总长居正呈请任命周道万、周知礼、汪鲲南为内政部佥事，应照准。此令。

（大元帅印）

中华民国六年十二月七日

据《命令》，载广州《军政府公报》第三十三号，一九一七年十二月十二日

任命石青阳为川北招讨使令

（一九一七年十二月十二日）

大元帅令

　　任命石青阳为川北招讨使。此令。

（大元帅印）

中华民国六年十二月十二日

据《命令》，载广州《军政府公报》第三十五号，一九一七年十二月二十日

任命黄嘉梁为云南劳军使状

（一九一七年十二月十四日）

　　任命黄嘉梁为云南劳军使。

据原件，台北、中国国民党文化传播委员会党史馆藏

派赵德恒为云南靖国后备军慰问使令

（一九一七年十二月二十四日）

大元帅令

　　派本府参军赵德恒为云南靖国后备军慰问使。此令。

据原件，台北、中国国民党文化传播委员会党史馆藏

任命郑启聪为大元帅府参议令

（一九一七年十二月三十日）

大元帅令

　　任命郑启聪为大元帅府参议。此令。

（大元帅印）

中华民国六年十二月三十日

据《命令》，载广州《军政府公报》
第四十七号，一九一八年二月十五日

任命刘景双张汇滔为大元帅府参军令

（一九一八年一月二日）

大元帅令

　　任命刘景双、张汇滔为大元帅府参军。此令。

据命令簿，台北、中国国民
党文化传播委员会党史馆藏

着石青阳改为川北招讨使令

（一九一八年一月二日）

大元帅令

　　川东招讨使石青阳着改为川北招讨使。此令。

据命令簿，台北、中国国民
党文化传播委员会党史馆藏

任命李建中为湘西劳军使令

（一九一八年一月六日）

大元帅令

　　任命李建中为湘西劳军使。此令。

据命令簿，台北、中国国民
党文化传播委员会党史馆藏

任林祖密为闽南军司令状

（一九一八年一月六日）

任命状

　　任林祖密为闽南军司令。此状。

中华民国海陆军大元帅孙文
中华民国七年一月六日

据原件影印件，台北、中国国
民党文化传播委员会党史馆藏

任命但焘为大元帅府秘书令

（一九一八年一月八日）

大元帅令

　　任命但焘为大元帅府秘书。此令。

据命令簿，台北、中国国民
党文化传播委员会党史馆藏

准任命钟嘉澍为佥事令

（一九一八年一月十日）

大元帅令

代理内政总长居正呈请任命钟嘉澍为佥事，应照准。此令。

据命令簿，台北、中国国民
党文化传播委员会党史馆藏

任命万斌冯中兴为四川军事委员令

（一九一八年一月十一日）

大元帅令

任命万斌、冯中兴为四川军事委员。此令。

据命令簿，台北、中国国民
党文化传播委员会党史馆藏

准任命和耀奎为内政部秘书令

（一九一八年一月十二日）

大元帅令

代理内政总长居正呈请任命和耀奎为内政部秘书，应照准。此令。

据命令簿，台北、中国国民
党文化传播委员会党史馆藏

任命焦易堂为大元帅府参议令

（一九一八年一月十二日）

大元帅令

　　任命焦易堂为大元帅府参议。此令。

据命令簿，台北、中国国民
党文化传播委员会党史馆藏

任命刘星海为澳洲筹饷委员令

（一九一八年一月十四日）

大元帅令

　　任命刘星海为澳洲筹饷委员。此令。

据命令簿，台北、中国国民
党文化传播委员会党史馆藏

任命陈家鼎岑楼为大元帅府秘书令

（一九一八年一月十五日）

大元帅令

　　任命陈家鼎、岑楼为大元帅府秘书。此令。

据命令簿，台北、中国国民
党文化传播委员会党史馆藏

任命郭泰祺为大元帅府秘书令

（一九一八年一月十五日）

大元帅令

　　任命郭泰祺为大元帅府秘书。此令。

据命令簿，台北、中国国民
党文化传播委员会党史馆藏

任命李锦纶为外交委员令

（一九一八年一月十五日）

大元帅令

　　任命李锦纶为外交委员。此令。

据命令簿，台北、中国国民
党文化传播委员会党史馆藏

任命徐世强为大元帅府秘书令

（一九一八年一月十五日）

大元帅令

　　任命徐世强为大元帅府秘书。此令。

据命令簿，台北、中国国民
党文化传播委员会党史馆藏

任命罗诚为广州交涉员令

（一九一八年一月十六日）

大元帅令

　　任命罗诚为广州交涉员。此令

据命令簿，台北、中国国民
党文化传播委员会党史馆藏

任命颜如愚为四川军事特派员令

（一九一八年一月十七日）

大元帅令

　　任命颜如愚为四川军事特派员。此令。

据命令簿，台北、中国国民
党文化传播委员会党史馆藏

任命萧辉锦为大元帅府秘书令

（一九一八年一月十八日）

大元帅令

　　任命萧辉锦为大元帅府秘书。此令。

（大元帅印）

中华民国七年一月十八日

据《命令》，载广州《军政府公报》
第四十一号，一九一八年一月二十日

准任命张世忱为秘书乔根为佥事令

（一九一八年一月十八日）

大元帅令

　　代理内政总长居正呈请任命张世忱为秘书、乔根为佥事，应照准。此令。

据命令簿，台北、中国国民
党文化传播委员会党史馆藏

准任命方作桢为佥事令

（一九一八年一月十八日）

大元帅令

　　代理内政总长居正呈请任命方作桢为佥事，应照准。此令。

据命令簿，台北、中国国民
党文化传播委员会党史馆藏

任命刘燧昌为大元帅府参议令

（一九一八年一月十九日）

大元帅令

　　任命刘燧昌为大元帅府参议。此令。

（大元帅印）
中华民国七年一月十九日

据《命令》，载广州《军政府公报》
第四十一号，一九一八年一月二十日

任命严培俊为大元帅府参议令

（一九一八年一月十九日）

大元帅令

　　任命严培俊为大元帅府参议。此令。

（大元帅印）

中华民国七年一月十九日

据《命令》，载广州《军政府公报》
第四十一号，一九一八年一月二十日

任命李安邦为大元帅行营卫队司令令

（一九一八年一月二十日）

大元帅令

　　任命李安邦为大元帅行营卫队司令。此令。

（大元帅印）

中华民国七年一月二十日

据《命令》，载广州《军政府公报》
第四十一号，一九一八年一月二十日

特任李烈钧为总参谋长令

（一九一八年一月二十日）

大元帅令

　　特任李烈钧为总参谋长。此令。

据命令簿，台北、中国国民党文化传播委员会党史馆藏

任命杨华馨为滇边宣慰使令

（一九一八年一月二十二日）

大元帅令

    任命杨华馨为滇边宣慰使。此令。

（大元帅印）

中华民国七年一月二十二日

据《大元帅令》，载广州《军政府公报》

第四十二号，一九一八年一月二十六日

任命邓伯年为大元帅府参议令

（一九一八年一月二十二日）

大元帅令

    任命邓伯年为大元帅府参议。此令。

（大元帅印）

中华民国七年一月二十二日

据《命令》，载广州《军政府公报》第

四十二号，一九一八年一月二十六日

致孙洪伊告已委朱廷燎为苏沪总司令及
李兰轩为湘西劳军使函

（一九一八年一月二十二日）

伯兰兄执事：

    顷由李孟吾先生之弟、本府秘书李兰轩君来商，并以朱君廷燎报告与执事接洽情形一书送阅，请委任朱廷燎为苏沪总司令，业已照准给状。惟苏军为秀山①所部，恐涉误会，当如何与秀山接洽办理，全赖执事察酌而处之，特嘱兰轩君取道上海，就商一切。专此奉闻，即颂

近祉

　　再者：李兰轩君业经任为湘西劳军使一职，附闻。

孙文启

七年一月二十二日

据原稿，台北、中国国民党
文化传播委员会党史馆藏

任余祥炘为军事委员令

（一九一八年一月二十二日）

大元帅令

　　任命余祥炘为军事委员。此令。

据命令簿，台北、中国国民
党文化传播委员会党史馆藏

任命田永正为大元帅府秘书令

（一九一八年一月二十四日）

大元帅令

　　任命田永正为大元帅府秘书。此令。

（大元帅印）

中华民国七年一月二十四日

据《命令》，载广州《军政府公报》第
四十二号，一九一八年一月二十六日

---

①　秀山，即李纯，时任江苏督军。

准任命李焕章等三人为佥事令

（一九一八年一月二十四日）

大元帅令

代理内政总长居正呈请任命李焕章、甘华黼、张治中为佥事，应照准。此令。

据命令簿，台北、中国国民
党文化传播委员会党史馆藏

任命徐瑞霖为潮汕筹饷委员长令

（一九一八年一月二十四日）

大元帅令

任命徐瑞霖为潮汕筹饷委员长。此令。

据命令簿，台北、中国国民
党文化传播委员会党史馆藏

任命张鉴安为大元帅府参议令

（一九一八年一月二十五日）

大元帅令

任命张鉴安为大元帅府参议。此令。

（大元帅印）

中华民国七年一月二十五日

据《命令》，载广州《军政府公报》第
四十二号，一九一八年一月二十六日

免大元帅府参军席正铭军事委员彭瑞麟职令

（一九一八年一月二十五日）

大元帅令

　　本府参军席正铭、军事委员彭瑞麟因犯刑事嫌疑，着先行免职，归案讯办。此令。

（大元帅印）

中华民国七年一月二十五日

据《命令》，载广州《军政府公报》
第四十三号，一九一八年一月三十日

准许崇智辞去陆军总长兼职令

（一九一八年一月二十六日）

大元帅令

　　本府参军长兼署陆军总长许崇智呈请辞去陆军总长兼职，应照准。此令。

（大元帅印）

中华民国七年一月二十六日

据《命令》，载广州《军政府公报》
第四十三号，一九一八年一月三十日

任命徐忠立为大元帅府参议令

（一九一八年一月二十七日）

大元帅令

　　任命徐忠立为大元帅府参议。此令。

（大元帅印）

中华民国七年一月二十七日

据《命令》，载广州《军政府公报》
第四十三号，一九一八年一月三十日

任命陈家鼎为大元帅府参议令

（一九一八年一月二十七日）

大元帅令

　　任命陈家鼎为大元帅府参议。此令。

（大元帅印）

中华民国七年一月二十七日

据《命令》，载广州《军政府公报》
第四十三号，一九一八年一月三十日

派朱大符为究办伪造状案临时审判长及
另二人为临时审判员令

（一九一八年一月二十七日）

　　据公民黄克勋呈请究办伪造任状骗款私逃一案，派朱大符为临时审判长，叶夏声、萧萱为临时审判员，切实讯明究办。此令。

（大元帅印）

中华民国七年一月二十七日

据《命令》，载广州《军政府公报》
第四十三号，一九一八年一月三十日

任命于均生为大元帅府参议令

（一九一八年一月二十七日）

大元帅令

　　任命于均生为大元帅府参议。此令。

　　　　　　　　　　　　　　　　　　　　（大元帅印）

　　　　　　　　　　　　　　　　中华民国七年一月二十七日

　　　　　　　　　　　　据《命令》，载广州《军政府公报》
　　　　　　　　　　　　第四十三号，一九一八年一月三十日

任命陈家鼎等四人为大元帅府参议令

（一九一八年一月二十七日）

大元帅令

　　任命陈家鼎、恩秉彝、于均生、徐忠立为大元帅府参议。此令。

　　　　　　　　　　　　　　据命令簿，台北、中国国民
　　　　　　　　　　　　　　党文化传播委员会党史馆藏

任命方谷为大元帅府秘书令

（一九一八年一月二十八日）

大元帅令

　　任命方谷为大元帅府秘书。此令。

　　　　　　　　　　　　　　　　　　　　（大元帅印）

　　　　　　　　　　　　　　　　中华民国七年一月二十八日

　　　　　　　　　　　　据《命令》，载广州《军政府公报》
　　　　　　　　　　　　第四十三号，一九一八年一月三十日

任命马素为美东筹饷局长令

（一九一八年一月二十八日）

大元帅令

　　任命马素为美东筹饷局长。此令。

据命令簿，台北、中国国民
党文化传播委员会党史馆藏

任命卢振柳为华侨义勇队司令令

（一九一八年一月二十九日）

大元帅令

　　任命卢振柳为华侨义勇队司令。此令。

（大元帅印）

中华民国七年一月二十九日

据《命令》，载广州《军政府公报》
第四十四号，一九一八年二月四日

任命梁醉生为大元帅府秘书令

（一九一八年一月三十日）

大元帅令

　　任命梁醉生为大元帅府秘书。此令。

（大元帅印）

中华民国七年一月三十日

据《命令》，载广州《军政府公报》
第四十四号，一九一八年二月四日

任命侯湘涛为大元帅府参议令

（一九一八年一月三十日）

大元帅令

　　任命侯湘涛为大元帅府参议。此令。

（大元帅印）

中华民国七年一月三十日

据《命令》，载广州《军政府公报》
第四十四号，一九一八年二月四日

任命易廷熹为大元帅府秘书令

（一九一八年二月一日）

大元帅令

　　任命易廷熹为大元帅府秘书。此令。

（大元帅印）

中华民国七年二月一日

据《命令》，载广州《军政府公报》
第四十四号，一九一八年二月四日

任命马超群为大元帅府秘书令

（一九一八年二月一日）

大元帅令

　　任命马超群为大元帅府秘书。此令。

（大元帅印）

中华民国七年二月一日

据《命令》，载广州《军政府公报》
第四十四号，一九一八年二月四日

任命陈其权为广州地方审判厅厅长令①

（一九一八年二月一日）

大元帅令

任命陈其权为广州地方审判厅厅长。此令。

（大元帅印）

中华民国七年二月一日

据《命令》，载广州《军政府公报》
第四十八号，一九一八年二月十八日

任命杨庶堪为四川宣抚使令

（一九一八年二月一日）

大元帅令

任命杨庶堪为四川宣抚使。

据命令簿，台北、中国国民
党文化传播委员会党史馆藏

---

①　台北中国国民党文化传播委员会党史馆藏命令簿收有同样任命，唯任命日期为一九一八年一月二十九日。

准任命赵精武等二十六人为
大元帅府参军处副官令

（一九一八年二月一日）

大元帅令

　　代理参军长黄大伟呈请任命赵精武、辛焕庭、朱海山、钱嘉祥、文明清、何贵元、徐适、肖荣芳、李兴高、张本汉、丁士杰、陈方培、陈万金、罗家脩、夏登云、张海洲、陈庆云、张惠长、刘浩、邓治斌、李景熙、许德宽、彭维杰、刘靖、高秉光、于克勋为大元帅府参军处副官，应照准。此令。

据命令簿，台北、中国国民
党文化传播委员会党史馆藏

准任命安瑞茊为财政部员令

（一九一八年二月一日）

大元帅令

　　署理财政总长廖仲恺呈请任命安瑞茊为财政委员，应照准。此令。

据命令簿，台北、中国国民
党文化传播委员会党史馆藏

任命曾景星为大元帅府参议令

（一九一八年二月二日）

大元帅令

　　任命曾景星为大元帅府参议。此令。

（大元帅印）

中华民国七年二月二日

据《命令》，载广州《军政府公报》
第四十五号，一九一八年二月八日

任命林君复为大元帅府参议令

（一九一八年二月二日）

大元帅令

　　任命林君复为大元帅府参议。此令。

（大元帅印）

中华民国七年二月二日

据《命令》，载广州《军政府公报》
第四十五号，一九一八年二月八日

任命松均等五人为军事委员令

（一九一八年二月二日）

大元帅令

　　任命松均、赵介宸、刘万里、汪宪琦、宋惠卿为军事委员。此令。

据命令簿，台北、中国国民
党文化传播委员会党史馆藏

任命周道万为大元帅府秘书令

（一九一八年二月四日）

大元帅令

　　任命周道万为大元帅府秘书。此令。

（大元帅印）

中华民国七年二月四日

据《命令》，载广州《军政府公报》
第四十五号，一九一八年二月八日

任命谢心准为大元帅府参议令

（一九一八年二月四日）

大元帅令

　　任命谢心准为大元帅府参议。此令。

（大元帅印）

中华民国七年二月四日

据《命令》，载广州《军政府公报》
第四十五号，一九一八年二月八日

任命潘训初为大元帅府参议令

（一九一八年二月四日）

大元帅令

　　任命潘训初为大元帅府参议。此令。

（大元帅印）

中华民国七年二月四日

据《命令》，载广州《军政府公报》
第四十五号，一九一八年二月八日

任命陆祖烈为大元帅府参议令

（一九一八年二月四日）

大元帅令

　　任命陆祖烈为大元帅府参议。此令。

（大元帅印）

中华民国七年二月四日

据《命令》，载广州《军政府公报》
第四十五号，一九一八年二月八日

任命郑德元为大元帅府参议令

（一九一八年二月四日）

大元帅令

　　任命郑德元为大元帅府参议。此令。

（大元帅印）

中华民国七年二月四日

据《命令》，载广州《军政府公报》
第四十五号，一九一八年二月八日

任命黄肇河为大元帅府参议令

（一九一八年二月四日）

大元帅令

　　任命黄肇河为大元帅府参议。此令。

（大元帅印）

中华民国七年二月四日

据《命令》，载广州《军政府公报》
第四十五号，一九一八年二月八日

任命李自芳为大元帅府参议令

（一九一八年二月四日）

大元帅令

任命李自芳为大元帅府参议。此令。

（大元帅印）

中华民国七年二月四日

据《命令》，载广州《军政府公报》
第四十五号，一九一八年二月八日

准任命宋华荀为秘书令

（一九一八年二月四日）

大元帅令

代理内政总长居正呈请任命宋华荀为秘书，应照准。此令。

据命令簿，台北、中国国民党文化传播委员会党史馆藏

任命林翔为广州地方检察厅检察长令

（一九一八年二月四日）

大元帅令

任命林翔为广州地方检察厅检察长。此令。

据命令簿，台北、中国国民党文化传播委员会党史馆藏

任命崔肃平为军事委员令

（一九一八年二月五日）

大元帅令

　　任命崔肃平为军事委员。此令。

据命令簿，台北、中国国民
党文化传播委员会党史馆藏

任命沈靖为大元帅府参军令

（一九一八年二月六日）

大元帅令

　　任命沈靖为大元帅府参军。此令。

（大元帅印）

中华民国七年二月六日

据《命令》，载广州《军政府公报》
第四十八号，一九一八年二月十八日

任命李述膺甄元熙为大元帅府参议令

（一九一八年二月六日）

大元帅令

　　任命李述膺、甄元熙为大元帅府参议。此令。

（大元帅印）

中华民国七年二月六日

据《命令》，载广州《军政府公报》
第四十八号，一九一八年二月十八日

任命邹苦辛为大元帅府秘书令

（一九一八年二月六日）

大元帅令

　　任命邹苦辛为大元帅府秘书。此令。

（大元帅印）

中华民国七年二月六日

据《命令》，载广州《军政府公报》
第四十八号，一九一八年二月十八日

任命张仁普为广东高等检察厅检察长令

（一九一八年二月七日）

大元帅令

　　任命张仁普为广东高等检察厅检察长。此令。

据命令簿，台北、中国国民
党文化传播委员会党史馆藏

任命秦树勋为广东高等审判厅长令

（一九一八年二月七日）

大元帅令

　　任命秦树勋为广东高等审判厅长。此令。

据命令簿，台北、中国国民
党文化传播委员会党史馆藏

特任戴传贤代理大元帅府秘书长令

（一九一八年二月八日）

大元帅令

特任戴传贤代理大元帅府秘书长。此令。

（大元帅印）

中华民国七年二月八日

据《命令》，载广州《军政府公报》
第四十八号，一九一八年二月十八日

任命李元白为四川调查员令

（一九一八年二月八日）

大元帅令

任命秘书李元白为四川调查员。此令。

据命令簿，台北、中国国民
党文化传播委员会党史馆藏

准任命陈承经等三人为佥事令

（一九一八年二月八日）

大元帅令

代理内政总长居正呈请任命陈承经、王荫槐、彭年为佥事，应照准。此令。

据命令簿，台北、中国国民
党文化传播委员会党史馆藏

取消朱廷燎苏沪总司令名义令

（一九一八年二月十日）

大元帅训令第十六号

右令朱廷燎

照得苏沪方面近日情势变迁，未便遽事进行。所有苏沪总司令名义，应即行取消，停止办理。其该员苏沪总司令任命状，着即交丁仁杰收回缴销可也。此令。

据原件，台北、中国国民党
文化传播委员会党史馆藏

取消夏芷芳驻沪调查员职务令

（一九一八年二月十日）

大元帅训令第十七号

右令夏芷芳

照得上海方面，现因情势变迁，该员驻沪调查员职务，应即行取消，停止办理。该调查员任命状，着即交丁仁杰收回缴销可也。此令。

据原件，台北、中国国民党
文化传播委员会党史馆藏

任命张我华①张兆辰为大元帅府参议令

（一九一八年二月十二日）

大元帅令

任命张我华、张兆辰为大元帅府参议。此令。

------

① 《民国六年至七年大元帅府简任人员职务姓名录》中，"张我华"为"张义华"。

（大元帅印）

中华民国七年二月十二日

据《命令》，载广州《军政府公报》
第四十八号，一九一八年二月十八日

任命彭素民为大元帅府秘书令

（一九一八年二月十二日）

大元帅令

　　任命彭素民为大元帅府秘书。此令。

（大元帅印）

中华民国七年二月十二日

据《命令》，载广州《军政府公报》
第四十八号，一九一八年二月十八日

任命张兆辰为大元帅府参议状

（一九一八年二月十二日）

任命状

　　任命张兆辰为大元帅府参议。此状。

中华民国海陆军大元帅孙文

中华民国七年二月十二日

据原件，台北、中国国民党
文化传播委员会党史馆藏

任命罗剑仇为湘西军事委员令

（一九一八年二月十二日）

大元帅令

　　任命罗剑仇为湘西军事委员。此令。

据命令簿，台北、中国国民
党文化传播委员会党史馆藏

准任命宋树勋曹利民为佥事令

（一九一八年二月十五日）

大元帅令

　　代理内政总长居正呈请任命宋树勋、曹利民为佥事，应照准。此令。

据命令簿，台北、中国国民
党文化传播委员会党史馆藏

任命郑忾辰为大元帅府参议令

（一九一八年二月二十一日）

大元帅令

　　任命郑忾辰为大元帅府参议。此令。

据命令簿，台北、中国国民
党文化传播委员会党史馆藏

准任命陈养愚等三人广州地方审判厅职务令

（一九一八年二月二十一日）

大元帅批令

代理内政总长居正呈请任命陈养愚署理广州地方厅民二庭庭长，葛习昌、蔡承瀛署理广州地方审判厅推事，应照准。此令。

据命令簿，台北、中国国民
党文化传播委员会党史馆藏

任命简书等三人为山东军事委员令

（一九一八年二月二十一日）

大元帅令

任命简书、安克庚、杨惠为山东军事委员。此令。

据命令簿，台北、中国国民
党文化传播委员会党史馆藏

准任命胡光姚为参军处副官令

（一九一八年二月二十二日）

大元帅令

代理参军长黄大伟呈请任命胡光姚为参军处副官，应照准。此令。

据命令簿，台北、中国国民
党文化传播委员会党史馆藏

准任命陈鸣谈等四人为佥事令

（一九一八年二月二十二日）

大元帅令

　　代理内政总长居正呈请任命陈鸣谈、陈伯江、邓元章、刘屹为佥事，应照准。此令。

据命令簿，台北、中国国民
党文化传播委员会党史馆藏

任命蔡庆璋等四人为安南滀臻埠筹饷委员令

（一九一八年二月二十二日）

大元帅令

　　任命蔡庆璋、刘柳坡、黄洽仁、游子山为安南滀臻埠筹饷委员。此令。

据命令簿，台北、中国国民
党文化传播委员会党史馆藏

任命陈星阁等八人为安南薄寮筹饷委员令

（一九一八年二月二十二日）

大元帅令

　　任命陈星阁、杨木钦、李斗田、陈侣云、李睦之、郭澍亭、张仰云、刘懋卿为安南薄寮埠筹饷委员。此令。

据命令簿，台北、中国国民
党文化传播委员会党史馆藏

任命彭玉田张化璋为安南喷呸埠筹饷委员令

（一九一八年二月二十二日）

大元帅令

　　任命彭玉田、张化璋为安南喷呸埠筹饷委员。此令。

据命令簿，台北、中国国民
党文化传播委员会党史馆藏

任命胡汝翼蔡承瀛为大元帅府参议令

（一九一八年二月二十五日）

大元帅令

　　任命胡汝翼、蔡承瀛为大元帅府参议。此令。

据命令簿，台北、中国国民
党文化传播委员会党史馆藏

任命李载赓刘白为大元帅府秘书令

（一九一八年二月二十六日）

大元帅令

　　任命李载赓、刘白为大元帅府秘书。此令。

据命令簿，台北、中国国民
党文化传播委员会党史馆藏

任命丘国翰为大元帅府参议令

（一九一八年二月二十六日）

大元帅令

　　任命丘国翰为大元帅府参议。此令。

据命令簿，台北、中国国民党文化传播委员会党史馆藏

任命吕超为成都卫戍总司令兼暂代四川督军电

（一九一八年二月二十七日）

　　十万火急。成都吕司令鉴：顷得哿电①，知已收复成都，刘、张潜遁，闻之深为欣慰。此次刘、张抗命，以致劳师半载，人民涂炭，今执事乃能悉锐西趋，驱除逆众，克复省城，厥功甚伟。惟省垣初复，民心未定，地方秩序，亟应维持。兹特任命执事为成都卫戍总司令，兼暂行代理四川督军，望抚绥闾阎，安集散亡，以示义军惠民之至意。除已电顺庆石招讨使转达外，特此电闻。孙文。沁。

据原稿，台北、中国国民党文化传播委员会党史馆藏

任命王用宾为大元帅府参议令

（一九一八年二月二十七日）

大元帅令

　　任命王用宾为大元帅府参议。此令。

据命令簿，台北、中国国民党文化传播委员会党史馆藏

---

　　①　哿电，即二十日电。

任命焦易堂为陕西劳军使令

（一九一八年二月二十七日）

大元帅令

　　任命焦易堂为陕西劳军使。此令。

据命令簿，台北、中国国民
党文化传播委员会党史馆藏

任命宋大章为大元帅府参议令

（一九一八年三月一日）

大元帅令

　　任命宋大章为大元帅府参议。此令。

据命令簿，台北、中国国民
党文化传播委员会党史馆藏

任命蔡匡为大元帅府参议令

（一九一八年三月二日）

大元帅令

　　任命蔡匡为大元帅府参议。此令。

据命令簿，台北、中国国民
党文化传播委员会党史馆藏

任命赵荣勋署理广东高等审判厅厅长及林翔为广州地方检察厅检察长并署理广东高等检察厅检察长令

（一九一八年三月五日）

任命赵荣勋署理广东高等审判厅厅长，林翔为广州地方检察厅检察长并署理广东高等检察厅检察长。此令。

（大元帅印）

中华民国七年三月五日

据《命令》，载广州《军政府公报》
第五十九号，一九一八年三月十九日

任命邹建廷为大元帅府秘书令

（一九一八年三月六日）

大元帅令

任命邹建廷为大元帅府秘书。此令。

据命令簿，台北、中国国民
党文化传播委员会党史馆藏

任命颜炳元为大元帅府参议令

（一九一八年三月六日）

大元帅令

任命颜炳元为大元帅府参议。此令。

据命令簿，台北、中国国民
党文化传播委员会党史馆藏

任命李茂之为两广盐运使令

（一九一八年三月六日）

大元帅令

　　任命李茂之为两广盐运使。此令。

据命令簿，台北、中国国民
党文化传播委员会党史馆藏

派杨庶堪为军政府驻四川代表令

（一九一八年三月六日）

　　电上海。派杨庶堪为军政府驻四川代表。此令。

孙文

据原件，台北、中国国民党
文化传播委员会党史馆藏

致杨庶堪告川省议会举为省长盼兼程回川
并转吴承斋请火速来粤电

（一九一八年三月七日）

　　转沧伯，接川省议会来电：举锦帆为督军，兄为省长，盼火速兼程回川，迟恐生变。任命状已公布。下转吴承斋：粤局事盼兄接手，请火速来粤。文。阳。

据原稿，台北、中国国民党
文化传播委员会党史馆藏

特任熊克武为四川督军令

（一九一八年三月八日）

大元帅令

特任熊克武为四川督军。此令。

（大元帅印）

中华民国七年三月八日

据《命令》，载广州《军政府公报》
第五十三号，一九一八年三月九日

特任杨庶堪为四川省长未到任前着黄复生代理令

（一九一八年三月八日）

大元帅令

特任杨庶堪为四川省长。未到任以前，着四川靖国军总司令黄复生代理。此令。

（大元帅印）

中华民国七年三月八日

据《命令》，载广州《军政府公报》
第五十三号，一九一八年三月九日

致四川省议会告省长杨庶堪未到任前
应任命黄复生代理电

（一九一八年三月八日）

　　火急。四川省议会鉴：敬电①悉。蜀苦暴军蹂躏久矣，今义师攻克成都，刘存厚、张澜畏罪潜逃，川局已定，远聆捷音，欣慰曷极。军府尊重民权，国人共鉴。兹贵省议会电请任熊克武为四川督军，杨庶堪为四川省长，自应特加任命。惟杨君尚未返川，未到任以前，应任命黄复生代理省长，除分电任命并电知各联军司令外，特此奉闻。所有善后事〈宜〉②，尚希议会诸君协力赞助，以达护法目的，而解川民倒悬。孙文。庚。

据原稿，台北、中国国民党
文化传播委员会党史馆藏

致黄复生告代理四川省长望克日赴省就职电

（一九一八年三月八日）

　　火急。重庆黄复生总司令鉴：兹任命杨庶堪为四川省长，未到任以前，任执事代理，望克日赴省就职视事，会同熊督军妥筹一切善后事宜，接济各军，俾速东下，登川民于衽席，达护法之目的，无任翘盼之至。任命状另发。孙文。齐。

据原稿，台北、中国国民党
文化传播委员会党史馆藏

---

① 敬电，即二十四日电。
② 据《军政府公报》第五十三号同电校补。

致熊克武告特任为四川督军望刻日就职电

（一九一八年三月八日）

　　火急。成都熊总司令鉴：有、宥两电①均悉。此次川局纠纷，劳师数月，赖执事维持斡旋，义军日振，毅力苦心，国人同佩。此次成都收复，蜀难克定，拯生民于水火，驱叛乱若振落，尤征运筹之劳。日前唐冀帅已电推执事为川督，足见滇、黔、川军情之融洽。兹复据四川省议会电推执事为四川督军，请加任命，众意允孚，军府尊重民权，兹特任执事为四川督军，以慰舆情，而作士气。望即刻日就职视事，肃清余逆，分命师旅，会师大江，以集大勋，而竟护法之责，所深望焉。除任状另行寄发外，特此电闻。孙文。齐。

据原稿，台北、中国国民党
文化传播委员会党史馆藏

复熊克武请速宣布就川督职并商任
石青阳以师长兼军务会办电

（一九一八年三月十日）

　　成都熊督军鉴：感电②悉。川难初平，内之辑睦各军，肃清余孽；外而联络各省，共定中原，非得功高望重如执事者，断难膺此艰巨。前因省议会公电推举，实为民意所归，是以特加任命。日前得唐冀帅有电，亦谓军府任命系本民意，深表赞同，已力催执事就职。乃来电犹未肯受任，甚非当仁不让之义。执事之任川督，各方翕服，若再事执谦，转失众望。且段祺瑞复出，执事宜速宣布就职，以坚川中讨逆之决心而作之气，实所厚望。至执事拥护军府之志，皎若日星，文所

_____

①　有电，即二十五日电；宥电，即二十六日电。
②　感电，即二十七日电。

深佩。沧白因途梗滞留，即待觅路入川。复生暂代，亦必能相得益彰也。再，昨得川省议会支日快邮代电，公举石青阳以师长兼军务会办，当能相助为理，除已电商唐蓂帅外，如表同情，并盼速复。孙文。蒸。

据《函电》，载广州《军政府公报》

第七十三号，一九一八年四月二十日

任命王安富为四川靖国军援鄂第一路总司令令

（一九一八年三月十二日）

大元帅令

　　任命王安富为四川靖国军援鄂第一路总司令。此令。

（大元帅印）

中华民国七年三月十二日

据《命令》，载广州《军政府公报》

第五十四号，一九一八年三月十二日

任命李善波为四川靖国军援鄂第一路副司令令

（一九一八年三月十二日）

大元帅令

　　任命李善波为四川靖国军援鄂第一路副司令。此令。

（大元帅印）

中华民国七年三月十二日

据《命令》，载广州《军政府公报》

第五十四号，一九一八年三月十二日

任命石青阳为四川陆军第二师师长兼川北镇守使令

（一九一八年三月十二日）

大元帅令

　　任命石青阳为四川陆军第二师师长兼川北镇守使。此令。

（大元帅印）

中华民国七年三月十二日

据《命令》，载广州《军政府公报》
第五十六号，一九一八年三月十四日

致石青阳任命其为四川陆军第二师
师长兼川北镇守使电

（一九一八年三月十二日）

　　顺庆石招讨使鉴：川北招讨使所部早已成师，屡建奇功，现又略定川北，深资得力。兹任命石青阳为四川陆军第二师师长兼川北镇守使。特此电达。孙文。侵。（印）

据《函电》，载广州《军政府公报》
第五十六号，一九一八年三月十四日

复王安富李善波告已任命其分别为四川
靖国军援鄂第一路总司令及副司令电

（一九一八年三月十二日）

　　铜仁电局邮送酉、秀、黔、彭靖国军王总司令鉴并转李善波副司令鉴：两君率师援鄂，来电均悉。义师东下，早建肤功，实深厚望。本日已另令任命王安富为四川靖国军援鄂第一路总司令，任命李善波为四川靖国军援鄂第一路副司令。特此电达。孙文。侵。（印）

据《函电》，载广州《军政府公报》
第五十七号，一九一八年三月十六日

致唐继尧等人任命石青阳为四川陆军第二师长兼川北镇守使电

（一九一八年三月十三日）

　　毕节唐元帅并转各军长，贵阳刘督军、王总司令，云南刘代督，成都熊督军、吕卫成总司令，重庆黄总司令代省长、章太炎先生、袁纵①队长，永宁卢副司令，顺庆石青阳师长兼镇守使并转绥定颜总司令，新津转②保宁陈副司令并转大竹陈总司令，同仁③电局邮转王安富总司令、李善波副司令均鉴：石青阳所部早已成师，累④建奇功，现又略定川北，自应将该部迅予编制。查四川⑤陆军第二师，自刘存厚逃窜后，其部曲业已溃散，兹任命石青阳为四川陆军第二师长兼川北镇守使，即将该部编为四川陆军第二师，切实训练，以资镇抚。除另电任命外，特闻。孙文。元。（印）

据原稿，昆明、云南省档案馆藏

---

①　据《军政府公报》一九一八年三月十六日第五十七号"函电"中载《孙中山致滇川黔各军电》，此处无"纵"字。

②　据《军政府公报》一九一八年三月十六日第五十七号"函电"中载《孙中山致滇川黔各军电》，此处无"新津转"三字。

③　据《军政府公报》一九一八年三月十六日第五十七号"函电"中载《孙中山致滇川黔各军电》，此处为"铜仁"。

④　据《军政府公报》一九一八年三月十六日第五十七号"函电"中载《孙中山致滇川黔各军电》，此处为"屡"。

⑤　据《军政府公报》一九一八年三月十六日第五十七号"函电"中载《孙中山致滇川黔各军电》，此处无"四川"二字。

准任命伍尚铨等十五人为宿务筹饷局职员令

（一九一八年三月十四日）

大元帅令

　　代理财政总长廖仲恺呈请任命伍尚铨为宿务筹饷局财政员，黄瑞为宿务筹饷局书记，刘谦祥、廖宿生、包魏荣、郑丹老、薛彬良、薛秉禧、叶独醒、谢耀光、林良玉、枢金、冯国华、林应祥、梁宝珊为宿务筹饷局董事，应照准。此令。

据命令簿，台北、中国国民
党文化传播委员会党史馆藏

任命叶独醒为宿务筹饷局董事状

（一九一八年三月十四日）

任命状

　　任命叶独醒为宿务筹饷局董事。此状。

中华民国七年三月十四日

据原件照片，台北、中国国民
党文化传播委员会党史馆藏

任命林伸寿为宿务筹饷局局长
江维三为宿务筹饷局监督令

（一九一八年三月十四日）

大元帅令

　　任命林伸寿为宿务筹饷局局长，江维三为宿务筹饷局监督。此令。

据命令簿，台北、中国国民
党文化传播委员会党史馆藏

准任命冯汝枏署理澄海地方审判厅厅长令

（一九一八年三月十八日）

大元帅令

代理内政总长居正呈请任命冯汝枏署理澄海地方审判厅厅长，应照准。此令。

（大元帅印）

中华民国七年三月十八日

据《命令》，载广州《军政府公报》
第五十九号，一九一八年三月十九日

撤销赵端军事委员任命令

（一九一八年三月十九日）

大元帅令

军事委员赵端着撤销任命。此令。

（大元帅印）

中华民国七年三月十九日

据《命令》，载广州《军政府公报》
第六十号，一九一八年三月二十日

致唐继尧告已撤销赵端大元帅府军事
委员任命请通令各机关电

（一九一八年三月二十日）

毕节唐元帅鉴：申密。本府军事委员赵端，闻有冒称招抚使及本府参军招摇不法情事。兹已明令将该军事委员任命撤销，特电奉闻，即请通令各机关，毋任

妄冒。倘有不法实迹，希就近查办，幸勿姑容。孙文。号。（印）

据原稿，台北、中国国民党

文化传播委员会党史馆藏

任命黄德彰为参军兼高雷军事委员状

（一九一八三月二十日）

任命状

　　任命黄德彰为参军兼高雷军事委员。此状。

中华民国海陆军大元帅孙文

中华民国七年三月二十日

据原件影印件，台北、中国国

民党文化传播委员会党史馆藏

任命黄德彰为高雷军事委员令

（一九一八年三月二十一日）

大元帅令

　　任命黄德彰为高雷军事委员。此令。

据命令簿，台北、中国国民

党文化传播委员会党史馆藏

任命陈养愚为大元帅府参议令

（一九一八年三月二十一日）

大元帅令

　　任命陈养愚为大元帅府参议。此令。

据命令簿，台北、中国国民

党文化传播委员会党史馆藏

任命吴树勋为湖南军事调查员令

（一九一八年三月二十一日）

大元帅令

任命吴树勋为湖南军事调查员。此令。

据命令簿，台北、中国国民
党文化传播委员会党史馆藏

任命黄汉杰为两阳四邑军事调查员令

（一九一八年三月二十一日）

大元帅令

任命黄汉杰为两阳四邑军事调查员。此令。

据命令簿，台北、中国国民
党文化传播委员会党史馆藏

任命杨虎马伯麟为大元帅府参军令

（一九一八年三月二十一日）

大元帅令

任命杨虎、马伯麟为大元帅府参军。此令。

据命令簿，台北、中国国民
党文化传播委员会党史馆藏

准方声涛辞中华民国军政府卫戍总司令令

（一九一八年三月二十三日）

大元帅令

　　卫戍总司令方声涛因援闽亲赴前敌，呈请辞职。应照准。此令。

（大元帅印）

中华民国七年三月二十三日

据《命令》，载广州《军政府公报》第
六十五号，一九一八年三月二十九日

特任徐绍桢代理中华民国军政府卫戍总司令令

（一九一八年三月二十三日）

大元帅令

　　特任徐绍桢代理中华民国军政府卫戍总司令。此令。

（大元帅印）

中华民国七年三月二十三日

据《命令》，载广州《军政府公报》第
六十五号，一九一八年三月二十九日

准任命林达存郑国华为交际委员令

（一九一八年三月二十三日）

大元帅令

　　据本府接洽商会善堂代表谭民三、吴铁城呈请任命林达存、郑国华为交际委员，应照准。此令。

据命令簿，台北、中国国民党文化传播委员会党史馆藏

任命周应时为陆军部司长令

（一九一八年三月二十五日）

大元帅令

　　任命周应时为陆军部司长。此令。

（大元帅印）

中华民国七年三月二十五日

据《命令》，载广州《军政府公报》第
六十四号，一九一八年三月二十七日

准任命曾子书等六人分为科长秘书或兼署副官长令

（一九一八年三月二十五日）

大元帅令

　　陆军总长张开儒呈请任命曾子书、孙天霖、姚景澂为秘书，马汝刚兼署副官
长，曹铭、李月秋为科长。应照准。此令。

（大元帅印）

中华民国七年三月二十五日

据《命令》，载广州《军政府公报》第
六十四号，一九一八年三月二十七日

准任命杨世督鲁鸣为大元帅府参军处副官令

（一九一八年三月二十五日）

大元帅令

　　代理参军长黄大伟呈请任命杨世督、鲁鸣为大元〈帅〉府参军处副官，应照
准。此令。

据命令簿，台北、中国国民党文化传播委员会党史馆藏

准冯汝枬辞署理澄海地方审判厅厅长
及免去石泉本职令

（一九一八年三月二十六日）

大元帅令

代理内政总长居正呈称，据澄海地方审判厅长冯汝枬呈请辞职，又请免去澄海地方检察厅检察长石泉本职，应照准。此令。

（大元帅印）

中华民国七年三月二十六日

据《命令》，载广州《军政府公报》

第六十六号，一九一八年四月一日

致唐继尧等六人并各县知事通告裁撤四川调查员
李元白并一切调查事宜应由军民长官办理电

（一九一八年三月二十六日）

毕节唐元帅、成都熊督军、黄代省长、顺庆石师长、重庆夏招讨使、永宁卢副司令并邮转各县知事鉴：川局已定，所有一切调查事宜，应由军府特任之军民长官办理，前任四川调查员李元白应即裁撤。除电该员知照外，特此奉闻。再，军府前任各军事委员，如有招摇情事，希指名电知，以便严究。孙文。宥。

据《函电》，载广州《军政府公报》

第七十号，一九一八年四月十日

任命邱于寄为大元帅府参议令

（一九一八年三月二十六日）

大元帅令

　　任命邱于寄为大元帅府参议。此令。

据命令簿，台北、中国国民
党文化传播委员会党史馆藏

着徐绍桢兼充陆军部练兵督办令

（一九一八年三月二十七日）

大元帅令

　　代理卫戍总司令徐绍桢着兼充陆军部练兵督办。此令。

（大元帅印）

中华民国七年三月二十七日

据《命令》，载广州《军政府公报》第
六十五号，一九一八年三月二十九日

准任命陈养愚署理澄海地方审判厅厅长
及陈其植署理澄海地方检察厅检察长令

（一九一八年三月二十七日）

大元帅令

　　代理内政总长居正呈请任命陈养愚署理澄海地方审判厅厅长，陈其植署理澄海地方检察厅检察长，应照准。此令。

（大元帅印）

中华民国七年三月二十七日

据《命令》，载广州《军政府公报》
第六十六号，一九一八年四月一日

任命李藩昌为大元帅府参议令

（一九一八年三月二十七日）

大元帅令

　　任命李藩昌为大元帅府参议。此令。

据命令簿，台北、中国国民
党文化传播委员会党史馆藏

准林翔辞广州地方检察厅长本职令

（一九一八年三月二十九日）

大元帅令

　　代理内政总长居正呈称：广州地方检察厅检察长林翔呈请辞广州地方检察厅长本职。应照准。此令。

（大元帅印）

中华民国七年三月二十九日

据《命令》，载广州《军政府公报》
第六十六号，一九一八年四月一日

任命林翔为广东高等检察厅检察长令

（一九一八年三月二十九日）

大元帅令

　　任命林翔为广东高等检察厅检察长。此令。

（大元帅印）

中华民国七年三月二十九日

据《命令》，载广州《军政府公报》
第六十六号，一九一八年四月一日

任命曾子书署理广州地方检察厅检察长令

（一九一八年三月二十九日）

大元帅令

任命曾子书署理广州地方检察厅检察长。此令。

（大元帅印）

中华民国七年三月二十九日

据《命令》，载广州《军政府公报》
第六十六号，一九一八年四月一日

准任命夏重民为大元帅府稽查长令

（一九一八年三月二十九日）

大元帅令

代理参军长黄大伟呈请任命夏重民为大元帅府稽查长，应照准。此令。

（大元帅印）

中华民国七年三月二十九日

据《命令》，载广州《军政府公报》
第六十六号，一九一八年四月一日

准任命陆际昇为佥事令

（一九一八年三月二十九日）

大元帅令

　　代理内政总长居正呈请任命陆际昇为佥事，应照准。此令。

（大元帅印）

中华民国七年三月二十九日

据《命令》，载广州《军政府公报》
第六十六号，一九一八年四月一日

任命马廷勷为大元帅府参军令

（一九一八年三月二十九日）

大元帅令

　　任命马廷勷为大元帅府参军。此令。

据命令簿，台北、中国国民
党文化传播委员会党史馆藏

特任徐绍桢为中华民国军政府卫戍总司令令

（一九一八年三月二十九日）

大元帅令

　　特任徐绍桢为中华民国军政府卫戍总司令。此令。

据命令簿，台北、中国国民
党文化传播委员会党史馆藏

准免去谭炜楼参军处庶务科二等科员令

（一九一八年三月三十日）

大元帅令

　　代理参军长黄大伟呈称：参军处庶务科二等科员谭炜楼常旷职守，并不服从命令，请免去科员本职。应照准。此令。

（大元帅印）

中华民国七年三月三十日

据《命令》，载广州《军政府公报》
第六十六号，一九一八年四月一日

特任林森署理中华民国军政府外交总长令

（一九一八年四月二日）

大元帅令

　　特任林森署理中华民国军政府外交总长。此令。

（大元帅印）

中华民国七年四月二日

据《命令》，载广州《军政府公报》
第六十七号，一九一八年四月三日

任命戴传贤代理中华民国军政府外交次长令

（一九一八年四月二日）

大元帅令

　　任命戴传贤代理中华民国军政府外交次长。此令。

（大元帅印）

中华民国七年四月二日

据《命令》，载广州《军政府公报》
第六十七号，一九一八年四月三日

任命江屏藩严骥为大元帅府参议令

（一九一八年四月二日）

大元帅令

　　任命江屏藩、严骥为大元帅府参议。此令。

据命令簿，台北、中国国民
党文化传播委员会党史馆藏

着崔文藻暂兼陆军部总务厅长事令

（一九一八年四月二日）

大元帅令

　　交通次长崔文藻着暂行兼任陆军部总务厅长事。此令。

据命令簿，台北、中国国民
党文化传播委员会党史馆藏

任命高尔登为军政府卫戍总司令部参谋长令

（一九一八年四月三日）

大元帅令

　　任命高尔登为军政府卫戍总司令部参谋长。此令。

（大元帅印）

中华民国七年四月三日

据《命令》，载广州《军政府公报》
第六十九号，一九一八年四月九日

准任命章勤士为军政府卫戍总司令部秘书长令

（一九一八年四月三日）

大元帅令

　　卫戍总司令徐绍桢呈请任命章勤士为军政府卫戍总司令部秘书长，应照准。此令。

（大元帅印）

中华民国七年四月三日

据《命令》，载广州《军政府公报》
第六十九号，一九一八年四月九日

任命陈德全为大元帅府参议令

（一九一八年四月三日）

大元帅令

　　任命陈德全为大元帅府参议。此令。

据命令簿，台北、中国国民
党文化传播委员会党史馆藏

准任命吴承斋为秘书令

（一九一八年四月四日）

大元帅令

　　署理交通总长马君武呈请任命吴承斋为秘书，应照准。此令。

（大元帅印）

中华民国七年四月四日

据《命令》，载广州《军政府公报》

第六十八号，一九一八年四月五日

任命李锦纶为军政府外交部政务司长令

（一九一八年四月六日）

大元帅令

　　任命李锦纶为军政府外交部政务司长。此令。

（大元帅印）

中华民国七年四月六日

据《命令》，载广州《军政府公报》

第六十九号，一九一八年四月九日

准任命孙科陈天骥为外交部秘书令

（一九一八年四月六日）

大元帅令

　　署理外交部总长林森呈请任命孙科、陈天骥为秘书，应照准。此令。

（大元帅印）

中华民国七年四月六日

据《命令》，载广州《军政府公报》
第六十九号，一九一八年四月九日

任命李安邦为行营卫队司令令

（一九一八年四月八日）

大元帅令

任命李安邦为行营卫队司令。此令。

据命令簿，台北、中国国民党文化传播委员会党史馆藏

饬知李元白裁撤所任四川调查员一职电

（一九一八年四月九日）

叙州李劳军使转李元白鉴：川局已定，所有一切调查事宜，自应由军府特任之军民长官办理，前任李元白为四川调查员，应行裁撤。仰即知照。孙文。青。

据《函电》，载广州《军政府公报》
第七十号，一九一八年四月十日

任命沈靖为陆军部练兵处参谋长令

（一九一八年四月九日）

大元帅令

任命沈靖为陆军部练兵处参谋长。此令。

（大元帅印）

中华民国七年四月九日

据《命令》，载广州《军政府公报》
第七十一号，一九一八年四月十三日

任命马崇昌为大元帅府参议令

（一九一八年四月九日）

大元帅令

　　任命马崇昌为大元帅府参议。此令。

（大元帅印）

中华民国七年四月九日

据《命令》，载广州《军政府公报》
第七十一号，一九一八年四月十三日

任命郑权为大元帅府秘书令

（一九一八年四月九日）

大元帅令

　　任命郑权为大元帅府秘书。此令。

（大元帅印）

中华民国七年四月九日

据《命令》，载广州《军政府公报》
第七十二号，一九一八年四月十七日

致唐继尧询可否任石青阳军务会办电

（一九一八年四月九日）

　　火急。毕节唐元帅鉴：申密。据四川省议会支日快邮代电，推举石青阳以师长兼军务会办，并有电分致尊处。查师长前已任命，至军务会办，既属民意所归，似可照准，尊意如何，即希速复。孙文。青。（印）

据原稿，台北、中国国民党文化传播委员会党史馆藏

准任命杨芳为秘书胡继贤为佥事令

（一九一八年四月十日）

大元帅令

署理外交总长林森呈请任命杨芳为秘书，胡继贤为佥事，应照准。此令。

（大元帅印）

中华民国七年四月十日

据《命令》，载广州《军政府公报》
第七十一号，一九一八年四月十三日

任命丁士杰为大元帅府参军令

（一九一八年四月十日）

大元帅令

任命丁士杰为大元帅府参军。

据命令簿，台北、中国国民党文化传播委员会党史馆藏

致唐继尧商分任田应诏周则范为
湘南靖国第一二军总司令电

（一九一八年四月十二日）

毕节唐元帅鉴：申密。据覃君理民电称：湘西各军已改靖国军，与滇、黔、川一致行动，暂守常德，乘机进攻；并请任田应诏为湘南靖国军第一军总司令，周则范为第二军总司令。特此电商，如尊意赞同，即请尊处通电发布，任命状由军政府发给。盼复。孙文。侵。（印）

据收电原稿，昆明、云南省档案馆藏

任命华世澂为大元帅府秘书令

（一九一八年四月十六日）

大元帅令

华世澂为大元帅府秘书。此令。

（大元帅印）

中华民国七年四月十六日

据《命令》，载广州《军政府公报》
第七十二号，一九一八年四月十七日

任命陈家鼐为大元帅府参军令

（一九一八年四月十六日）

大元帅令

任命陈家鼐为大元帅府参军。此令。

（大元帅印）

中华民国七年四月十六日

据《命令》，载广州《军政府公报》
第七十二号，一九一八年四月十七日

准任命杨克兴为谏义里埠筹饷委员令

（一九一八年四月十六日）

大元帅令

代理财政总长廖仲恺呈请任命杨克兴为谏义里埠筹饷委员，应照准。此令。

据命令簿，台北、中国国民党文化传播委员会党史馆藏

复石青阳准缓就职并询何时出发援陕电

（一九一八年四月十七日）

　　顺庆石青阳镇守使鉴：同密。敬电①悉。前得刘扬君电，已知执事有不得已之苦衷，今来电恳辞，并以川北镇守使向未设置，及二师应与四川陆军暨各义军通筹编制，为暂难就职之理由。现正与川议员讨论方法，不致偏重一方，令人生忌。兹准执事暂缓就职，惟应负之责，仍望勿辞。援陕何时出发？并望电闻。孙文。篠。（印）

据原稿，台北、中国国民党
文化传播委员会党史馆藏

准任命余辉照胡砼为大元帅府参军处副官令

（一九一八年四月十七日）

大元帅令

　　代理参军长黄大伟呈请任命余辉照、胡砼为大元帅府参军处副官，应照准。此令。

据命令簿，台北、中国国民
党文化传播委员会党史馆藏

---

　　①　敬电，即二十四日电。

任命黄金城为大元帅府参议令

（一九一八年四月十七日）

大元帅令

　　任命黄金城为大元帅府参议。此令。

据命令簿，台北、中国国民
党文化传播委员会党史馆藏

任命崔文藻为中华民国军政府陆军部次长令

（一九一八年四月十八日）

大元帅令

　　任命崔文藻为中华民国军政府陆军部次长。此令。

（大元帅印）

中华民国七年四月十八日

据《命令》，载广州《军政府公报》第
七十四号，一九一八年四月二十二日

任命林英杰为陆军部靖国援鄂军第一旅旅长令

（一九一八年四月十八日）

大元帅令

　　任命林英杰为陆军部靖国援鄂军第一旅旅长。此令。

（大元帅印）

中华民国七年四月十八日

据《命令》，载广州《军政府公报》第
七十四号，一九一八年四月二十二日

任命邓耀为陆军部靖国援鄂军第二旅旅长令

（一九一八年四月十八日）

大元帅令

　　任命邓耀为陆军部靖国援鄂军第二旅旅长。此令。

（大元帅印）

中华民国七年四月十八日

据《命令》，载广州《军政府公报》第
七十四号，一九一八年四月二十二日

准参议颜炳元辞职令

（一九一八年四月十八日）

大元帅令

　　参议颜炳元呈请辞职，应照准。此令。

（大元帅印）

中华民国七年四月十八日

据《命令》，载广州《军政府公报》第
七十四号，一九一八年四月二十二日

准佥事尹岳辞职令

（一九一八年四月十八日）

大元帅令

　　印铸局长连声海呈称，佥事尹岳热心向学，恳请辞职。应照准。此令。

（大元帅印）

中华民国七年四月十八日

据《命令》，载广州《军政府公报》第
七十四号，一九一八年四月二十二日

任命凌霄为大元帅府参军令

（一九一八年四月十九日）

大元帅令

　　任命凌霄为大元帅〈府〉参军。此令。

（大元帅印）

中华民国七年四月十九日

据《命令》，载广州《军政府公报》第
七十四号，一九一八年四月二十二日

任命赵超为大元帅府参军令

（一九一八年四月二十四日）

大元帅令

　　任命赵超为大元帅府参军。此令。

据命令簿，台北、中国国民
党文化传播委员会党史馆藏

任命吴承斋代理交通次长令

（一九一八年四月二十五日）

大元帅令

　　任命吴承斋代理交通次长。此令。

（大元帅印）

中华民国七年四月廿五日

据《命令》，载广州《军政府公报》第
七十六号，一九一八年四月二十七日

任命王伟夫为大元帅府参议令

（一九一八年四月二十五日）

大元帅令

　　任命王伟夫为大元帅府参议。此令。

据命令簿，台北、中国国民
党文化传播委员会党史馆藏

任命陈毅等四人为大元帅府参议令

（一九一八年四月二十六日）

大元帅令

　　任命陈毅、朱家训、吴江左、陈创远为大元帅府参议。此令。

据命令簿，台北、中国国民
党文化传播委员会党史馆藏

任命唐康培李兴高为大元帅府参军令

（一九一八年四月二十六日）

大元帅令

　　任命唐康培、李兴高为大元帅府参军。此令。

据命令簿，台北、中国国民
党文化传播委员会党史馆藏

任命林者仁为大元帅府秘书令

（一九一八年四月二十六日）

大元帅令

　　任命林者仁为大元帅府秘书。此令。

据命令簿，台北、中国国民
党文化传播委员会党史馆藏

准任命林仲鲁郭冰槐为佥事令

（一九一八年四月二十七日）

大元帅令

　　代理内政总长居正呈请任命林仲鲁、郭冰槐为佥事，应照准。此令。

据命令簿，台北、中国国民
党文化传播委员会党史馆藏

任命萧文为军事委员令

（一九一八年四月二十七日）

大元帅令

　　任命萧文为军事委员。此令。

据命令簿，台北、中国国民
党文化传播委员会党史馆藏

任命冯百砺为大元帅府参议令

（一九一八年四月二十九日）

大元帅令

　　任命冯百砺为大元帅府参议。此令。

（大元帅印）

中华民国七年四月廿九日

据《命令》，载广州《军政府公报》
第七十七号，一九一八年五月一日

特任姜汇清为山东西南路总司令
全权办理山东事宜令稿

（一九一八年四月二十九日）①

大元帅令

　　令姜汇清

　　照得山东久陷于武人专制区域，其官吏等国法于弁髦，以至人民荡析离居，殊堪悯恻。兹特任汝为山东西南路总司令，以期拔鲁民于水火之中，仰即速组义师，驱除违法之叛逆。鲁省去粤辽远，所有措置事宜，应由该总司令全权办理，未便加以限制。其所部营长以上各高级军官，得由该总司令权宜委署，再行分别呈请委任。其他核计军实，整饬军纪，均关重要，务宜实心经理，庶毋负本大元帅委任至意。此令。

四月廿九日签发

据原件，台北、中国国民党
文化传播委员会党史馆藏

---

①　此件未署年份，现据《国父全集》所定。

准任命陈树枏为佥事令

（一九一八年四月二十九日）

大元帅令

印铸局长连声海呈请任命陈树枏为佥事，应照准。此令。

据命令簿，台北、中国国民
党文化传播委员会党史馆藏

任命姜汇清为军政府山东西南路总司令令

（一九一八年四月二十九日）

大元帅令

任命姜汇清为军政府山东西南路总司令。此令。

据命令簿，台北、中国国民
党文化传播委员会党史馆藏

准任命薛云章为大元帅府参军处副官令

（一九一八年四月三十日）

大元帅令

代理参军长黄大伟呈请任命薛云章为大元帅府参军处副官，应照准。此令。

据命令簿，台北、中国国民
党文化传播委员会党史馆藏

任命张庆豫等三人为大元帅府参议令

（一九一八年四月三十日）

大元帅令

　　任命张庆豫、杜潜源、王子中为大元帅府参议。此令。

据命令簿，台北、中国国民
党文化传播委员会党史馆藏

准任蔡公时为陆军部练兵处秘书令

（一九一八年五月二日）

大元帅令

　　陆军总长张开儒、练兵督办徐绍桢呈请任命蔡公时为陆军部练兵处秘书，应
照准。此令。

据命令簿，台北、中国国民
党文化传播委员会党史馆藏

任命林斯琛为大元帅府参议令

（一九一八年五月二日）

大元帅令

　　任命林斯琛为大元帅府参议。此令。

据命令簿，台北、中国国民
党文化传播委员会党史馆藏

任命王天纵为河南靖国军总司令令

（一九一八年五月二日）

大元帅令

　　任命王天纵为河南靖国军总司令。此令。

据命令簿，台北、中国国民
党文化传播委员会党史馆藏

致国会非常会议及军政府政务会议派徐谦为
全权代表赴粤共策进行电

（一九一八年九月二十二日）

　　广州国会非常会议，军政府会议政务〔政务会议〕诸公均鉴：文沪上养疴，久劳公注。政务总裁一席，职责所归，义难久旷。数承敦促，良用歉然。兹谨依条例特派徐君谦为全权代表。即日来粤共策进行，诸维公鉴。

孙文
九月二十二日

据《军政府进行纪要》，载一九一八
年十月六日上海《民国日报》第三版

委任陈东平为国民党缅甸支部财政科正主任状

（一九一八年十月十一日）

委任状

　　委任陈东平为缅甸国民党支部财政科正主任。此状。

孙文

据原件影印件，台北、中国国
民党文化传播委员会党史馆藏

委任许寿民为国民党缅甸支部调查科正主任状

（一九一八年十月十一日）

委任状

　　委任许寿民为缅甸国民党支部调查科正主任。此状。

孙文

中华民国七年十月十一日

据原件影印件，台北、中国国民党文化传播委员会党史馆藏

委任黄壬戍为国民党缅甸支部调查科副主任状

（一九一八年十月十一日）

委任状

　　委任黄壬成〔戍〕为缅甸国民党支部调查科副主任。此状。

孙文

中华民国七年十月十一日

据原件影印件，台北、中国国民党文化传播委员会党史馆藏

委任陈辉石为国民党缅甸支部党务科副主任状

（一九一八年十月十一日）

委任状

　　委任陈辉石为缅甸国民党支部党务科副主任。此状。

孙文

中华民国七年十月十一日

据原件影印件，台北、中国国民党文化传播委员会党史馆藏

民国六至七年大元帅府特任人员职务姓名录

（一九一七至一九一八年）

特任 月日①	受任 姓名	特任职务	任状 号数	缮状 姓名	校状 姓名	发状 月日	备注
六年九月十 一日	伍廷芳	中华民国军政 府外交总长	一	万黄裳	万黄裳		
同	唐绍仪	中华民国军政 府财政总长	二	同	同		
同	张开儒	中华民国军政 府陆军总长	五	同	同		
同	程璧光	中华民国军政 府海军总长	四	同	同		
同	孙洪伊	中华民国军政 府内务总长	三	同	同		
同	胡汉民	中华民国军政 府交通总长	六	同	同		
同	林葆怿	中华民国军政 府海军总司令	一二	同	同		
同	方声涛	中华民国军政 府卫戍总司令	九	同	同		
同	李烈钧	中华民国军政 府参谋总长	八	同	同		
同	章炳麟	大元帅府秘书 长	七	同	同	九月 十三日	
同	许崇智	大元帅府参军 长	一一	同	同		

---

　　① "特任月日"栏中系中华民国纪年。

（续表）

特任月日	受任姓名	特任职务	任状号数	缮状姓名	校状姓名	发状月日	备注
同	王正廷	暂行兼署中华民国军政府外交总长		同	同		
同	居正	暂行兼署中华民国军政府内政总长		同	同		
九月十二日	陈炯明	中华民国军政府第一军总司令	四四	同	同	九月十三日	
九月十五日	汪兆铭	代理大元帅府秘书长	命令一	同	同		
九月廿二日	徐谦	同上	命令五	同	同		
九月廿五日	马君武	署理中华民国军政府交通总长	命令一三	潘应民	同		
同	王正廷	署理中华民国军政府外交总长	命令一四	同	同		
九月廿六日	廖仲恺	署理中华民国军政府财政总长	命令一五	万黄裳	同		
同	居正	署理中华民国军政府内政总长	命令一六	同	同		
十月十四日	许崇智	署理中华民国军政府陆军总长	令二〇	同	同		

（续表）

特任 月日	受任 姓名	特任职务	任状 号数	缮状 姓名	校状 姓名	发状 月日	备注
同	黄大伟	代理中华民国军政府参军长	令二一	同	同		
十一月四日	孙洪伊	中华民国军政府驻沪全权代表	七九九	周应云	同		
十二月十六日	古应芬	代理秘书长	令二九	同	同	十二月二十六日	
七年一月十日	李烈钧	总参谋长	九九九	同	郑涛	一月二十日	

据原件，台北、中国国民党
文化传播委员会党史馆藏

民国六至七年大元帅府简任人员职务姓名录

（一九一七至一九一八年）

任命 年月①	受任 姓名	任命 职务	任状 号数	缮状 姓名	校状 姓名	发状 月日	备注
六年九月十一日	王正廷	中华民国军政府外交次长	一四	万黄裳	万黄裳		注销改任
同	居正	中华民国军政府内政次长	一五	同	同		
同	李福林	大元帅府亲军总司令	一三	同	同		
同	黄大伟	大元帅府参军	一六	同	同	九月十三	
同	周应时	同	一七	同	同	同	
同	邓玉林	同	一八	同	同	同	

---

①　"任命年月"栏中系中华民国纪年。

（续表）

任命 年月	受任 姓名	任命 职务	任状 号数	缮状 姓名	校状 姓名	发状 月日	备注
同	高尚志	同	一九	同	同	同	
同	周之贞	同	二〇	同	同	九月十八	
同	罗家衡	大元帅府秘书	二一	同	同	九月十四	
同	刘奇瑶	同	二二	同	同	同	
同	秦广礼	同	二三	同	同	同	
同	叶夏声	同	二四	同	同	同	
同	张大义	同	二五	同	同	同	
同	马君武	同	二六	同	同	同	
同	贺赞元	同	二七	同	同	同	
同	刘盥训	同	二八	同	同	同	
同	张伯烈	同	二九	同	同	同	
同	平刚	同	一〇	同	同	九月十日	
同	吕复	同	三〇	同	同	九月 十四日	
同	吴宗慈	大元帅府参议	三一	同	同	同	
同	宋渊源	同	三二	同	同	同	
同	周震鳞	同	三三	同	同	同	
同	茅祖权	同	三四	同	同	同	
同	吕志伊	同	三五	同	同	同	
同	王湘	同	三六	同	同	同	
同	马骧	同	三七	同	同	同	
同	王法勤	同	三八	同	同	同	
同	凌钺	同	四一	同	同	同	
同	邹鲁	同	三九	同	同	同	
同	赵世钰	同	四〇	同	同	同	
九月十二日	吴宗慈	川滇劳军使	四二	同	同	九月 十二日	
同	王湘	同	四三	同	同	同	
同	万黄裳	大元帅府秘书	四五	陈群	同	九月 十八日	
同	陈群	同	四六	万黄裳	同	同	

（续表）

任命 年月	受任 姓名	任命 职务	任状 号数	缮状 姓名	校状 姓名	发状 月日	备注
九月十三日	陆兰清	大元帅府参军	四七	同	同	九月 十三日	
同	崔文藻	大元帅府参议	四八	同	同	九月 十四日	
同	刘成禹	同	四九	同	同	同	
同	刘英	同	五〇	同	同	同	
同	彭介石	同	五一	同	同	同	
同	萧晋荣	同	五二	同	同	同	
同	谢持	同	五三	同	同	同	
同	张大昕	同	五四	同	同	同	
同	李执中	同	五五	同	同	同	
同	胡祖舜	同	五六	同	同	同	
九月十四日	郭椿森	同	六一	同	同	九月 十九日	
同	曾彦	同	五九	同	同	同	
同	覃超	同	六〇	同	同	同	
同	龚政	同	六二	同	同	同	
同	徐之琛	同	六三	同	同	同	
同	徐瑞霖	同	六七	同	同	九月 十八日	
同	曹亚伯	同	六八	同	同	同	
同	许继祥	同	六九	同	同	同	
同	毛仲芳	同	七〇	同	同	同	
同	谢英伯	大元帅府秘书	五七	同	同	九月 十六日	
同	黄展云	同	六四	同	同	九月 十八日	
同	苏理平	同	六五	同	同	同	
同	梅培	同	六六	同	同	同	注销改任
同	古应芬	同	七二	同	同	九月 十九日	
同	熊英	同	七三	同	同	同	

（续表）

任命年月	受任姓名	任命职务	任状号数	缮状姓名	校状姓名	发状月日	备注
同	梁树熊	同	七四	同	同	同	
同	汪兆铭	同	七五	同	同	同	辞，注销
同	冯自由	大元帅府参议	七一	同	同	九月十八日	
九月十六日	邓耀	广东安抚委员长	七七	同	同	同	注销
同	谭民三	大元帅府参议	七九	同	同	同	
同	刘汉华	大元帅府委员	七六	同	同	九月十六日	注销改委
同	张民达	同	八三	同	同	九月廿日	
同	李安邦	同	八四	同	同	九月廿五日	
同	李天德	同	八七	同	同	十月二日	
同	李绮庵	同	八八	同	同	十月一日	
同	杨西岩	筹饷委员	九六	同	同	九月十八日	
同	林护	同	九七	同	同	同	
同	谢树棠	同	九八	同	同	同	
同	邓仲泽	同	九九	同	同	同	
同	伍耀庭	筹饷委员	一〇〇	同	同	同	
同	余斌臣	同	一〇一	同	同	同	
同	李自重	同	一〇二	同	同	同	
同	梁振华	同	一〇三	同	同	同	
同	吴东启	同	一〇四	同	同	同	
同	何乐琴	同	一〇六	同	同	同	
同	马应彪	同	一〇七	同	同	同	
同	伍学焜	同	一〇九	同	同	同	
同	简让之	同	一〇八	同	同	同	
同	张吉盛	同	一一〇	同	同	同	
同	陈卓平	同	一一一	同	同	同	

（续表）

任命 年月	受任 姓名	任命 职务	任状 号数	缮状 姓名	校状 姓名	发状 月日	备注
同	郭同	大元帅府参议	八〇	同	同	同	
同	邵元冲	大元帅府秘书	八一	同	同	同	
同	林焕廷	同	八二	同	同	同	
同	蒋文汉	同	八九	同	同	同	
同	李禄超	同	九〇	同	同	同	
同	林直勉	同	九一	同	同	同	
同	陈民钟	大元帅府参议	九二	同	同	同	
同	时功玖	同	九四	同	同	同	
同	董昆瀛	同	九五	同	同	同	
同	邓耀	广东招抚局长	八五	同	同	九月 十七日	
同	陈清文	大元帅府秘书	八六	同	同	九月 十八日	
九月十七日	杨福田	大元帅府参军	一一三	同	同	同	
九月十八日	赵植之	驻港航海筹饷委会〔员〕	一一二	同	同	同	
同	黄伯耀	大元帅府秘书	一一八	同	同	同	
同	李建中	同	一一七	同	同	同	
同	吕复	兼大元帅府秘书	命令二	同	同	九月 二十日	
同	林学衡	大元帅府秘书	一一九	同	同	同	
同	蒙民伟	大元帅府参议	一二〇	同	同	同	
同	段雄	同	一二一	同	同	同	
同	张华澜	同	一二二	同	同	同	
同	梁培	同	一二三	同	同	同	
同	李茂之	同	一二四	同	同	同	
同	卢信	同	一二五	同	同	同	
同	李华林	同	一二六	同	同	同	
同	朱念祖	同	一二七	同	同	同	
同	王有兰	同	一二八	同	同	同	

（续表）

任命 年月	受任 姓名	任命 职务	任状 号数	缮状 姓名	校状 姓名	发状 月日	备注
同	张于浔	同	一二九	同	同	同	
同	陈时铨	同	一三〇	同	同	同	
同	黄元白	同	一三一	同	同	同	
同	黄攻素	同	一三二	同	同	同	
同	卢仲琳	同	一三五	同	同	同	
同	杨大实	同	一三六	同	同	同	
同	于洪起	同	一三七	同	同	同	
同	邓天一	同	一三八	同	同	同	
同	李秉恕	同	一三九	同	同	同	
同	方潜	同	一四〇	同	同	同	
同	张瑞萱	同	一四一	同	同	同	
同	曹振懋	同	一四二	同	同	同	
同	王观铭	同	一四三	同	同	同	
同	冠遐	同	一四四	同	同	同	
同	杨铭源	同	一四五	同	同	同	
同	王乃昌	同	一四六	同	同	同	
同	丁象谦	同	一四七	同	同	同	
同	刘泽龙	同	一四八	同	同	同	
同	李国定	同	一四九	同	同	同	
同	李含芳	同	一五〇	同	同	同	
九月十九日	覃振	同	一五一	同	同	九月 廿一日	
同	田桐	同	一五二	同	同	同	
同	陈策	同	一五三	同	同	同	
同	王釜	同	一五四	同	同	同	
同	陈寿如	同	一五五	同	同	同	
同	刘芷芬	同	一五六	同	同	同	
同	陈鸿钧	同	一五七	同	同	同	
同	江哕鸾	同	一五八	古应芬	同	同	
同	简经纶	同	一五九	同	同	同	

（续表）

任命年月	受任姓名	任命职务	任状号数	缮状姓名	校状姓名	发状月日	备注
同	陆孟飞	同	一六〇	万黄裳	同	同	
同	廖德山	同	一六一	同	同	同	
同	陈培深	筹饷委员	一三四	同	同	十月二日	
同	周昭岳	同	一三三	同	同	九月廿日	注销
同	伍横贯	同	一六四	同	同	九月廿一日	
同	关宝华	同	一六五	同	同	同	辞职注销
同	陈大年	大元帅府秘书	一六六	同	同	同	
同	杜之秋	同	一六七	同	同	同	
九月二十日	张左丞	大元帅府参议	一六八	同	同	同	
同	林镜台	同	一六九	同	同	同	
同	伍于簪	同	一六七	同	同	同	
同	简英甫	筹饷委员长	一六六	同	同	同	
九月廿一日	王杰	大元帅府参议	一七〇	同	同	九月廿三日	
同	李式瑶	同	一七一	同	同	同	
同	文笃周	同	一七二	同	同	同	
同	周之翰	同	一七三	同	同	同	
同	傅谐	同	一七四	同	同	同	
同	王绍鳌	同	一七五	同	同	同	
同	孙钟	同	一七六	同	同	同	
同	苏祐慈	同	一七七	同	同	同	
同	梁士模	同	一七八	同	同	同	
同	汪建刚	同	一七九	同	同	同	
同	林伯和	同	一八〇		同	同	
同	李自芳	同	一八一		同	同	
同	邹鲁	中华民国军政府财政次长	一八三	同	同	九月廿二日	注销
同	陈嘉猷	筹饷委员	一八二	同	同	同	
同	张丹青	同	一八五	同	同	同	
同	刘恢汉	同	一八四	潘应民	同	同	注销

（续表）

任命年月	受任姓名	任命职务	任状号数	缮状姓名	校状姓名	发状月日	备注
同	沈智夫	同	一八六	同	同	同	
同	徐东垣	吉林军事委员	一八七	同	同	同	
同	张继	中华民国军政府驻日外交代表	一八九	万黄裳	同		
同	殷汝耕	驻日外交代表秘书			同		
九月廿二日	黄林	筹饷委员	一九〇	同	同	九月廿四日	
同	邓荫南	军事委员	一九一	同	同	同	
同	陈清	同	一九二	同	同	同	
九月廿三日	刘崒	大元帅府参议	一九三	同	同	九月廿五日	
同	徐元诰	同	一九四	同	同	九月廿九日	
九月廿四日	廖仲恺	中华民国军政府财政次长	一九六	同	同	九月廿五日	
同	邹鲁	代理中华民国军政府财政次长	命令七	潘应民	同	同	
同	汤廷光	大元帅府参军	一九七	万黄裳	同	九月廿八日	
同	程耀垣	同	一九八	同	同	同	
同	李国堂	同	一九九	同	同	同	
同	魏子浩	同	二〇〇	同	同	同	
同	郑祖怡	同	二〇一	同	同	同	
同	吴志馨	同	二〇二	同	同	同	
同	饶鸣鸾	同	二三〇	潘应民	同	同	

（续表）

任命年月	受任姓名	任命职务	任状号数	缮状姓名	校状姓名	发状月日	备注
九月廿五日	叶夏声	代理中华民国政府内政部次长	命令七一	万黄裳	同	九月廿九日	
同	邓慕韩	大元帅府参议	二○五	同	同	同	
同	崔灼明	筹饷委员	二○四	同	同	九月廿六日	
九月廿六日	朱本富	军事委员	二○七	同	同	九月廿七日	
九月廿七日	杨汉魂	筹饷委员	二○九	潘应民	同	同	
同	李炳初	同	二一一	同	同	同	
同	雷荫裳	同	二一三	同	同	同	
同	李元白	大元帅府秘书	二○八	同	同	九月廿九日	
同	吴铁城	大元帅府参军	二○一	同	同	同	
同	余雅丞	同	二一二	同	同	同	
同	孙继烈	同	二二一	同	同	同	
同	冯镇东	同	二一五	同	同	同	
同	彭泽	同	二一六	同	同	同	
同	黄时澄	同	二一七	同	同	十月二日	十月四日注销
同	黄承胄	同	二一八	同	同	九月廿九日	
同	谢已原	檀香山筹饷委员	二二三	同	同	同	
九月廿八日	简崇光	筹饷委员	二二四	同	同	九月廿六日	
同	黄心持	同	二二二	万黄裳	同	同	
同	陈言	大元帅府秘书	二三三	同	同	九月廿九日	

（续表）

任命年月	受任姓名	任命职务	任状号数	缮状姓名	校状姓名	发状月日	备注
同	彭养光	大元帅府参军			同		注销
同	梁钟汉	同			同		注销
同	叶富	筹饷委员	二二五	同	同	九月廿八日	
同	侯锡蕃	同	二二六	同	同	同	
同	刘伟卿	同	二二七	同	同	同	
同	黄杰亭	同	二二九	潘应民	同	同	
同	刘汉川	大元帅府参议	二三四	万黄裳	同	十月二日	
同	刘成	大元帅府参军	二三二	同	同	九月廿九日	
九月廿九日	邬宝祥	同	二三一	同	同	同	
同	梁钟汉	大元帅府参议	二三六	同	同	同	
同	安健	同	二三七	同	同	十月一日	
同	彭养光	军事委员	二三五	同	同	九月廿九日	
同	饶章甫	同	二三八	同	同	十月一日	
十月一日	刘子文	筹饷委员	二三九	同	同	同	
同	陈云峰	同	二四〇	同	同	同	
同	邓家彦	大元帅府秘书	二四一	同	同	十月二日	辞职注销
同	赵荣勋	同	二四二	同	同	同	
同	李增霈	同	二四三	同	同	同	
同	朱念祖	兼大元帅府秘书	令一八	同	同	同	
同	江柏坚	大元帅府参议	二四四	同	同	同	

（续表）

任命年月	受任姓名	任命职务	任状号数	缮状姓名	校状姓名	发状月日	备注
十月二日	刘治洲	大元帅府秘书	二四五	同	同	十月三日	
同	吴醒汉	大元帅府参军	二四六	同	同	同	
同	彭介石	兼大元帅府秘书		同	同	同	
十月三日	梁端益	筹饷委员	二四七	同	同	同	
同	郑行果	同	二四八	同	同	同	
同	任重	同	二四九	同	同	同	
十月四日	罗春霖	同	二 五	同	同	十月四日	注销
同	邓剑灵	同	二五〇	同	同	同	注销
同	袁炳煌	大元帅府参议	二五五	同	同	十月八日	
同	文登瀛	同	二五六	同	同	同	
同	马良弼	同	二五七	同	同	同	
同	王秉谦	同	二五八	同	同	同	
同	李永声	同	二五九	同	同	同	
同	李克明	同	二六〇	同	同	同	
同	李景泉	同	二六一	同	同	同	
同	阎鸿举	同	二六二	同	同	同	
同	罗矗	同	二六三	同	同	同	
同	石璜	同	二六四	同	同	同	
同	尚镇圭	同	二六五	同	同	同	
同	张廷弼	同	二六六	同	同	同	
同	丁骞	同	二六七	同	同	同	
同	廉炳华	同	二六八	同	同	同	
同	邵仲康	同	二六九	同	同	同	
同	罗永庆	同	二七〇	同	同	同	
同	何海涛	同	二七一	同	同	同	
同	姚翰卿	同	二七三	同	同	同	

（续表）

任命年月	受任姓名	任命职务	任状号数	缮状姓名	校状姓名	发状月日	备注
同	郝濯	同	二七四	同	同	同	
同	狄楼海	同	二七五	同	同	同	
同	陈纯修	同	二七六	同	同	同	
同	张敬之	同	二七七	同	同	同	
同	金贻厚	同	二七八	同	同	同	
同	赵金堂	同	二七九	同	同	同	
同	杜凯元	同	二八一	同	同	同	
同	宋桢	同	二八九	同	同	同	
同	谢鹏翰	同	二九〇	同	同	同	
同	窦应昌	同	二九一	同	同	同	
同	景定成	同	二九二	同	同	同	
同	于均生	同	二九三	同	同	同	
同	覃寿恭	同	二九四	同	同	同	
同	廖宗北	同	二九五	同	同	同	
同	彭汉遗	同	二九六	同	同	同	
同	吴崑	同	二九七	同	同	同	
同	杨时杰	同	二九八	同	同	同	
同	范鸿钧	同	二九九	同	同	同	
同	赵鲸	同	三〇〇	同	同	同	
同	李汉丞	同	三〇一	潘应民	同	同	
同	彭邦栋	同	三〇二	同	同	同	
同	禹瀛	同	三〇三	同	同	同	
同	梁系登	同	三〇四	同	同	同	
同	周泽苞	同	三〇五	同	同	同	
同	魏肇文	同	三〇六	同	同	同	
同	李积芳	同	三〇七	同	同	同	
同	陈九韶	同	三〇八	同	同	同	
同	彭允彝	同	三〇九	同	同	同	
同	童杭时	同	三一〇	同	同	同	
同	陈子斌	同	三一一	同		同	

（续表）

任命 年月	受任 姓名	任命 职务	任状 号数	缮状 姓名	校状 姓名	发状 月日	备注
同	赵舒	同	三一二	同	同	同	
同	彭学浚	大元帅府秘书	三六八	同	同	同	
同	邓元	大元帅府参议	三一五	同	同	同	
同	卢元弼	同	三一六	同	同	同	
同	黄懋鑫	同	三一七	同	同	同	
同	卢式楷	同	三一八	同	同	同	退回
同	欧阳沂	同	三一九	同	同	同	退回
同	赖庆晖	同	三二〇	同	同	同	
同	曾干桢	同	三二一	同	同	同	
同	蔡突灵	同	三二二	同	同	同	
同	萧辉锦	同	三二三	同	同	同	
同	邹树声	同	三二四	同	同	同	
同	黄宝铭	同	三二五	同	同	同	
同	严恭	同	三二六	同	同	同	
同	程修鲁	同	三二七	同	同	同	
同	翟富文	同	三二八	同	同	同	
同	王永锡	同	三二九	同	同	同	
同	黄绍侃	同	三三〇	同	同	同	
同	黄宏宪	同	三三一	同	同	同	已故注销
同	卢天游	同	三三二	同	同	同	
同	詹永祺	同	三三三	同	同	同	
同	李文治	同	三三四	同	同	同	
同	杨开源	同	三三五	同	同	同	
同	何畏	同	三三六	同	同	同	
同	刘楚湘	同	三三七	同	同	同	
同	李燮阳	同	三三八	同	同	同	
同	李正阳	同	三三九	同	同	同	
同	蒋应澍	同	三四〇	同	同	同	
同	角显溃	同	三四一	同	同	同	

（续表）

任命年月	受任姓名	任命职务	任状号数	缮状姓名	校状姓名	发状月日	备注
同	陈祖基	同	三四三	同	同	同	
同	赵诚	同	三四四	同	同	同	
同	毕宣	同	三四五	同		同	
同	丁超五	同	三四六	同	同	同	
同	詹调元	同	三四七	同	同	同	
同	朱观玄	同	三四八	同	同	同	退回
同	裘章淦	同	三四九	同	同	同	退回
同	陈堃	同	三四二	同	同	同	退回
同	金溶熙	同	三五〇	同	同	同	
同	周学宏	同	三五一	同	同	同	
同	程铎	同	三五二	同	同	同	退回
同	潘乃德	同	三五三	同	同	同	
同	王安富	同	三五四	同	同	同	
同	曹玉德	同	三五五	同	同	同	
同	谢良牧	同	三五六	同	同	同	
同	萧凤翥	同	三五七	同	同	同	
同	饶芙裳	同	三五八	同	同	同	
同	黄汝瀛	同	三五九	同	同	同	
同	彭建标	同	三六〇	同	同	同	
同	李英铨	同	三六一	同	同	同	
同	邱福銮	同	三六二	同	同	同	
同	杨梦弼	同	三六三	同	同	同	
同	陆祺	同	三六四	同	同	同	
同	郭宝慈	同	三六五	同	同	同	
同	杨永泰	同	三六六	同	同	同	
同	沈智夫	同	三六七	万黄裳	同	同	
同	黄时澄	同	二五二	同	同	十月四日	
同	周知礼	同	二五三	同	同	同	注销
同	王树槐	同	二五四	同	同	同	

（续表）

任命年月	受任姓名	任命职务	任状号数	缮状姓名	校状姓名	发状月日	备注
十月五日	谢松南	西堤筹饷局长		同	同	十月十八日	
同	梁耀池	河内筹饷局长		同	同	同	
同	梁丽生	海防筹饷局长		同	同	同	
同	陈顺和	金边筹饷委员	二八五	同	同	同	
同	罗春霖	美狄筹饷委员	二八六	同	同	十月六日	
同	邓剑灵	茶荣筹饷委员	二八七	同	同	同	
同	马培生	西堤公债支局长	二八八	同	同	十月十七日	注销
同	伍朝枢	中华民国军政府外交次长	二八〇	同	同	十月五日	
同	陈林	筹饷委员	二七二	同	同	同	
十月八日	徐惠霖	大元帅府参议	三六九	同	同	十月十日	
十月九日	李玉昆	大元帅府参军	三七一	同	同	同	
同	梁国栋	大元帅府参议	三七〇	同	同	同	
同	崔文藻	中华民国军政府交通次长	三七二	同	同	同	
同	伦允襄	财政委员	三七三	同	同	同	
十月十一日	王仲文	大元帅府参议	三七四	同	同	十月十三日	
同	吴鸿勋	同	三七六	同	同	同	
同	叶心传	大元帅府参军	三七五	同	同	同	
同	熊秉坤	同	三八二	同	同	同	
同	曾尚武	同	四六五	同	同	十月十五日	

（续表）

任命年月	受任姓名	任命职务	任状号数	缮状姓名	校状姓名	发状月日	备注
同	席正铭	同	三七七	同	同	十月十三日	七年一月二十日奉令免职
同	何子奇	大元帅府参议	三七八	同	同	同	
同	萧萱	大元帅府秘书	三八一	同	同	同	
同	蒋群	大元帅府参议	三七九	同	同	同	注销
同	徐清泰	大元帅府参军	三八〇	同	同	十月十三日	
十月十二日	赖人存	同	三八三	同	同	同	
十月十三日	蔡公时	同	四六六	潘应民	同	十月十五日	
同	李桢	同	四六七	同	同	同	
同	蔡启顽	筹饷委员			同	十月十三日	
十月十四日	许崇智	中华民国军政府陆军总长			同	十月十四日	另入特任表
同	黄大伟	代理参军长			同	同	另入特任表
同	刘玉山	大元帅府参议	四六八	同	同	十月十六日	
十月十五日	李国定	四川劳军使	四六九	同	同	同	
同	刘泽龙	同	四七一	同	同	同	
同	王树槐	筹饷委员	四七二	同	同	同	
同	黄振中	同	四七三	同	同	同	
同	蒋群	大元帅府参军	四七四	同	同	同	
同	阎志远	大元帅府参议	四七〇	同	同	同	
同	梁钟汉	大元帅府参军		同	同	同	注销
同	刘星海	澳洲昆士仑筹饷委员	四七五	同	同	同	
同	陈春舫	暹逻筹饷委员	四七六	同	同	同	
同	李伟儒	香港筹饷委员	四七七	同	同	同	
同	孙光明	同	四七八	同	同	同	

（续表）

任命 年月	受任 姓名	任命 职务	任状 号数	缮状 姓名	校状 姓名	发状 月日	备注
十月十七日	陈炽南	河内筹饷委员	四九九	同	同	十月十 八日	
同	赵弼卿	海防筹饷委员	五〇〇	同	同	同	
同	郑福东	南定筹饷委员	五〇一	同	同	同	
同	陈绵继	河内筹饷委员	五〇二	同	同	同	
同	谭云轩	同	五〇三	同	同	同	
同	林春树	同	五〇四	同	同	同	
同	胡子昭	同	五〇五	同	同	同	
同	杜子齐	海防筹饷委员	五〇六	同	同	同	
同	潘灼南	同	五〇七	同	同	同	
同	梁复先	同	五〇八	同	同	同	
同	张南生	同	五〇九	同	同	同	
同	李泰初	同	五一〇	同	同	同	
同	钱显章	同	五一一	同	同	同	
同	杨温泉	同	五一二	同	同	同	
同	黄志愉	同	五一三	同	同	同	
同	苏玉田	同	五一四	同	同	同	
同	阮其昌	同	五一六	同	同	同	
同	黄隆生	越南筹饷委员	五一五	同	同	同	
同	崔鼎新	西堤筹饷委员	四九七	同	同	十月十 七日	
同	林永伦	同	四九六	黄允斌	同	同	
同	黎赞新	同	四九五	同	同	同	
同	陈金钟	同	四九四	同	同	同	
同	辛景祺	同	四九三	同	同	同	
同	樊镇安	同	四九二	同	同	同	
同	王璠笃	同	四九一	同	同	同	
同	邱永生	同	四九〇	同	同	同	
同	李少逸	同	四八九	同	同	同	
同	黄景南	同	四八六	同	同	同	

（续表）

任命 年月	受任 姓名	任命 职务	任状 号数	缮状 姓名	校状 姓名	发状 月日	备注
同	马培生	安南筹饷委员长	四八七	同	同	同	
同	叶伯衡	安南筹饷委员	四八八	同	同	同	
同	曾翰生	金边筹饷委员	四八五	同	同	同	
同	黄兴汉	同	四八二	同	同	同	
同	薛汉英	小吕宋筹饷局长	四八一	万黄裳	同	同	
同	吕渭生	小吕宋筹饷委员	四七九	同	同	同	
同	戴金华	同	四八三	同	同	同	
同	冯伯砺	同	四八四	同	同	同	
同	林祖涵	湖南劳军使		同	同	同	
十月十八日	黄进步	南定筹饷委员	五一八	周应云	同	十月十九日	
同	林潮清	同	五一九	同	同	同	
同	黄灼之	河内筹饷委员	五一〇	同	同	同	
同	黄师瑶	海防筹饷委员	五二一	同	同	同	
同	徐璞	大元帅府参议	五二二	同	同	同	
同	张百麟	同	五二六	同	同	同	
同	雷维森	军事委员	五一七	万黄裳	同	十月十八日	
同	钟坚持	冲旧筹饷委员	五二四	周应云	同	同	
同	梁世慈	同	五二五	同	同	同	
同	林飞云	大元帅府秘书	五二七	万黄裳	同	同	
十月廿日	罗锌	军事委员	五二八	周应云	同	同	
十月廿二日	高亢藩	大元帅府参议	五二九	同	同	十月廿三日	
同	陈人杰	同	五三〇	同	同	同	
同	蒋国斌	大元帅府参军	五三一	同	同	同	

（续表）

任命年月	受任姓名	任命职务	任状号数	缮状姓名	校状姓名	发状月日	备注
十月廿四日	吴少琴	毛里士埠筹饷委员	五三二	万黄裳	同	同	
同	彭邦栋	湘南劳军使	五三三	同	同	同	
同	陈九韶	湘南筹饷委员	五三四	同	同	同	
十月廿五日	徐承庶	大元帅府参议	五三六	周应云	同	十月廿五日	
十月廿六日	程天斗	同	五三五	万黄裳	同	十月廿六日	
十月廿九日	曹玉德	同	五三八	周应云	同	十月廿九日	
同	谢家鸿	同	五三九	同	同	同	
同	管鹏	同	五四〇	同	同	同	
同	吴山	大元帅府秘书	五四一	万黄裳	同	同	
同	黄兴汉	金边筹饷局长	五四二	同	同	同	
十月三十日	朱晋经	筹饷委员	五四四	周应云	同	十月卅一日	
十月三十一日	钟应熙	大元帅府参议	五四五	万黄裳	同	同	
十月十六日	钟炳良	军事委员		同			
同	陆宗绪	同		同			
十一月一日	张群	大元帅府参军	五四六	潘应民	同	十一月一日	
同	蒋介石	同	五四七	同	同	同	
同	甄兆麟	温地群筹饷委员	五四八	同	同	同	
十一月三日	刘汉华	军事委员	五四九	周应云	同	十一月五日	
十一月四日	洪慈	大元帅府参军	五五〇	黄允斌	同	十一月四日	

（续表）

任命 年月	受任 姓名	任命 职务	任状 号数	缮状 姓名	校状 姓名	发状 月日	备注
同	瞿钧	同	五五一	同	同	同	
同	祁耿寰	同	五五二	同	同	十一月 五日	
同	陈煊	筹饷委员	五五三	同	同	同	
同	伍横贯	军事委员	五五四	同	同	同	
十一月五日	牟琳	大元帅府参议	七八五	周应云	同	十一月 七日	
同	陈箇民	安南筹饷委员	五五五	黄允斌	同	十一月 六日	
同	刘悦生	金边筹饷委员	七八六	同	同	同	
同	刘汉臣	同	七八四	同	同	同	
同	池顺利	同	七八七	同	同	同	
同	吴起汉	同	七八八	同	同	同	
同	赵之璋	金边筹饷委员	七八九	同	同	同	
同	刘汉华	东海十六沙督办		周应云	同	同	
十一月六日	陈剑虹	军事委员	七九一	万黄裳	同	同	
同	卢师谛	川西招讨使	七九二	周应云	同	十一月 七日	
同	石青阳	川东招讨使	七九三	同	同	同	
同	宋以梅	筹饷委员	七九四	郑涛	同	同	
同	吴肇甫	同	七九五	同	同	同	
同	钱祖勤	无锡筹饷委员	七九六	同	同	同	
同	胡龙	苏门答腊筹饷 委员	七九七	同	同	同	
同	蔡鹤朋	军事委员	八〇〇	周应云	同	同	
同	顾时济	大元帅府秘书	七九八	同	同	同	
十一月五日	刘汉华	东海十六沙护 沙督办	四六〇	同	同	十一月 五日	补前

（续表）

任命 年月	受任 姓名	任命 职务	任状 号数	缮状 姓名	校状 姓名	发状 月日	备注
十一月八日	钟资能	亚齐筹饷委员	八〇二	同	同	十一月 九日	
同	黎尊	大元帅府参军	八〇一	同	同	同	
十一月九日	杨伯文	吻里洞筹饷委员	八〇三	同	同	同	
同	张国桢	军事委员	八〇四	同	同	同	
同	黄钺锋	同	八〇五	同	同	同	
十一月十日	赵端	同	八〇六	同	同	十一月 十日	
十一月十二 日	陈铁五	同	八〇七	万黄裳	同	十一月 十二日	
同	李松年	同	八〇八	黄允斌	同	同	
同	黄炎	同	八一二	同	同	同	
同	谢白燊	同	八一三	同	同	同	
同	陈树森	筹饷委员	八一〇	同	同	同	
同	魏熙	同	八一一	同	同	同	
同	陈寿如	军事委员	八一五	周应云	同	十一月 十三日	
十一月十三 日	黄季陆	四川军事委员	八一六	黄允斌	同	同	
同	邓天翔	同	八一七	同	同	同	
同	陈得尊	同	八一八	同	同	同	
同	李栖云	军事委员	八一九	同	同	同	
十一月十五 日	黄范一	同	八二二	周应云	同	十一月 十五日	
同	周仲良	大元帅府秘书	八二三	同	同	同	
同	黄嘉梁	同	八三四	同	同	同	
同	杨德麟	荷属特别团体 联络委员	八二五	同	同	十一月 十六日	

（续表）

任命年月	受任姓名	任命职务	任状号数	缮状姓名	校状姓名	发状月日	备注
十一月十七日	罗锌	筹饷委员	八二七	同	同	十一月十七日	
同	林铁汉	军事委员	八二八	同	同	同	
同	刘庚	同	八二九	同	同	同	
同	沈维心	同	八三〇	同	同	同	
同	李国柱	同	八三一	同	同	同	
十一月十八日	赵志超	同	八三三	同	同	十一月十八日	
十一月十九日	李汉丞	湖南安抚使	八三四	同	同	十一月十九日	
同	许继祥	海军参谋	八三五	同	同	同	
十一月廿日	温德尧	军事委员	八三六	潘应民	同	十一月廿日	
同	杨华馨	大元帅府参议	八三七	周应云	同	同	
十一月廿二日	尹骥	湖南特务委员	八四〇	潘应民	同	十一月廿二日	
同	王振渚	同	八三九	同	同	同	
同	罗冀群	大元帅府参议	八三八	同	同	同	
十一月廿三日	李国柱	同	八四一	周应云	同		
十一月廿四日	区培	军事委员	八四二	万黄裳	同	十一月廿四日	
同	左新辉	同	八四四	周应云	同	同	
同	丁复	同	八四五	同	同	同	
同	吴兆鲤	同	八四六	同	同	同	
同	安键	川边宣抚使	八四七	同	同	十一月廿五日	
同	欧阳豪	大元帅府参议	八四三	万黄裳	同	十一月廿四日	

（续表）

任命年月	受任姓名	任命职务	任状号数	缮状姓名	校状姓名	发状月日	备注
十一月廿六日	钟琦	同	八五一	周应云	同	十一月廿六日	
同	刘德泽	同	八五〇	同	同	同	
同	林义顺	同	八五九	潘应民	同	十一月廿七日	
同	李思汉	大元帅府秘书	八六一	同	同	同	
同	陈中孚	参议兼军事委员	八六〇	同	同	同	
十一月廿四日	伍瑞年	西堤筹饷委员	二五二	同	同	同	补
同	劳伟	同	八五三	同	同	同	
同	张化成	同	八五四	同	同	同	
同	卢梓竹	同	八五五	同	同	同	
同	何勤	同	八五六	同	同	同	
十一月廿八日	秦广智	大元帅府参议	八六二	周应云	同	十一月廿八日	
十一月廿九日	高建平	军事委员	八六六	同	同	十一月廿九日	
同	周况	湖南军事特派员	八六七	黄允斌	同	同	
同	连声海	印铸局长	八六八	周应云	同	同	
十一月卅日	周知礼	大元帅府参议	八六九	同	同	十一月卅日	
同	李凤威	大元帅府秘书	八七一	同	同	同	
同	苏苍	同	八七二	同	同	同	
十二月一日	许人观	军事委员	八七四	万黄裳	同	十二月一日	
同	冯中兴（川）	同	八七三	同	同	同	注销

（续表）

任命 年月	受任 姓名	任命 职务	任状 号数	缮状 姓名	校状 姓名	发状 月日	备注
十二月三日	欧阳琳 （浙）	同	八七五	同	同	十二月 三日	
十二月四日	安瑞荘	云南拖埄司筹 饷委员	八七六	同	同	十二月 五日	
同	杨春浩	同	八七七	同	同	同	
同	钱祖勤	江苏筹饷委员	令二五	周应云	同	同	
十二月五日	杨虎	军事委员	八七八	潘应民	同	同	
同	杨春浩	大元帅府参议	八七九	同	同	同	
十二月六日	温宗铠	四川军事委员	八八〇	周应云	同	十二月 六日	
十二月七日	刘荫	军事委员	八八三	郑涛	同	十二月 七日	
同	陆高满	同	八八四	同	同	同	
同	赵之璋	金边筹饷局董 事长	八九一	周应云	同	十二月 十六日	
十二月八日	彭程万	大元帅府参议	八八九	同	同	十二月 八日	
十二月十日	彭瑞麟	军事委员	九四二	同	同	同	七年一 月二十 五日奉 令免职
同	张伯烈	湖北劳军使	九四三	同	同	同	
同	蒋文汉	同	九四四	同	同	同	
十二月十四 日	黄嘉梁	云南劳军使	九四八	同	同	十二月 十五日	
十二月十八 日	蔡晓舟	大元帅府参议	九四九	万黄裳	同	十二月 十八日	
同	陆杰	同	九五〇	同	同	同	
同	丁蔚若	同	九五一	同	同	同	

（续表）

任命年月	受任姓名	任命职务	任状号数	缮状姓名	校状姓名	发状月日	备注
同	杨友熙	同	九五二	同	同	同	
同	曹子瑞	同	九五三	同	同	同	
同	马荫秋	军事委员	九五四	同	同	同	
同	张煦	川南镇守使	（号重）九五四	同	同	同	
同	傅畅稣	大元帅府参议	九五五	同	同	同	
同	马右白	同	九五六	同	同	同	
同	傅畅稣	四川建昌道尹	九五七	同	同	同	
同	马右白	四川宁远慰问使	九五八	同	同	同	
同	杜润昌	四川宁远军事特派员	九五九	同	同	同	
同	孙纵横	大元帅府参军	九六二	周应云	同	十二月廿日	
十二月十九日	师世昌	大元帅府参议	九六〇	同	同	十二月十九日	
十二月廿三日	林春华	同	九六三	万黄裳	同	十二月廿三日	
同	顾人宜	大元帅府参军	九六四	同	同	十二月廿四日	
同	赵德恒	同	九六五	同	同	同	
同	赵德裕	同	九六六	同	同	同	
十二月廿四日	赵德恒	云南靖国后备军慰问使	令二八	同	同	同	
十二月廿七日	李思辕	大元帅府参议	九六七	潘应民	同	十二月廿七日	
十二月廿八日	郑炳煊	四川军事委员	九六八	同	同	十二月廿八日	
同	董耕云	大元帅府参军	九七〇	同	同		
同	王洪身	同	九七一	同	同	同	

（续表）

任命年月	受任姓名	任命职务	任状号数	缮状姓名	校状姓名	发状月日	备注
十二月卅日	吴忠信	同	九七二	周应云	同	十二月卅一日	
七年一月二日	刘景双	同	九七六	同	同	一月三日	
同	张汇滔	同	九七七	同	同	同	
同	石青阳	川北招讨使	令三〇	同	同	同	
一月六日	李建中	湘西劳军使	九七八	万黄裳	同	一月六日	
一月八日	但焘	大元帅府秘书	九七九	周应云	同	一月九日	
一月十一日	万斌	四川军事委员	九八〇	万黄裳	同	一月十一日	
同	冯中兴	同	九八一	同	同	同	
一月十二日	焦易堂	大元帅府参议	九八二	潘应民	同	一月十二日	
一月十四日	刘星海	澳洲筹饷委员	九八三	周应云	同	一月十四日	
一月十五日	李锦纶	外交委员	九八五	万黄裳	同	一月十六日	
同	郭泰祺	大元帅府秘书	九八六	同	同	同	
同	陈家蕭〔鼎〕	同	九八七	同	同	同	
同	岑楼	同	九八八	同	同	同	
同	徐世强	同	九八九	同	同	一月十八日	
一月十六日	罗诚	广州交涉员	九九〇	同	同	一月十六日	

（续表）

任命年月	受任姓名	任命职务	任状号数	缮状姓名	校状姓名	发状月日	备注
一月十七日	颜如愚	四川军事特派员	九九一	黄允斌	同	一月十八日	
一月十八日	萧辉锦	大元帅府秘书	九九四	周应云	同	同	
一月十九日	刘燧昌	大元帅府参议	九九六	同	同	一月十九日	
同	严培俊	同	九九五	同	同	同	
一月二十日	李安邦	行营守卫队司令	九九七	同	同	一月二十日	
一月廿二日	杨华馨	滇边宣慰使	一〇〇〇	同	同	一月廿三日	
同	余祥炘	军事委员	一〇〇一	同	同	一月廿四日	
一月廿三日	邓柏年	大元帅府参议	一〇〇二	同	同	一月廿三日	
一月廿四日	田永正	大元帅府秘书	一〇〇四	同	同	二月四日	
同	徐瑞霖	潮汕筹饷委员长	一〇〇三	同	同	一月廿五日	
一月廿五日	张鉴安	大元帅府参议	一〇〇〇	同	同	一月廿六日	
一月廿七日	陈家鼎	同	一〇〇八	潘应民	方谷	一月廿八日	
同	恩秉彝	同	一〇〇九	同	同	同	
同	徐忠立	同	一〇一一	同	同	同	
一月廿八日	方谷	大元帅府秘书	一〇一三	同	郑涛	同	

（续表）

任命 年月	受任 姓名	任命 职务	任状 号数	缮状 姓名	校状 姓名	发状 月日	备注
同	马索	美东筹饷局长	一〇一二	同	同	同	
一月廿九日	陈其权	广州地方审判厅长	一〇一四	周应云	方谷	一月卅日	
同	卢振柳	华侨义勇队司令	一〇一五	同	同	同	
一月卅日	侯湘涛	大元帅府参议	一〇一六	同	同	同	
同	梁醉生	大元帅府秘书	一〇一七	同	同	同	
二月一日	杨庶堪	四川宣抚使	一〇一八	同	同		
同	易廷熹	大元帅府秘书	一〇一九	同	同		
同	马超群	同	一〇二〇	同	同		
二月二日	曾景星	大元帅府参议	一〇二一	同	同		
同	林君复	同	一〇二二	同	同		
同	松筠〔均〕	军事委员	一〇二三	同	同		
同	赵介宸	同	一〇二四	同	同		
同	刘万里	同	一〇二五	同	同		
同	汪宪琦	同	一〇二六	同	同		
同	宋惠卿	同	一〇二七	同	同		

（续表）

任命年月	受任姓名	任命职务	任状号数	缮状姓名	校状姓名	发状月日	备注
二月四日	潘训初	大元帅府参议	一〇二八	同	同		
同	陈祖烈	同	一〇二九	同	同		
同	郑德元	同	一〇三〇	同	同		
同	黄肇河	同	一〇三一	同	同		
同	李自芳	同	一〇三二	同	同		
同	谢心準	同	一〇三四	同	同		
同	周道万	大元帅府秘书	一〇三三	同	同		
同	林翔	广州地方检察厅检察长	一〇三六	黄允斌	同		
二月五日	崔肃平	军事委员	一〇三七	同	同		
二月六日	李述膺	大元帅府参议	一〇三八	周应云	同		
同	甄元熙	同	一〇三九	同	同		
同	沈靖	大元帅府参军	一〇四〇	同	同		
同	邹苦辛	大元帅府秘书	一〇四一	同	同		
二月七日	秦树勋	广东高等审判厅长	一〇四三	黄允斌	同		
同	张仁普	广东高等检察厅检察长	一〇四四	同			

（续表）

任命 年月	受任 姓名	任命 职务	任状 号数	缮状 姓名	校状 姓名	发状 月日	备注
二月八日	李元白	四川调查员	一〇四五	同	同		
二月十二日	张义华	大元帅府参议	一〇四七	周应云	同		
二月廿二日	彭素民	大元帅府秘书	一〇四八	同	同		
同	罗剑仇	湘西军事委员	一〇四九	同	同		
同	张兆辰	大元帅府参议	一〇五〇	同	同		
二月廿一日	郑忾辰	同	一一五四	黄允斌	同		
同	简书	山东军事委员	一一五五	同	同		
同	安克庚	同	一一五六	同	同		
同	杨惠	同	一一五七	同	同		
二月廿二日	蔡庆璋	安南滀臻埠筹饷委员	一一五八	同	同		
同	刘柳坡	同	一一五九	同	同		
同	黄洽仁	同	一一六〇	同	同		
同	游子山	同	一一六一	同	同		
同	陈星阁	安南薄寮埠筹饷委员	一一六二	同	同		
同	杨木钦	同	一一六三	同	同		

（续表）

任命 年月	受任 姓名	任命 职务	任状 号数	缮状 姓名	校状 姓名	发状 月日	备注
同	夏斗田	同	一一六四	同	同		
同	陈侣云	同	一一六五	同	同		
同	李睦之	同	一一六六	同	同		
同	郭澍亭	同	一一六七	同	同		
同	张仰云	同	一一六八	同	同		
同	刘懋卿	同	一一六九	同	同		
同	彭玉田	安南嗊呔埠筹饷委员	一一七〇	同	同		
同	张化璋	同	一一七一	同	同		
二月二十五日	胡汝翼	大元帅府参议	一一七三	同	同		
同	蔡承瀛	同	一一七四	同	同		
二月二十六日	丘国翰	同	一一七五	同	同		
同	李载赓	大元帅府秘书	一一七六	同	同		
同	刘白	同	一一七七	同	同		
二月廿七日	焦易堂	陕西劳军使	一一七八	同	同		
同	王用宾	大元帅府参议	一一七九	同	同		

（续表）

任命年月	受任姓名	任命职务	任状号数	缮状姓名	校状姓名	发状月日	备注
三月一日	宋大章	同	一一八〇	同	同		
三月二日	蔡匡	同	一一八一	同	同		
三月六日	邹建廷	大元帅府秘书	一一八二	同	同		
同	颜炳元	大元帅府参议	一一八三	同	同		
同	李茂之	两广盐运使	一一八四	郑涛	同		
三月八日	熊克武	四川督军	一一八五	黄允斌	同		
同	杨庶堪	四川省长	一一八六	同	同		
三月十二日	王安富	四川靖国军援鄂第一路总司令	一一八七	郑涛	同		
同	李善波	四川靖国军援鄂第一路副司令	一一八八	同	同		
同	石青阳	四川陆军第二师师长兼川北镇守使	一一八九	黄允斌	同		
三月十四日	林伸寿	宿务筹饷局局长	一一九〇	同	同		
同	江维三	宿务筹饷局监督	一一九一	同	同		
三月二十日	黄德彰	高雷军事委员	一一九二	同	同		

（续表）

任命年月	受任姓名	任命职务	任状号数	缮状姓名	校状姓名	发状月日	备注
同	陈养愚	大元帅府参议	一一九三	同	同		
同	吴澍勋	湖南军事调查员	一一九四	同	同		
三月二十一日	黄汉杰	两阳四邑军事调查员	一一九五	同	同		
同	杨虎	大元帅府参军	一一九六	郑涛	同		
同	马伯麟	同	一一九七	同	同		
三月二十五日	周应时	陆军部司令	一一九九	黄允斌	同		
三月二十六日	邱于寄	大元帅府参议	一二〇〇	同	同		
三月二十九日	林翔	广东高等检察厅检察长	一二一六	同	同		
同	马廷勤	大元帅府参军	一二一二	同	同		
四月二日	戴传贤	代理中华民国军政府外交次长		同	同		
同	江屏藩	大元帅府参议	一二一七	同	同		
同	严骥	同	一二一八	同	同		
四月三日	陈德全	同	一二一九	同	同		
同	高尔登	卫戍总司令部参谋长	一二二〇	同	同		

（续表）

任命年月	受任姓名	任命职务	任状号数	缮状姓名	校状姓名	发状月日	备注
四月六日	李锦纶	外交部政务司长	一二二二	同	同		
四月四日	吴承斋	交通部秘书	一二二一	同	同		
四月六日	孙科	外交部荐任秘书	二一九	同	同		
同	陈天骥	同	二二〇	同	同		
四月八日	李安邦	行营卫队司令	一二二四	同	同		
四月九日	马崇昌	大元帅府参议	一二二五	郑涛	同		
同	郑权	大元帅府秘书	一二二六	同	同		
同	沈靖	陆军部练兵处参谋长	一二二七	同	同		
四月十日	丁士杰	大元帅府参军	一二二八	同	同		
四月十六日	华世澂	大元帅府秘书	一二三〇	同	同		
同	陈家萧	大元帅府参军	一二三一	同	同		
同	杨克兴	谏义里筹饷委员	一二三二	同	同		
四月十七日	黄金城	大元帅府参议	一二三三	同	同		
四月十八日	林英杰	陆军部靖国援鄂军第一旅旅长	一二三七	同	同		

（续表）

任命年月	受任姓名	任命职务	任状号数	缮状姓名	校状姓名	发状月日	备注
同	邓耀	陆军部靖国援鄂军第二旅旅长	一二三五	同	同		
同	崔文藻	陆军次长	一二三六	同	同		
四月十九日	凌霄	大元帅府参军	一二三八	同	同		
四月二十四日	赵超	同	一二三九	同	同		
四月二十五日	王伟夫	大元帅府参议	一二四〇	同	同		
四月二十六日	陈毅	同	一二四一	同	同		
同	朱家训	同	一二四二	同	同		
同	吴江左	同	一二四三	同	同		
同	陈创远	同	一二四四	同	同		
同	张本汉	大元帅府参军	一二四五	同	同		
同	唐康培	同	一二四六	同	同		
同	李兴高	同	一二四七	同	同		
同	林者仁	大元帅府秘书	一二四八	同	同		
四月二十七日	萧文	军事委员	一二四九	郑涛	同		

（续表）

任命 年月	受任 姓名	任命 职务	任状 号数	缮状 姓名	校状 姓名	发状 月日	备注
四月廿九日	姜汇清	山东西南路总司令	一二五〇	同	同		
同	冯百砺	大元帅府参议	一二五一	黄允斌	同		
四月三十日	张庆豫	大元帅府参议	一二五二	同	同		
同	杜濬源	同	一二五五	同	同		
同	王子中	同	一二五四	同	同		
五月二日	林斯琛	同	一二五六	同	同		

据原件，台北、中国国民党
文化传播委员会党史馆藏

民国六至七年大元帅府荐任人员职务姓名录

（一九一七至一九一八年）

任命 月日①	受任 姓名	任命 职务	任状 号数	缮状 姓名	核状 姓名	发状 月日	备注
六年九月十七日	蒋国斌	参军处总务科科长	简任状一一四	万黄裳	万黄裳		
同	梅培	参军处会计科科长	三	同	同		
同	陈永惠	参军处庶务科科长	二	同	同		

① "任命月日"栏中系中华民国纪年。

（续表）

任命月日	受任姓名	任命职务	任状号数	缮状姓名	核状姓名	发状月日	备注
九月二十三日	殷汝耕	驻日外交代表秘书			同		
十一月五日	阮复	内政部秘书	四	周应云	同	十一月六日	
同	丁震	同	五	同	同	同	
同	王度	同	六	同	同	同	
同	张龙云	同	七	同	同	同	
同	方谷	同	八	同	同	同	
同	方策	内政部金事	九	同	同	同	
同	詹德烜	同	十	同	同	同	
同	丁象离	同	一一	同	同	同	
十一月九日	许荷德	东海十六沙护沙自卫局会办	一三	潘应民	同	十一月九日	
同	何干新	同	一四	同	同	同	
同	孔祥麟	东海十六沙护沙自卫局坐办	一五	同	同	同	
同	何菁宸	同	一六	同	同	同	
同	徐召虎	东海十六沙护沙自卫局局董	一七	同	同	同	
同	林宝彝	同	一八	同	同	同	
同	李云阶	同	二〇	同	同	同	
同	杨锦堂	同	二一	同	同	同	
同	谭佐卿	同	二二	同	同	同	
同	李重贤	同	二三	同	同	同	
同	钟超俸	同	二四	同	同	同	
同	何齐端	同	二五	同	同	同	

（续表）

任命月日	受任姓名	任命职务	任状号数	缮状姓名	核状姓名	发状月日	备注
同	刘剑芬	东海十六沙护沙自卫局督征委员	二六	同	同	同	
十一月十二日	张重兴	东海十六沙护沙自卫团正团长	二七	同	同	十一月十二日	
同	梁意和	东海十六沙护沙自卫团副团长	二八	同	同	同	
十一月十四日	袁逸	财政部员	二九	黄允斌	同	十一月十四日	
同	覃集成	同	三〇	同	同	同	
同	区汉奇	同	三一	同	同	同	
十一月廿一日	郑振春	内政部佥事	三二	万黄裳	同	十一月廿二日	
同	袁麟阁	同	三三	同	同	同	
同	黎庆恩	同	三四	同	同	同	
同	林者仁	同	三五	同	同	十一月廿三日	
同	曹羡	同	三六	同	同	同	
同	吴适	同	三七	同	同	同	
十二月廿一日	李维新	内政部技正	三八	同	同	同	
十二月一日	刘兆铭	财政部员	四四	同	同	十二月一日	
同	陈璞	同	四五	同	同	同	
十二月七日	周道万	内政部佥事	四九	周应云	同	十二月七日	

（续表）

任命月日	受任姓名	任命职务	任状号数	缮状姓名	核状姓名	发状月日	备注
同	周知礼	同	五〇	同	同	同	
同	汪鲲南	同	五一	同	同	同	
同	蔡蓉芝	金边筹饷局副局长	五二	同	同	十二月十六日	
同	许则敦	金边筹饷局总务科主任	五三	同	同	同	
同	陈辉	金边筹饷局财政员	五四	同	同	同	
同	杨复	金边筹饷局文事员	五五	同	同	同	
同	吴起汉	金边筹饷局董事	五六	同	同	同	
同	李芳洲	同	五七	同	同	同	
同	刘茂三	同	五九	同	同	同	
同	文步阶	同	五八	同	同	同	
同	蔡润生	同	六〇	同	同	同	
同	陈有庚	同	六一	同	同	同	
同	张阁	同	六二	同	同	同	
同	陈开兴	同	六三	同	同	同	
同	郑金兴	同	六四	同	同	同	
十二月十四日	马德贵	财政部员	六七	同	同	十二月十五日	
同	秦天枢	秘书处办事员	六六	同	同	同	
十二月廿二日	周鹤年	印铸局签〔佥〕事	六八	同	同	十二月廿三日	
同	尹岳	同	六九	同	同	同	
同	钱述	印铸局技正	七〇	同	同	同	
十二月廿六日	马伯麟	大元帅府参军处副官	七三	同	同	十二月廿八日	
同	左新辉	同	七四	同	同	同	

（续表）

任命月日	受任姓名	任命职务	任状号数	缮状姓名	核状姓名	发状月日	备注
同	刘项	同	七五	同	同	同	
同	童常志	同	七六	同	同	同	
同	孙本戌	同	七七	同	同	同	
同	曾昭墀	同	七八	同	同	同	
同	卢振柳	同	七九	同	同	同	
同	张贞	同	八〇	同	同	同	
同	宋世科	同	八一	同	同	同	
同	杨家骈	同	八二	同	同	同	
同	倪瀛	同	八三	同	同	同	
同	袁琫明	同	八四	同	同	同	
同	王大光	同	八五	同	同	同	
同	袁培	同	八六	同	同	同	
同	任培生	同	八七	同	同	同	
同	赵国铮	同	八八	同	同	同	
同	冯坤	同	八九	同	同	同	
同	施自鸣	同	九〇	同	同	同	
同	黄启元	同	九一	同	同	同	
同	李树南	同	九二	同	同	同	
同	冯福田	同	九三	同	同	同	
同	曹兆征	同	九四	同	同	同	
同	彭堃	同	九五	同	同	同	
同	王鸿猷	同	九六	同	同	同	
同	杨树德	同	九七	同	同	同	
同	宋慎华	同	九八	同	同	同	
同	马荫秋	同	九九	同	同	同	
同	黄燨	同	一〇〇	同	同	同	
同	徐演群	同	一〇一	同	同	同	
同	叶醉生	同	一〇二	同	同	同	
同	何梓林	同	一〇五	同	同	同	
同	左忠文	同	一〇六	同	同	同	

（续表）

任命 月日	受任 姓名	任命 职务	任状 号数	缮状 姓名	核状 姓名	发状 月日	备注
同	高元仕	同	一〇四	同	同	同	
同	詹炳炎	同	一〇七	同	同	同	
同	李焕	大元帅府参军处总务科一等科员	一一〇	同		同	
同	刘竣复	同	一一二	同	同	同	
同	朱震	同	一〇九	同	同	同	
同	许济	同	一一一	同	同		
同	李达贤	大元帅府参军处会计科一等科员	一一三	同	同	同	
同	梅放洲	大元帅府参军处庶务科一等科员	一一四	同	同	同	
同	李志强	同	一一五	同	同	同	
同	何登瀛	大元帅府参军处总务科二等科员	一一六	同	同	同	
同	雷震	同	一一七	同	同	同	
同	谢恺	同	一一八	同	同	同	
同	萧祖雄	同	一一九	同	同	同	
同	方毅	同	一二〇	同	同	同	
同	杨义胜	同	一二一	同	同	同	
同	黄伟	同	一二二	同	同	同	
同	李寅钟	大元帅府参军处庶务科二等科员	一二三	同		同	
同	伍颂唐	同	一二四	同	同	同	

（续表）

任命月日	受任姓名	任命职务	任状号数	缮状姓名	核状姓名	发状月日	备注
同	赵义	同	一二五	同	同	同	
同	谭炜楼	同	一二六	同	同	同	
同	雷金玉	同	一二七	同	同	同	
同	彭毅	大元帅府参军处总务科三等科员	一〇三	同	同	同	
同	李锐军	同	一二九	同	同	同	
同	胡树藩	同	一三〇	同	同	同	
同	吴岐	同	一三一	同	同	同	
同	黄体荣	同	一三二	同	同	同	
同	易致和	同	一三三	同	同	同	
同	李富	大元帅府参军处会计科三等科员	一三四	同	同	同	
同	伍耀三	大元帅府参军处庶务科三等科员	一三五	同	同	同	
同	叶建兴	同	一三六	同	同	同	
同	吴泽理	同	一三八	同	同	同	
同	吴业刚	同	一四〇	同	同	同	
同	叶镇	大元帅府参军处军医	一四一	同	同	同	
同	郑校之	大元帅府参军处技师	一四二	同	同	同	
七年一月十日	钟嘉澍	内政部佥事	一四三	同	同	一月十日	
一月十二日	和耀奎	内政部秘书	一四四	同	同	一月十二日	
一月十八日	张世忧	同	一四八	同	同	一月十八日	

（续表）

任命月日	受任姓名	任命职务	任状号数	缮状姓名	核状姓名	发状月日	备注
	乔根	内政部佥事	一四九	同	同	同	
	方作桢	同	一四七	同	同	同	
一月廿四日	李焕章	同	一五〇	同	同	一月廿四日	
	甘华黼	同	一五一	同	同	同	
	张治中	同	一五二	同	同	同	
二月一日	赵精武	大元帅府参军处副官	一五三	同	方谷		
同	辛焕庭	同	一五四	同	同		
同	朱海山	同	一五五	同	同		
同	钱嘉祥	同	一五六	同	同		
同	文明清	同	一五七	同	同		
同	何贵元	同	一五八	同	同		
同	徐适	同	一五九	同	同		
同	萧荣芳	同	一六〇	同	同		
同	李兴高	同	一六一	同	同		
同	张本汉	同	一六二	同	万黄裳		
同	丁士杰	同	一六三	同	同		
同	陈万金	同	一六五	同	方谷		
同	罗家脩	同	一六六	同	同		
同	夏登云	同	一六七	同	同		
同	张海洲	同	一六八	同	同		
同	陈庆云	同	一六九	同	同		
同	张惠长	同	一七〇	同	同		
同	刘浩	同	一七一	同	同		

（续表）

任命月日	受任姓名	任命职务	任状号数	缮状姓名	核状姓名	发状月日	备注
同	邓治斌	同	一七二	同	同		
同	李景熙	同	一七三	同	同		
同	许德宽	同	一七四	同	同		
同	彭维杰	同	一七五	同	同		
同	刘靖	同	一七六	同	同		
同	高秉元	同	一七七	同	同		
同	于尧勋	同	一七八	同	同		
同	陈方培	同	一六四	同	同		
同	安瑞荘	财政部员	一七九	同			
二月四日	宋华荀	内政部秘书	一八〇	同			
二月八日	陈承经	内政部佥事	一八一	黄允斌			
同	王荫槐	同		同			
同	彭年	同	一八三	同			
二月十二日	宋树勋	同	一八四	周应云			
二月十五日	曹利民	同	一八五	同			
二月廿二日	胡光姚	大元帅府参军处副官	一八六	黄允斌	同		
同	陈鸣谈	内政部佥事	一八七	同	同		
同	陈伯江	同	一八八	同	同		
同	邓元章	同	一八九	同	同		
同	刘屹	同	一九〇	同	同		
三月十四日	伍尚铨	宿务筹饷局财政员	一九二	同	同		
同	黄瑞	宿务筹饷局书记	一九三	同	同		
同	刘谦祥	宿务筹饷局董事	一九四	同	同		
同	廖宿生	同	一九五	同	同		
同	包魏荣	同	一九六	同	同		
同	郑丹志	同	一九七	同	同		

（续表）

任命 月日	受任 姓名	任命 职务	任状 号数	缮状 姓名	核状 姓名	发状 月日	备注
同	薛彬良	同	一九八	同	同		
同	薛秉禧	同	一九九	同	同		
同	叶独醒	同	二〇〇	同	同		
同	谢耀光	同	二〇一	同	同		
同	林良玉	同	二〇二	同	同		
同	枢金	同	二〇三	同	同		
同	冯国华	同	二〇四	同	同		
同	林应祥	同	二〇五	同	同		
同	梁宝珊	同	二〇六	同	同		
三月十八日	冯汝枡	署理澄海地方 审判厅厅长	民四	同	同		
三月二十三 日	林达存	交际委员	二〇七	郑涛	同		
同	郑国华	同	二〇八	同	同		
三月二十五	杨世督	大元帅〈府〉 参军处副官	二一四	黄允斌			
同	鲁鸣	同	二一五	同	同		
同	曾子书	陆军部秘书	二〇九	同	同		
同	孙天霖	同	二一〇	同	同		
同	姚景瀓	同	二一一	同	同		
同	马汝刚	兼署陆军部副 官长	民四	同	同		
同	曹铭	陆军政科长	二一二	同	同		
同	李月秋	同	二一三	同	同		
三月廿六日	陈养愚	署理澄海地方 审判厅厅长	民六	同	同		
同	陈其植	署理澄海地方 检察厅检察长	民七	同	同		
三月廿九日	陆际昇	内政部金事	二一四	同	同		

（续表）

任命月日	受任姓名	任命职务	任状号数	缮状姓名	核状姓名	发状月日	备注
同	夏重民	大元帅府稽查长	二一五	同	同		
四月三日	章勤士	卫戍总司令部秘书	二一八	同	同		
四月四日	吴承斋	交通部秘书	一二二一	同	同		
四月六日	孙科	外交部秘书	二一九	同	同		
同	陈天骥	同	二二〇	同	同		
四月十日	杨芳	同	二二二	郑涛	同		
同	胡继贤	外交部佥事	二二三	同	同		
四月十七日	余辉照	大元帅府参军处副官	二二六	黄允斌	同		
同	胡砼	同	二二七	同	同		
四月廿七日	林仲鲁	内政部佥事	二二八	郑涛	同		
同	郭冰槐	同	二二九	同	同		
四月廿九日	陈树枡	印铸局佥事	二三〇	同	同		
四月卅日	薛云章	大元帅府参军处副官	二三一	黄允斌	同		
五月二日	蔡公时	陆军部练兵处秘书	二三三	同	同		

据原件，台北、中国国民党
文化传播委员会党史馆藏

七总裁致徐世昌告派定唐绍仪为
总代表章士钊等十人为代表电

（一九一九年一月九日）

十万火急。北京徐菊人先生鉴：兹派定唐绍仪君为总代表，章士钊、胡汉民、李曰垓、曾彦、郭椿森、刘光烈、王伯群、彭允彝、饶鸣銮、李述膺诸君为代表，即日赴沪，听候陕、闽、鄂西问题解决，即行开议。特此通告。岑春煊、伍廷芳、陆荣廷、唐继尧、孙文、唐绍仪、林葆怿。佳。（印）

据北京《政府公报》第一○六四号，一九一九年一月十九日

七总裁致徐世昌告改派缪嘉寿为代表电

（一九一九年一月十四日）

急。北京徐菊人先生鉴：佳电①谅达。李曰垓职，现改派缪嘉寿君为代表。特此通告。岑春煊、伍廷芳、陆荣廷、唐继尧、孙文、唐绍仪、林葆怿。盐。（印）

据北京《政府公报》第一○六四号，一九一九年一月十九日

委任陈云樵为国民党泗水支部庶务科主任状

（一九一九年四月二十三日）

委任状

委任陈云樵为泗水国民党支部庶务科主任。此状。

---

① 佳电，即九日电。

孙文

中华民国八年四月二十三日

据原件，台北、中国国民党
文化传播委员会党史馆藏

准委居正谢持廖仲恺分为国民党
本部总务党务财政主任批

（一九一九年十月十三日）

呈悉。即委居正为总务主任，谢持为党务主任，廖仲恺为财政主任。孙文。

据原件影印件，载罗家伦主编：《国父批牍墨
迹》，台北，正中书局一九五五年十一月出版

委任黄德源为国民党仰光支部正部长状

（一九一九年十二月三十日）

委任状

委任黄德源为仰光国民党支部正部长。此状。

孙文

中华民国八年十二月三十日

据原件影印件，台北、中国国
民党文化传播委员会党史馆藏

委任陈东平为国民党仰光支部副部长状

（一九一九年十二月三十日）

委任状

委任陈东平为仰光国民党支部副部长。此状。

孙文

中华民国八年十二月三十日

据原件影印件，台北、中国国
民党文化传播委员会党史馆藏

委任许寿民为国民党仰光支部调查科正主任状

（一九一九年十二月三十日）

委任状

　　委任许寿民为仰光国民党支部调查科正主任。此状。

孙文

中华民国八年十二月三十日

据原件影印件，台北、中国国
民党文化传播委员会党史馆藏

委任陈甘敏为国民党仰光支部评议部评议员状

（一九一九年十二月三十日）

委任状

　　委任陈甘敏为仰光国民党支部评议部评议员。此状。

孙文

中华民国八年十二月三十日

据原件影印件，台北、中国国
民党文化传播委员会党史馆藏

委任邝民志为国民党仰光支部评议部评议员状

（一九一九年十二月三十日）

委任状

　　委任邝民志为仰光国民党支部评议部评议员。此状。

孙文

中华民国八年十二月三十日

据原件，台北、中国国民党
文化传播委员会党史馆藏

委任朱锦乔为国民党仰光支部评议部评议员状

（一九一九年十二月三十日）

委任状

　　委任朱锦乔为仰光国民党支部评议部评议员。此状。

孙文

中华民国八年十二月三十日

据原件影印件，台北、中国国
民党文化传播委员会党史馆藏

委任陈辉石为国民党仰光支部评议部评议员状

（一九一九年十二月三十日）

委任状

　　委任陈辉石为仰光国民党支部评议部评议员。此状。

孙文

中华民国八年十二月三十日

据原件影印件，台北、中国国民党文化传播委员会党史馆藏

委任黄壬戌为国民党仰光支部总务科干事状

（一九一九年十二月三十日）

委任状

委任黄壬戌〔戍〕为仰光国民党支部总务科干事。此状。

孙文

中华民国八年十二月三十日

据原件影印件，台北、中国国民党文化传播委员会党史馆藏

委任梁卓贵为国民党仰光支部财政科干事状

（一九一九年十二月三十日）

委任状

委任梁卓贵为仰光国民党支部财政科干事。此状。

孙文

中华民国八年十二月三十日

据原件，台北、中国国民党文化传播委员会党史馆藏

委任朱伟民为国民党仰光支部交际科干事状

（一九一九年十二月三十日）

委任状

委任朱伟民为仰光国民党支部交际科干事。此状。

孙文

中华民国八年十二月三十日

据原件，台北、中国国民党
文化传播委员会党史馆藏

特派陈树人为驻加拿大总支部总干事批^①

（一九二〇年一月二十日）

特派陈树人为驻加拿大总支部总干事。

孙文

据原件，台北、中国国民党
文化传播委员会党史馆藏

与居正联署委任叶独醒为中国国民党
宿雾支部总务科主任状

（一九二〇年三月二十八日）

委任状

委任叶独醒为宿雾中国国民党支部总务科主任。此状。

---

① 谢持原呈请求派陈树人任国民党加拿大总支部总干事职。

中国国民党总理孙文

总务部主任居正

中华民国九年三月二十八日

据原件，台北、中国国民党
文化传播委员会党史馆藏

与居正联署委任刘谦祥为中国国民党
宿雾支部交际科主任状

（一九二〇年三月二十八日）

委任状

委任刘谦祥为宿雾中国国民党支部交际科主任。此状。

中国国民党总理孙文

总务部主任居正

中华民国九年三月二十八日

据原件，台北、中国国民党
文化传播委员会党史馆藏

着总务部办理任命墨西哥呢咕洒利分部职员批

（一九二〇年四月九日）①

着总务部办理。

附：呢咕洒利分部职员表

执行部

---

① 日期为谢持呈文日期。

正部长　余礼仲

副部长　林秉安

总务科主任　黄华初

党务科主任　李锡三

交际科主任　张炳生

会计科主任　陈宽宋

执行部书记　陈百庸

干事　李买维　余普基　余国保　林连财　李田扬　林霖义

评议部

正议长　郑　安

副议长　黄松喜

评议部书记　黄炳结

评议员　李买祥　林炳照　阮观煜　李焯仪　梁配仁　余信盛　李观焯
　　　　黄　章　余万清　汪　汉　阮　康

据原件，台北、中国国民党
文化传播委员会党史馆藏

着总务部办理任命法属马达加斯加分部职员批

（一九二〇年四月九日）①

着总务部办理。

文

附：马达加斯加分部职员表

正部长　蒙棣余

---

① 日期为谢持呈文日期。

副部长　邓福轩

总务科主任　蒙醴泉

党务科主任　陈觉迷

交际科主任　霍镜华

会计科主任　邓省群

书记　黎棣芝

据原件，台北、中国国民党
文化传播委员会党史馆藏

委任林蓬洲为中国国民党惠夜基分部正部长状

（一九二〇年四月十八日）

委任状

委任林蓬洲为惠夜基中国国民党分部正部长。此状。

中国国民党总理孙文

总务部部长居正

党务部部长谢持

财政部部长杨庶堪

中华民国九年四月十八日

据原件，台北、中国国民党
文化传播委员会党史馆藏

委任潘受之为中国国民党坤甸
支部总务科副主任状

（一九二〇年五月十日）

委任状

委任潘受之为坤甸中国国民党支部总务科副主任。此状。

中华民国九年五月十日

据原件影印件，载李穗梅主编：《孙中山
与帅府名人文物与未刊资料选编》，广州，
广东科技出版社二〇一一年九月出版

与居正联署委任廖伦为中国国民党
典的市分部干事状

（一九二〇年六月十八日）

委任状

委任廖伦为典的市中国国民党分部干事。此状。

中国国民党总理孙文
总务部主任居正
中华民国九年六月十八日

据原件照片，台北、中国国民
党文化传播委员会党史馆藏

着总务部办理任命嗹吃①分部职员批

（一九二〇年七月七日）②

着总务部照行。

文

附：嗹吃分部职员表

执行部

　　正部长　梁栋英

　　副部长　王星泉

　　总务科主任　麦　森

　　党务科主任　彭维纲

　　交际科主任　唐　贵

　　会计科主任　张玉麟

　　执行部书记　何　炽

　　干事　伍子金　岑神赐　陈　安　钟　发　林遂九　李日嵩　黄　连　高　周

评议部

　　正议长　胡　佐

　　副议长　周　九

　　评议部书记　林英石

　　评议员　邓仕俊　郑杰臣　黄万湖　高　石　简汉泉　李智寿　林　有

　　　　　　连　麟　蔡恒钊　李德正　刘　昌　谭仕江　李光业　何　玉

据原件，台北、中国国民党
文化传播委员会党史馆藏

―――――――――

① 嗹吃，即今新加坡拿吃。

② 日期为谢持呈文日期。

复李绮庵告派居正为总司令黄大伟为参谋长电

（一九二〇年七月十日）

　　绮庵兄鉴：两函悉，甚喜！粤舰果有八舰①能来起义，则粤省已在掌握中。惟所虑者兄等非军事专家，恐临时不善运用，致为敌所乘耳。故特派居正来粤为总司令，黄大伟为参谋长，由余面授作战方略。望各同志一律称路，不得称军。而各路司令悉听总司令指挥，而②立功后乃再定等级。此次事成，兄之功当居第一，务望勉旃。孙文。灰。

据《李绮庵函电》，台北、中国
国民党文化传播委员会党史馆藏

特派陈箇民为驻西贡总支部总干事批

（一九二〇年八月十一日）

特派陈箇民为驻西贡总支部总干事。

孙文

据原件，台北、中国国民党
文化传播委员会党史馆藏

---

　　①　粤江防舰队中八舰，即四江（大、汉、巩、固）和四广（元、亨、利、贞）为夺取对象。后实际参加起义者仅有"江大"、"江固"两舰；"江巩"舰虽经联络，但因用人不当，谋虑不周，未及发动即告失败。

　　②　"而"字为衍文。

与居正等三人联署委任钟公任为中国国民党
巴达斐亚支部评议部正议长状

（一九二〇年八月三十日）

委任状

委任钟公任为巴达斐亚中国国民党支部评议部正议长。此状。

中国国民党总理孙文

总务部主任居正

党务部主任谢持

账务部主任廖仲恺

中华民国九年八月三十日

据抄件，台北、中国国民党
文化传播委员会党史馆藏

委任郭启仪为□□筹饷委员状

（一九二〇年九月十一日）

任命状

任郭启仪为□□筹饷委员。此状。

孙文

中华民国九年九月十一日

据原件照片，台北、中国国民
党文化传播委员会党史馆藏

委任麦森为中国国民党唪吃分部总务科主任状

（一九二〇年九月三十日）

委任状

　　委任麦森为唪吃中国国民党分部总务科主任。此状。

中国国民党总理孙文

总务部主任居正

中华民国九年九月三十日

据原件影印件，台北、中国国
民党文化传播委员会党史馆藏

委任王星泉为中国国民党唪吃分部副部长状

（一九二〇年九月三十日）

委任状

　　委任王星泉为唪吃中国国民党分部副部长。此状。

中国国民党总理孙文

总务部主任居正

党务部主任谢持

财政部主任廖仲恺

中华民国九年九月三十日

据原件影印件，台北、中国国
民党文化传播委员会党史馆藏

委任马秋帆为中国国民党薄寮分部评议部评议员状

（一九二〇年十月十日）

委任状

　　委任马秋帆为薄寮①中国国民党分部评议部评议员。此状。

中国国民党总理孙文（孙文之印）

总务部主任居正（印）

（中国国民党本部之印）

中华民国九年十月十日

据原件影印件，台北、中国国
民党文化传播委员会党史馆藏

与伍廷芳等三总裁联名任命林永谟为
海军第一舰队司令令

（一九二〇年十一月一日）

　　任命林永谟为海军第一舰队司令。此令。

据《军府任免陆海军职》，载一九二〇
年十一月八日上海《民国日报》第二版

---

①　薄寮（Baclien）：今越南薄寮市。

与伍廷芳等三总裁联名特命林永谟
兼署理海军总司令令

（一九二〇年十一月一日）

特任林永谟兼署理海军总司令。此令。

据《军府任免陆海军职》，载一九二〇
年十一月八日上海《民国日报》第二版

与伍廷芳等三总裁联名免林葆怿海军部长
兼海军第一舰队司令令

（一九二〇年十一月一日）

海军部长兼海军第一舰队司令林葆怿，着免去本兼各职。此令。

据《军府任免陆海军职》，载一九二〇
年十一月八日上海《民国日报》第二版

与伍廷芳等三总裁联名令汤廷光为海军部长令

（一九二〇年十一月一日）

令汤廷光为海军部长。此令。

据《军府任免陆海军职》，载一九二〇
年十一月八日上海《民国日报》第二版

与伍廷芳等三总裁联名特命陈炯明为广东省长兼粤军总司令全省所属陆海各军均归节制调遣令

（一九二〇年十一月一日）

特任陈炯明为广东省长兼粤军总司令，管理广东军务，全省所属陆海各军，均归节制调遣。此令。

据《军府任免陆海军职》，载一九二〇
年十一月八日上海《民国日报》第二版

与居正廖仲恺联署委任骆连焕为中国国民党东京河内支部会计科副主任状

（一九二〇年十一月八日）

委任状

委任骆连焕为东京河内中国国民党支部会计科副主任。此状。

中国国民党总理孙文
总务部主任居正
财政部主任廖仲恺
中华民国九年十一月八日

据原件影印件，台北、中国国
民党文化传播委员会党史馆藏

与居正等三人联署委任高发明为中国国民党
古巴湾城支部副部长状

（一九二〇年十一月八日）

委任状

委任高发明为古巴湾城中国国民党支部副部长。此状。

中国国民党总理孙文

总务部主任居正

党务部主任谢持

财政部主任廖仲恺

中华民国九年十一月八日

据原件，台北、中国国民党
文化传播委员会党史馆藏

与居正联署委任龙培萼为中国国民党
古巴湾城支部评议部评议员状

（一九二〇年十一月八日）

委任状

委任龙培萼为古巴湾城中国国民党支部评议部评议员。此状。

中国国民党总理孙文

总务部主任居正

中华民国九年十一月八日

据原件，台北、中国国民党
文化传播委员会党史馆藏

附载：廖仲恺呈孙总裁等奉令任广东省财政厅长
并于五日接印视事电

（一九二〇年十二月五日）①

孙、唐、伍总裁②钧鉴：

本月四日奉电令"任命廖仲恺为广东财政厅长，此令"等因，奉此；并奉陈总司令③行知，遵于五日接印视事，合电奉闻。

广东财政厅长廖仲恺呈

据《廖仲恺呈》，载中国国民党本部总务部《专电：来字号二》（九年十一月十日起），原稿本，上海图书馆藏

与伍廷芳等三总裁联名特任孙文唐绍仪唐继尧
陈炯明为内政财政交通陆军部长令

（一九二〇年十二月七日）

特任孙文为内政部长，唐绍仪为财政部长，唐继尧为交通部长，陈炯明为陆军部长。此令。

据中国第二历史档案馆编：《中华民国史档案资料汇编》第四辑上，南京，江苏古籍出版社一九八六年九月出版

---

① 底本无电呈日期，兹据文中所言"遵于五日接印视事"而酌为是日所发。
② 即孙文、唐绍仪、伍廷芳，军政府总裁。
③ 即粤军总司令陈炯明，当时兼任广东省长。

与居正杨庶堪联署委任陈东平为中国国民党
仰光支部会计科副主任状

（一九二〇年十二月十一日）

委任状

委任陈东平为仰光中国国民党支部会计科副主任。此状。

中国国民党总理孙文

总务部部长居正

财政部部长杨庶堪

中华民国九年十二月十一日

据原件影印件，台北、中国国
民党文化传播委员会党史馆藏

与居正杨庶堪联署委任黄德源为中国国民党
仰光支部会计科主任状

（一九二〇年十二月十一日）

委任状

委任黄德源为仰光中国国民党支部会计科主任。此状。

中国国民党总理孙文

总务部部长居正

财政部部长杨庶堪

中华民国九年十二月十一日

据原件影印件，台北、中国国
民党文化传播委员会党史馆藏

与居正联署委任许寿民为中国国民党
仰光支部评议部评议员状

（一九二〇年十二月十一日）

委任状

　　委任许寿民为仰光中国国民党支部评议部评议员。此状。

中国国民党总理孙文

总务部部长居正

中华民国九年十二月十一日

据原件影印件，台北、中国国
民党文化传播委员会党史馆藏

与居正联署委任黄壬戌为中国国民党
仰光支部评议部评议员状

（一九二〇年十二月十一日）

委任状

　　委任黄壬成〔戌〕为仰光中国国民党支部评议部评议员。此状。

中国国民党总理孙文

总务部部长居正

中华民国九年十二月十一日

据原件影印件，台北、中国国
民党文化传播委员会党史馆藏

与居正联署委任朱锦乔为中国国民党
仰光支部评议部评议员状

（一九二〇年十二月十一日）

委任状

　　委任朱锦乔为仰光中国国民党支部评议部评议员。此状。

中国国民党总理孙文

总务部部长居正

中华民国九年十二月十一日

据原件影印件，台北、中国国
民党文化传播委员会党史馆藏

与居正联署委任陈甘敏为中国国民党
仰光支部评议部评议员状

（一九二〇年十二月十一日）

委任状

　　委任陈甘敏为仰光中国国民党支部评议部评议员。此状。

中国国民党总理孙文

总务部部长居正

中华民国九年十二月十一日

据原件影印件，台北、中国国
民党文化传播委员会党史馆藏

与居正等三人联署委任云金发为中国国民党
暹罗支部评议部正议长状

（一九二〇年十二月十二日）

委任状

　　委任云金发为暹罗中国国民党支部评议部正议长。此状。

中国国民党总理孙文

总务部部长居正

党务部部长谢持

财政部部长杨庶堪

中华民国九年十二月十二日

据原件影印件，台北、中国国
民党文化传播委员会党史馆藏

与居正联署委任陈辉石为中国国民党
仰光支部评议部评议员状

（一九二〇年十二月十三日）

委任状

　　委任陈辉石为仰光中国国民党支部评议部评议员。此状。

中国国民党总理孙文

总务部部长居正

中华民国九年十二月十三日

据原件影印件，台北、中国国
民党文化传播委员会党史馆藏

与伍廷芳等三总裁联名着伍廷芳
徐谦李烈钧照旧供职令

（一九二〇年十二月十四日刊载）

外交部长兼署财政部长伍廷芳，司法部长徐谦，参谋部长李烈钧，均照旧供职。此令。

据《西南之新建设》，载一九二〇年十
二月十四日上海《民国日报》第三版

特任王伯群署理交通部长令

（一九二〇年十二月十四日刊载）

交通部长唐继尧未到任以前，特任王伯群署理。此令。

据《西南之新建设》，载一九二〇年十
二月十四日上海《民国日报》第三版

蒋尊簋暂行代理参谋部务令

（一九二〇年十二月十四日刊载）

参谋部长李烈钧未到以前，以参谋部次长蒋尊簋暂行代理部务。

据《西南之新建设》，载一九二〇年十
二月十四日上海《民国日报》第三版

任命马君武为军政府秘书厅长令

（一九二〇年十二月十四日刊载）

任命马君武为军政府秘书厅长。

据《西南之新建设》，载一九二〇年十
二月十四日上海《民国日报》第三版

委刘宗汉为中国国民党新加坡
东路分部总务科主任状

（一九二〇年十二月二十一日）

委任状

委任刘宗汉为新加坡东路中国国民党分部总务科主任。此状。

中国国民党总理孙文

总务部部长居正

中华民国九年十二月二十一日

据原件影印件，台北、中国国
民党文化传播委员会党史馆藏

致中国国民党本部总务部
委张继为本部特设驻粤办事处干事长电①

（一九二一年一月三日）

交通部改称本部特设驻粤办事处，今委张继为干事长。孙文。江。

据《先生来电》，载中国国民党本部总
务部《专电：来字号二》（九年十一月
十日起），原稿本，上海图书馆藏

向政务会议陈报内政部次长谢持就职日期咨文

（一九二一年一月六日）

为咨陈事

　　案据本部次长谢持呈称："窃谢持于九年十二月二十八日奉政务会议令开：'任命谢持为内政部次长'。谢持于是日遵即就职。现合具文呈请部长转咨陈政务会议鉴核"等情前来。相应咨陈贵会议查照备案。此咨陈
政务会议

内政部长孙文
中华民国十年一月六日

据《公文》，载广州《军政府公报》
光字第九号，一九二一年一月八日

---

　　①　一九二一年一月三日，孙文在广州成立国民党本部特设驻粤办事处，并委派张继为干事长，本电文末"江"即指三日。

委任吴东启为垦务督办令

（一九二一年一月十四日）

内政部委任令第一号

　　委任吴东启为垦务督办。此令。

部长孙文（内政部印）

中华民国十年一月十四日

据《命令》，载广州《军政府公报》光
字第十二号，一九二一年一月十九日

复居正电①

（一九二一年一月十五日）②

　　居觉生展：密。元电③悉。请委照准。文。删。

据《广东来电》，见中国国民党本部总务部《专电：来
字号二》（九年十一月十日起），原稿本，上海图书馆藏

任命黄骚为内政部技士令

（一九二一年二月三日）

内政部委任令第六号

　　任命黄骚为本部技士。此令。

部长孙文（内政部印）

---

① 此件内容不详，未悉照准请委者系何人何职。
② 电文末"删"指十五日，年月系据底本《专电：来字号二》的前后编排次序酌定。
③ "元电"即十三日电。

中华民国十年二月三日

据《命令》，载广州《军政府公报》
光字第十七号，一九二一年二月五日

任命容觐彤为内政部技士令

（一九二一年二月三日）

内政部委任令第七号

　　任命容觐彤为本部技士。此令。

部长孙文（内政部印）

中华民国十年二月三日

据《命令》，载广州《军政府公报》
光字第十七号，一九二一年二月五日

任命李禄超为内政部农务局秘书令

（一九二一年二月十八日）

内政部委任令第八号

　　任命李禄超为内政部农务局秘书。此令。

部长孙文（内政部印）

中华民国十年二月十八日

据《命令》，载广州《军政府公报》光
字第二十号，一九二一年二月十九日

军政府准孙文陈请任命刘泳闿为内政部秘书令

（一九二一年二月十八日）

军政府令

　　内政部长孙文陈请任命刘泳闿为内政部秘书。应照准。此令。

（中华民国军政府印）

中华民国十年二月十八日

据《命令》，载广州《军政府公报》光字
第二十一号，一九二一年二月二十三日

军政府准孙文陈请任命冯自由为内政部司长令

（一九二一年二月十八日）

军政府令

　　孙文陈请任命冯自由为内政部司长。应照准。此令。

中华民国十年二月十八日

据《命令》，载广州《军政府公报》光字
第二十二号，一九二一年二月二十六日

军政府准孙文陈赵士北辞职令

（一九二一年二月十八日）

军政府令

　　内政部长孙文陈称司长赵士北呈请辞职。应照准。此令。

（中华民国军政府印）

中华民国十年二月十八日

据《命令》，载广州《军政府公报》光字
第二十二号，一九二一年二月二十六日

任命黎泽闿署内政部商务局秘书及
另七人任商务局职员令

（一九二一年二月二十四日）

内政部委任令第九号

　　任命黎泽闿署内政部商务局秘书；刘善余、李宸珊、源泰来、易剑泉代理内政部商务局局员；崔权、冯执简、侯昌龄为内政部商务局书记官。此令。

　　　　　　　　　　　　　　　　部长孙文（内政部印）

　　　　　　　　　　　　　　　中华民国十年二月二十四日

　　　　　　　　　　据《命令》，载广州《军政府公报》光字
　　　　　　　　　　第二十二号，一九二一年二月二十六日

与居正联署委任陈天成为中国国民党
星洲分部评议部评议员状

（一九二一年二月二十五日）

委任状

　　委任陈天成为星洲中国国民党分部评议部评议员。此状。

　　　　　　　　　　　　　　　　中国国民党总理孙文

　　　　　　　　　　　　　　　　总务部部长居正

　　　　　　　　　　　　　　中华民国十年二月二十五日

　　　　　　　　　　　　据原件，台北、中国国民党
　　　　　　　　　　　　文化传播委员会党史馆藏

与居正等三人联署委任陈天一为中国国民党星洲分部评议部正议长状

（一九二一年二月二十五日）

委任状

　　委任陈天一为星洲中国国民党分部评议部正议长。此状。

中国国民党总理孙文

总务部部长居正

党务部部长谢持

财政部部长杨庶堪

中华民国十年二月二十五日

据原件，台北、中国国民党
文化传播委员会党史馆藏

与居正联署委任林不帝为中国国民党宿雾支部干事状

（一九二一年二月二十八日）

委任状

　　委任林不帝为宿雾中国国民党支部干事。此状。

中国国民党总理孙文

总务部部长居正

中华民国十年二月二十八日

据原件，台北、中国国民党
文化传播委员会党史馆藏

与居正谢持联署委任叶独醒为中国国民党
宿雾支部党务科主任状

（一九二一年二月二十八日）

委任状

　　委任叶独醒为宿雾中国国民党支部党务科主任。此状。

中国国民党总理孙文

总务部部长居正

党务部部长谢持

中华民国十年二月二十八日

据原件影印件，台北、中国国
民党文化传播委员会党史馆藏

委任冯自由为中国国民党广东支部党务科科长状

（一九二一年三月十日）

委任状

　　委任冯自由为中国国民党广东支部党务科科长。此状。

中国国民党总理孙文

中华民国十年三月十日

据原件，台北、中国国民党
文化传播委员会党史馆藏

内政部委任陈道镕等九人为农务局职员令

（一九二一年三月十日）

内政部委任令第十一号

　　任命陈道镕、傅杰光、李泽生、杨官叠为内政部农务局局员。赵柏、王敬渭为内政部农务局技士。谢少珍、吴藻香、周仁卿为内政部农务局书记官。此令。

（内政部印）

中华民国十年三月十日

据《命令》，载广州《军政府公报》光字第二十六号，一九二一年三月十二日

内政部任命陈鸿慈李禄超为农务局职员令

（一九二一年三月三十日）

内政部委任令第十二号

　　慈〔兹〕任命陈鸿慈为内政部农务局秘书。内政部农务局秘书李禄超调任内政部农务局技士。此令。

（内政部印）

中华民国十年三月三十日

据《命令》，载广州《军政府公报》光字第三十一号，一九二一年四月二日

与伍廷芳等三总裁联名特任顾品珍为
云南总司令管理全省军务令

（一九二一年四月二日）

军政府令

特任顾品珍为云南总司令，管理全省军务。此令。

四月二日

据《任命滇黔两总司令》，载一九二一
年四月十一日上海《民国日报》第三版

与伍廷芳等三总裁联名特任卢焘为
贵州总司令管理全省军务令

（一九二一年四月二日）

军政府令

特任卢焘为贵州总司令，管理全省军务，此令。

四月二日

据《任命滇黔两总司令》，载一九二一
年四月十一日上海《民国日报》第三版

任命邓青阳等十二人为内政部职员令

（一九二一年四月十一日）

内政部任命令第一三号

任命邓青阳为内政部矿务局秘书，谢八尧、林黄卷、黎庆、谭锐言为内政部矿务局局员，邱琚、黄霖、冯炎公、张振民为内政部矿务局技士，廖叔唐、李硕夫、罗伟唐为内政部矿务局书记官。此令。

（内政部印）

中华民国十年四月十一日

据《命令》，载广州《军政府公报》光
字第三十五号，一九二一年四月十三日

与居正联署委任陈士珍为中国国民党
美京分部评议部评议员状

（一九二一年四月十八日）

委任状

　　委任陈士珍为美京中国国民党分部评议部评议员。此状。

中国国民党总理孙文

总务部部长居正

中华民国十年四月十八日

据原件照片，台北、中国国民
党文化传播委员会党史馆藏

与居正联署委任任金为中国国民党
檀香山支部评议部评议员状

（一九二一年四月二十日）

委任状

　　委任任金为檀香山中国国民党支部评议部评议员。此状。

中国国民党总理孙文

总务部部长居正

中华民国十年四月二十日

据原件，台北、中国国民党
文化传播委员会党史馆藏

与居正杨庶堪联署委任李圣林为中国国民党
博芙芦分部会计科主任状

（一九二一年四月二十日）

委任状

　　委任李圣林为博芙芦中国国民党分部会计科主任。此状。

中国国民党总理孙文
总务部部长居正
财政部部长杨庶堪
中华民国十年四月二十日

据原件照片，台北、中国国民
党文化传播委员会党史馆藏

与居正谢持联署委任敖文珍为中国国民党
满地可分部党务科主任状

（一九二一年四月二十八日）

委任状

　　委任敖文珍为满地可中国国民党分部党务科主任。此状。

中国国民党总理孙文
总务部部长居正
党务部部长谢持
中华民国十年四月二十八日

据抄件，台北、中国国民党
文化传播委员会党史馆藏

与居正联署委任廖伦为中国国民党
典的市分部交际科主任状

（一九二一年四月二十八日）

委任状

　　委任廖伦为典的市中国国民党分部交际科主任。此状。

中国国民党总理孙文

总务部部长居正

中华民国十年四月二十八日

据原件照片，台北、中国国民
党文化传播委员会党史馆藏

与居正联署委任余敦礼为中国国民党
温地辟分部总务科主任状

（一九二一年四月二十八日）

委任状

　　委任为余敦礼为温地辟中国国民党分部总务科主任。此状。

中国国民党总理孙文

总务部部长居正

中华民国十年四月二十八日

据原件照片，台北、中国国民
党文化传播委员会党史馆藏

委任童杭时为中国国民党本部特设
办事处浙江省主盟人状

（一九二一年四月）

委任状

今委任童杭时为中国国民党本部特设办事处浙江省主盟人。此状。

中国国民党总理孙文

中华民国十年四月　日

据原件照片，台北、中国国民
党文化传播委员会党史馆藏

军政府准伍廷芳等人辞军政府各总长令

（一九二一年五月五日）

军政府令

外交部长兼署财政部长伍廷芳、内政部长孙文、参谋局长李烈钧、陆军部长
陈炯明、海军部长汤廷光、交通部长王伯群、司法部长徐谦陈请辞职，伍廷芳、
孙文、李烈钧、陈炯明、王伯群、徐谦均准免本职。此令。

据《军政府全体改组》，载一九二一年
五月十二日上海《民国日报》第三版

特任徐谦为大理院院长令

（一九二一年五月五日）

特任徐谦为大理院长。此令。

据《孙文就职后之粤讯》，载一九二一年五月十八日长沙《大公报》第三版

任命伍朝枢为外交次长及另四人职务令

（一九二一年五月七日）

任命伍朝枢为外交次长，廖仲恺为财政次长，程潜为陆军次长，林永谟为海军次长，蒋尊簋为参谋次长。此令。

据《孙文就职后之粤讯》，载一九二一年五月十八日长沙《大公报》第三版

任伍廷芳等七人为民国正式政府各总长
及总统府参军长秘书长令

（一九二一年五月七日）

任伍廷芳为外交总长，陈炯明内务总长兼陆军总长，唐绍仪财政部长，汤廷光海军总长，李烈钧参谋总长，徐绍桢总统府参军长，马君武秘书长。

据《本馆专电》，载一九二一年五月八日上海《民国日报》第二版

简任陈干为总统府咨议状

（一九二一年五月十四日）

简任状

　　任命陈干为总统府咨议。此状。

孙文

中华民国十年五月十四日

据原件影印件，台北、中国国
民党文化传播委员会党史馆藏

与居正杨庶堪联署委任朱普元为中国国民党
巴生支部会计科主任状

（一九二一年五月十六日）

委任状

　　委任朱普元为巴生中国国民〈党〉支部会计科主任。此状。

中国国民党总理孙文

总务部部长居正

财政部部长杨庶堪

中华民国十年五月十六日

据抄件，台北、中国国民党
文化传播委员会党史馆藏

与张继联署委任黄凤书为中国国民党
西贡及附近各埠主盟人状

（一九二一年五月二十日）

委任状

　　今委任黄凤书为中国国民党西贡及其附近各埠主盟人。此状。

中国国民党总理孙文
本部特设办事处干事长张继
民国十年五月廿日

据原件影印件，台北、中国国
民党文化传播委员会党史馆藏

任命吕志伊为内务次长令

（一九二一年五月二十四日）

总统命令

　　任命吕志伊为内务次长。此令。

五月廿四日

据一九二一年五月二十五日
广州《广东群报》第七页

与居正联署委任黄方白为中国国民党
巴生支部干事状

（一九二一年五月二十六日）

委任状

委任黄方白为巴生中国国民党支部干事。此状。

中国国民党总理孙文

总务部部长居正

中华民国十年五月二十六日

据抄件，台北、中国国民党
文化传播委员会党史馆藏

与居正等三人联署委任郑受炳为中国国民党
巴生支部正部长状

（一九二一年五月二十六日）

委任状

委任郑受炳为巴生中国国民党支部正部长。此状。

中国国民党总理孙文

总务部部长居正

党务部部长谢持

财政部部长杨庶堪

中华民国十年五月二十六日

据原件影印件，台北、中国国
民党文化传播委员会党史馆藏

任命卢兴原署理大理院庭长状

（一九二一年五月三十一日）

任命卢兴原署理大理院庭长。此状。

孙文

中华民国十年五月三十一日

据原件影印件，澳门、国父纪念馆藏

与张继联署委任何儒群为中国国民党
庇能支部总务科干事状

（一九二一年五月）

委任状

今委任何儒群为中国国民党庇能支部总务科干事。此状。

中国国民党总理孙文

本部特设办事处干事长张继

中华民国十年五月　　日

据原件影印件，台北、中国国

民党文化传播委员会党史馆藏

致国民党本部特设办事处
特派陈安仁赴澳洲宣传主义函

（一九二一年五月）

　　兹特派陈安仁往澳洲宣传主义，除澳洲本党机关发给薪水外，本部每月津贴英金八磅，在澳洲支给，由澳洲应纳于本部党费内扣除。仰本部办事处作函通告澳洲同志，并发给委任状交陈安仁收执，以利进行为荷。

　　此致本办〔部〕特设办事处知照。

孙文

据《孙总理致本部特设办事处亲笔函》影印，载陈安仁编：
《革命先进的书牍》，广州，文英印刷馆一九三六年出版

准李章达辞总统府参军处副官令

（一九二一年六月三日）

　　参军长徐绍桢呈：据总统府参军处副官李章达呈请辞职。李章达准免本职。此令。

据《孙大总统命令》，载一九二一年
六月十八日上海《民国日报》第三版

特派孙科督办广东治河事宜令

（一九二一年六月四日）

　　特派孙科督办广东治河事宜。此令。

据《孙大总统命令》，载一九二一年
六月十八日上海《民国日报》第三版

与居正等三人联署特任周雍能为中国国民党
驻古巴总干事状

（一九二一年六月五日）

委任状

特任周雍能为中国国民党驻古巴总干事。此状。

中国国民党总理孙文

总务部部长居正

党务部部长谢持

财政部部长杨庶堪

中华民国十年六月五日

据秦孝仪主编：《国父全集》第八册（转
录《周雍能先生访问纪录》），台北，
近代中国出版社一九八九年十一月出版

派但焘为法制委员会编纂员令

（一九二一年六月六日）

派但焘为法制委员会编纂员。此令。

据《孙大总统命令》，载一九二一年
六月十八日上海《民国日报》第三版

准任命毛邦燕为总统府参军处副官令

（一九二一年六月六日）

参军长徐绍桢呈请任命毛邦燕为总统府参军处副官，应照准。此令。

据《孙大总统命令》，载一九二一年
六月十八日上海《民国日报》第三版

准任命钟鼎基等五人各为陆军部司长或秘书令

（一九二一年六月十三日）

兼陆军总长陈炯明呈请任命钟鼎基、龚振鸥、胡兆鹏为陆军部司长，王祺振、曹懋为陆军部秘书。均照准。此令。

据《孙大总统命令》，载一九二一年六
月二十一日上海《民国日报》第六版

简任管鹏为总统府咨议状

（一九二一年六月十三日）

简任状

任命管鹏为总统府咨议。此状。

孙文
中华民国十年六月十三日

据原件影印件，台北、中国国
民党文化传播委员会党史馆藏

任命何畏等二十人为总统府咨议令

（一九二一年六月十四日）

任命何畏、何成濬、顾忠琛、伍毓珊、杜武库、萧炳章、金维系、李绮庵、方震、宋镇华、顾人宜、管鹏、毕少珊、江炳灵、李化民、萧翼鲲、方振武、周正群、林祖涵、赖德嘉为总统府咨议。此令。

据《孙大总统命令》，载一九二一年六
月二十一日上海《民国日报》第六版

任命曹笃等八人为总统府咨议令

（一九二一年六月十四日）

　　任命曹笃、刘咏阊、胡毅、邓荫南、吴涤宣、欧阳梗、唐元枢、查光佛为总统府咨议。此令。

据《孙大总统命令》，载一九二一年六月二十一日上海《民国日报》第六版

与张继联署委任杨纯美为中国国民党
万隆分部副部长状

（一九二一年六月十七日）

委任状

　　今委任杨纯美为中国国民党万隆分部副部长。此状。

中国国民党总理孙文

本部特设办事处干事长张继

民国十年六月十七日

据原件影印件，台北、中国国民党文化传播委员会党史馆藏

着吕志伊代理内务部部务令

（一九二一年六月二十五日）

　　内务次长吕志伊着代理部务。此令。

据《大总统命令》，载一九二一年七月二日上海《民国日报》第六版

着程潜代理陆军部部务令

（一九二一年六月二十五日）

陆军次长程潜着代理部务。此令。

据《大总统命令》，载一九二一年
七月二日上海《民国日报》第六版

准杨仙逸辞副官令

（一九二一年六月二十五日）

总统府参军长徐绍桢呈称副官杨仙逸呈请辞职。应照准。此令。

据《大总统命令》，载一九二一年
七月二日上海《民国日报》第六版

准任命邝石为副官令

（一九二一年六月二十五日）

总统府参军长徐绍桢呈请任命邝石为副官，应照准。此令。

据《大总统命令》，载一九二一年
七月二日上海《民国日报》第六版

准任命叶显为副官令

（一九二一年六月二十七日）

总统府参军长徐绍桢呈请任命叶显为副官。应照准。此令。

中华民国十年六月二十七日

据《大总统命令》，载一九二一年七月五日上海《民国日报》第六版

准免去孙祥夫本职令

（一九二一年六月二十七日）

大总统令

　　总统府参军长徐绍桢呈请将副官孙祥夫免去本职。应照准。此令。

据《大总统命令》，载一九二一年
七月五日上海《民国日报》第六版

聘任柏文蔚为总统府顾问状

（一九二一年六月二十八日）

聘任状

　　敦聘柏文蔚先生为本府顾问。此状。

孙文
中华民国十年六月二十八日

据原件，台北、中国国民党
文化传播委员会党史馆藏

与居正联署委任苏法聿为中国国民党
巴生港口分部干事状

（一九二一年六月二十九日）

委任状

　　委任苏法聿为巴生港口中国国民党分部干事。此状。

中国国民党总理孙文
总务部部长居正

中华民国十年六月二十九日

据原件影印件，台北、中国国
民党文化传播委员会党史馆藏

与居正等三人联署委任陈德熹为中国国民党
巴生港口分部副部长状

（一九二一年六月二十九日）

委任状

　　委任陈德熹为巴生港口中国国民党分部副部长。此状。

中国国民党总理孙文

总务部部长居正

党务部部长谢持

财政部部长杨庶堪

中华民国十年六月二十九日

据原件影印件，台北、中国国
民党文化传播委员会党史馆藏

与陈炯明联署委任王鸣亚为中国国民党
广东崖县分部部长状

（一九二一年六月）

委任状

　　今委任王鸣亚为中国国民党广东崖县分部部长。此状。

中国国民党总理孙文

广东支部长陈炯明

民国十年六月　　日

据原件照片，台北、中国国
民党文化传播委员会党史馆藏

简任张鹏程为总统府咨议状

（一九二一年七月八日）

简任状

　　任命张鹏程为总统府咨议。此状。

孙文

中华民国十年七月八日

据原件照片，台北、中国国民
党文化传播委员会党史馆藏

准任命吴兆枚陈恭署总检察厅检察长令

（一九二一年七月十一日）

　　大理院长兼管司法行政事务徐谦呈请任命吴兆枚、陈恭署总检察厅检察长，均照准。此令。

据《大总统命令》，载一九二一年七
月十六日上海《民国日报》第四版

准任命何蔚等六人署大理院推事令

（一九二一年七月十一日）

大总统令

　　大理院长兼管司法行政事务徐谦呈请任命何蔚、冯演秀、潘元谅、王敬信、卢镇澜、刘通署大理院推事，均照准。此令。

据《大总统命令》，载一九二一年七
月二十六日上海《民国日报》第四版

准任命曹受坤署广州地方审判厅厅长及另两人署职令

（一九二一年七月十一日）

大理院长兼管司法行政事务徐谦呈请任命曹受坤署广州地方审判厅厅长，陆嗣曾署广州地方检察厅检察长，张易畴署澄海地方审判厅应〔厅〕长，均照准。此令。

据《大总统命令》，载一九二一年七月二十六日上海《民国日报》第四版

特任刘湘为四川总司令兼四川省长令

（一九二一年七月十二日）

特任刘湘为四川总司令，管理全省军务兼四川省长。此令。

据《大总统命令》，载一九二一年七月十八日上海《民国日报》第四版

与张继联署委任陈安仁为中国国民党澳洲特派员状

（一九二一年七月二十七日）

委任状

今委任陈安仁为中国国民党澳洲特派员。此状。

中国国民党总理孙文

本部特设办事处干事长张继

民国十年七月二十七日

据原件影印件，台北、中国国民党文化传播委员会党史馆藏

任命马君武为广西省长谢持为总统府秘书长令

（一九二一年七月二十八日）

任命马君武为广西省长，谢持为总统府秘书长。此令。

据《二十八日总统府令》，载一九
二一年七月三十日上海《时报》

任命邓家彦为总统府参议令

（一九二一年七月二十九日）

大总统令

任命邓家彦为总统府参议。此令。

据《大总统命令》，载一九二一
年八月二日广州《广东群报》

准谢持辞总统府参议令

（一九二一年七月二十九日）

大总统令

总统府参议谢持呈请辞职，谢持准免本职。此令。

据《大总统命令》，载一九二一
年八月二日广州《广东群报》

与张继联署委任陈耀垣为中国国民党
驻三藩市总支部总干事状

（一九二一年七月三十一日）

今委任陈耀垣为中国国民党驻三藩市总支部总干事。此状。

中国国民党总理孙文

本部特设办事处干事长张继

民国十年七月三十一日

据《三藩市总支部呈总理》，载上
海《中国国民党本部公报》第一卷
第三号，一九二三年一月三十日出版

与居正谢持联署委任麦森为中国国民党
唪乞分部党务科主任状

（一九二一年八月一日）

委任状

委任麦森为唪乞中国国民党分部党务科主任。此状。

中国国民党总理孙文

总务部部长居正

党务部部长谢持

中华民国十年八月一日

据原件，台北、中国国民党
文化传播委员会党史馆藏

免赵德裕驻粤滇军指挥官及褫夺蒋超青等
五人原有官职并饬缉拿令

（一九二一年八月一日）

大总统令

　　据陆军次长、代理部务程潜呈称：驻粤滇军此次奉令戍雷，受逆党杨永泰、李根源等辈金钱运动，迎逆党入雷，改称安抚军，实行叛乱。该军指挥官赵德裕，毫无觉察，本难辞咎，惟心迹尚有可原，拟请从宽解其现职。至该逆军参谋长蒋超青等，甘心附逆，现均在逃，应请将原有官职一律递〔褫〕夺，并恳明令通缉，尽法惩治等语。该滇军指挥官陆军少将赵德裕身为一军长官，对于该军此次变叛，事前毫无察觉，事后复逃往澳门，虽未附逆，已属治军不严。姑念该指挥官当粤军回粤之际，曾与桂贼脱离关系，尚明大义，从宽治处，着即免去现职。该逆军参谋长蒋超青，梯团长陆军少将蔡炳寰，代理梯团长陆军少校王连璧，支队长徐栋、周振彪等，胆敢肆行叛乱，甘心助逆，现经畏法潜逃，实属罪无可逭，均着一并递〔褫〕夺原有官职；并仰各省文武地方长官，通令所属，一体严密缉拿，务获归案究办，以儆叛逆而肃军纪。此令。

据《大总统命令》，载一九二一年
八月二日广州《广东群报》第六页

准任俞河汉为内务部秘书令

（一九二一年八月四日）

　　内务次长代理部务吕志伊呈请任俞河汉为内务部秘书，应照准。此令。

据《大总统命令》，载一九二一年八
月十六日上海《民国日报》第四版

准张华澜辞秘书令

（一九二一年八月四日）

大总统令

　　内务次长、代理部〈务〉吕志伊呈称，秘书张华澜因病呈请辞职，应照准。此令。

据《大总统命令》，载一九二一年八
月十六日上海《民国日报》第四版

简任王用宾为总统府咨议状

（一九二一年八月九日）

简任状

　　任命王用宾为总统府咨议。此状。

孙文

中华民国十年八月九日

据原件影印件，台北、中国国
民党文化传播委员会党史馆藏

任命杨愿公为广西政务厅长令

（一九二一年八月十九日）

　　任命杨愿公为广西政务厅长。此令。

据《大总统命令》，载一九二一年八
月二十六日上海《民国日报》第四版

任命吕一夔为广西财政厅长令

（一九二一年八月十九日）

任命吕一夔为广西财政厅长。此令。

据《大总统命令》，载一九二一年八
月二十六日上海《民国日报》第四版

特派周震鳞为湖南劳军使令

（一九二一年九月六日）

特派周震鳞为湖南劳军使。此令。

据《大总统命令》，载一九二一年九
月十四日上海《民国日报》第三版

简任邓耀为总统府咨议状

（一九二一年九月八日）

简任状

任命邓耀为总统府咨议。此状。

孙文

中华民国十年九月八日

据抄件，台北、中国国民党
文化传播委员会党史馆藏

准任命黄心持为广西矿务处处长令

（一九二一年九月十二日）

内务次长、代理部务吕志伊呈请任命黄心持为广西矿务处处长，应照准。此令。

据《大总统命令》，载一九二一年九月十九日上海《民国日报》第三版

聘杨鹤龄为民国正式政府顾问状

（一九二一年九月十四日）

聘任状

敦聘杨鹤龄先生为本府顾问。此状。

孙文

中华民国十年九月十四日

据原件影印件，载中国人民政治协商会议广州市委员会文史资料研究委员会编：《纪念辛亥革命七十周年史料专辑》，广州，广东人民出版社一九八一年八月出版

特任王伯群为贵州省长令

（一九二一年九月二十日）

特任王伯群为贵州省长。此令。

据《本社专电》，载一九二一年九月二十三日上海《民国日报》第二版

王伯群未到任前着卢焘兼署贵州省长令

（一九二一年九月二十日）

王伯群未到以前，着贵州总司令卢焘兼署贵州省长。此令。

据《本社专电》，载一九二一年九月
二十三日上海《民国日报》第二版

任命麦英俊为外交部特派广西交涉员令

（一九二一年九月二十六日）

任命麦英俊为外交部特派广西交涉员。此令。

据《大总统命令》，载一九二一年
十月四日上海《民国日报》第三版

任命麦英俊为梧州关监督令

（一九二一年九月二十六日）

任命麦英俊为梧州关监督。此令。

据《大总统命令》，载一九二一年
十月四日上海《民国日报》第三版

准李国柱辞参军令

（一九二一年九月二十七日）

代理总统府参军长林修梅呈称，参军李国柱恳请辞职。李国柱准免本职。此令。

据《大总统命令》，载一九二一年
十月四日上海《民国日报》第三版

任命路孝忱为总统府参军令

（一九二一年九月二十七日）

任命路孝忱为总统府参军。此令。

据《大总统命令》，载一九二一年
十月四日上海《民国日报》第三版

与居正等四人联署委任陈东平为中国国民党
仰光支部正部长状

（一九二一年九月二十八日）

委任状

委任陈东平为仰光中国国民党支部正部长。此状。

中国国民党总理孙文

总务部部长居正

党务部部长谢持

财政部部长杨庶堪

宣传部部长张继

据原件影印件，台北、中国国
民党文化传播委员会党史馆藏

与居正联署委任陈辉石①为中国国民党
仰光支部干事状

（一九二一年九月二十八日）

委任状

委任陈辉名〔石〕为仰光中国国民党支部干事。此状。

中国国民党总理孙文

总务部部长居正

中华民国十年九月二十八日

据原件影印件，台北、中国国
民党文化传播委员会党史馆藏

与居正联署委任李庆标为中国国民党
仰光支部干事状

（一九二一年九月二十八日）

委任状

委任李庆标为仰光中国国民党支部干事。此状。

中国国民党总理孙文

总务部部长居正

中华民国十年九月二十八日

据原件影印件，台北、中国国
民党文化传播委员会党史馆藏

---

① 委任状上为"陈辉名"，错。"名"为"石"字之误。陈辉石，缅甸华侨，名字此前在
本书已多见。

与居正联署委任朱伟民为中国国民党
仰光支部干事状

（一九二一年九月二十八日）

委任状

委任朱伟民为仰光中国国民党支部干事。

中国国民党总理孙文

总务部部长居正

中华民国十年九月二十八日

据原件影印件，台北、中国国
民党文化传播委员会党史馆藏

与居正联署委任黄壬戍为中国国民党
仰光支部评议部评议员状

（一九二一年九月二十八日）

委任状

委任黄壬戍〔戌〕为仰光中国国民党支部评议部评议员。此状。

中国国民党总理孙文

总务部部长居正

中华民国十年九月二十八日

据原件影印件，台北、中国国
民党文化传播委员会党史馆藏

与居正联署委任邝民志为中国国民党
仰光支部评议部评议员状

（一九二一年九月二十八日）

委任状

　　委任邝民志为仰光中国国民党支部评议部评议员。此状。

中国国民党总理孙文

总务部部长居正

中华民国十年九月二十八日

据原件，台北、中国国民党

文化传播委员会党史馆藏

与居正联署委任陈甘敏为中国国民党
仰光支部评议部评议员状

（一九二一年九月二十八日）

委任状

　　委任陈甘敏为仰光中国国民党支部评议部评议员。此状。

中国国民党总理孙文

总务部部长居正

中华民国十年九月二十八日

据原件影印件，台北、中国国

民党文化传播委员会党史馆藏

与居正联署委任欧阳敬之为中国国民党
全欧埠分部评议部评议员状

（一九二一年九月二十八日）

委任状

委任欧阳敬之为全欧埠中国国民党分部评议部评议员。此状。

中国国民党总理孙文

总务部部长居正

中华民国十年九月二十八日

据原件影印件，台北、中国国
民党文化传播委员会党史馆藏

与居正联署委任许寿民为中国国民党
仰光支部评议部评议员状

（一九二一年九月二十八日）

委任状

委任许寿民为仰光中国国民党支部评议部评议员。此状。

中国国民党总理孙文

总务部部长居正

中华民国十年九月二十八日

据原件影印件，台北、中国国
民党文化传播委员会党史馆藏

与张继联署委任苏福为中国国民党
麻厘柏板支部正部长状

（一九二一年九月三十日）

委任状

　　委任苏福为中国国民党麻厘柏板支部正部长。此状。

中国国民党总理孙文

本部特设办事处干事长张继

民国十年九月三十日

据原件影印件，台北、中国国
民党文化传播委员会党史馆藏

委任张继为中国国民党北方执行部部长状

（一九二一年十月四日）

委任状

　　今委任张继为中国国民党北方执行部部长。此状。

中国国民党总理孙文

民国十年十月四日

据原件，台北、中国国民党
文化传播委员会党史馆藏

与居正联署委任苏法聿为中国国民党
巴生港口分部总务科主任状

（一九二一年十月五日）

委任状

委任苏法聿为巴生港口中国国民党分部总务科主任。此状。

中国国民党总理孙文

总务部部长居正

中华民国十年十月五日

据原件影印件，台北、中国国
民党文化传播委员会党史馆藏

特任柏文蔚为长江上游招讨使状

（一九二一年十月八日）

特任状

特任柏文蔚为长江上游招讨使。此状。

孙文

中华民国十年十月八日

据原件，台北、中国国民党
文化传播委员会党史馆藏

准免莫鲁李寅中本职令

（一九二一年十月十三日）

代理总统府参军长林修梅呈请将副官莫鲁、李寅中免去本职，应照准。此令。

据《大总统命令》，载一九二一年十
月二十三日上海《民国日报》第三版

与居正等四人联署委任苏福为中国国民党
麻厘柏板支部正部长状

（一九二一年十月十五日）

委任状

　　委任苏福为麻厘柏板中国国民党支部正部长。此状。

中国国民党总理孙文

总务部部长居正

党务部部长谢持

财政部部长杨庶堪

宣传部部长张继

中华民国十年十月十五日

据原件影印件，台北、中国国
民党文化传播委员会党史馆藏

与居正联署委任王宗沂为中国国民党
巴生港口分部干事状

（一九二一年十月十五日）

委任状

　　〈委任〉王宗沂为巴生港口中国国民党分部干事。此状。

中国国民党总理孙文

总务部部长居正

中华民国十年十月十五日

据抄件，台北、中国国民党
文化传播委员会党史馆藏

与居正联署委任林蓬洲为中国国民党
惠夜基分部交际科主任状

（一九二一年十月二十一日）

委任状

　　委任林蓬洲为惠夜基中国国民党分部交际科主任。此状。

中国国民党总理孙文

总务部部长居正

中华民国十年十月二十一日

据原件，台北、中国国民党
文化传播委员会党史馆藏

任命钟秀南为中央兵站总监及另两人任职令

（一九二一年十月二十五日刊载）

任命钟秀南为中央兵站总监，梁长海为供给部驻粤监督，伍于簪为供给部行营监督。

据《总统出巡之北伐筹备》，载一九二一年十月二十五日上海《民国日报》第六版

委任张秋白为中国国民党赴俄全权代表状

（一九二一年十月三十日）

今委任张秋白为中国国民党赴俄全权代表。此状。

中国国民党总理孙文

总务部长居正

宣传部长张继

中华民国十年十月三十日

据尚明轩主编：《孙中山全集》第十二卷，北京，人民出版社二〇一五年六月出版

任命刘震寰为广西陆军第一师师长及
另两人各任步兵第一二旅旅长令

（一九二一年十一月二十八日）

任命刘震寰为广西陆军第一师师长，韦冠英为广西陆军步兵第一旅旅长，严兆丰为广西陆军步兵第二旅旅长。此令。

据《大总统命令》，载一九二二年一月八日上海《民国日报》第三版

聘唐继尧任滇黔联军总司令及另十一人任职令

（一九二一年十一月三十日刊载）

聘唐继尧任滇黔联军总司令，李烈钧任第一军总司令，许崇智任第二军总司令，李福林任第三军总司令，朱培德任第一军行营参谋，徐绍桢任大本营参军长，邓铿任大本营参谋长，胡汉民任大本营秘书长，吕超、石青阳、廖湘芸、叶荃等均为参军，随营效力。

据《总统行旌与北伐筹备》，载一九二一年十一月三十日上海《民国日报》第六版

与张继联署委任何以兴为中国国民党
庇能大山脚分部评议部副议长状

（一九二一年十一月三十日）

委任状

委任何以兴为中国国民党庇能大山脚分部评议部副议长。此状。

中国国民党总理孙文

本部特设办事处干事长张继

中华民国十年十一月卅日

据原件，台北、中国国民党
文化传播委员会党史馆藏

与张继联署委任杨剑秋为中国国民党
庇能大山脚分部评议部评议员兼书记状

（一九二一年十一月三十日）

委任状

　　委任杨剑秋为中国国民党庇能大山脚分部评议部评议员兼书记。此状。

中国国民党总理孙文

本部特设办事处干事长张继

民国十年十一月三十日

据原件，台北、中国国民党
文化传播委员会党史馆藏

任命李汉丞为湖南高等审判厅厅长萧度为
湖南高等检察厅检察长令

（一九二一年十二月六日）

　　任命李汉丞为湖南高等审判厅厅长，萧度为湖南高等检察厅检察长。此令。

据《大总统命令》，载一九二二年
一月八日上海《民国日报》第三版

与居正谢持联署委任丁惟汾为
中国国民党山东主盟人状

（一九二一年十二月六日）

委任状

委任丁惟汾为本党山东主盟人。此状。

中国国民党总理孙文

总务部部长居正

党务部部长谢持

中华民国十年十二月六日

据秦孝仪主编：《国父全集》第八册（转录
《先烈先进图像文物集珍》第一辑，台北，
近代中国出版社一九八四年二月初版），台
北，近代中国出版社一九八九年十一月出版

任命蒋作宾等六人为大本营参议令

（一九二一年十二月十日）

陆海军大元帅令

任命蒋作宾、吕超、石青阳、孔庚、陈白、王乃昌为大本营参议。此令。

（中华民国陆海军大元帅之印）

中华民国十年十二月十日

据《命令》，载桂林《陆海军大元帅大本
营公报》① 第一号，一九二二年一月三十日

① 大本营文官部政务处第三课一九二二年一月起在桂林发行，大本营秘书处一九二三
年三月起在广州发行。

任命赵德恒为大本营咨议令

（一九二一年十二月十日）

陆海军大元帅令

　　任命赵德恒为大本营咨议。此令。

（中华民国陆海军大元帅之印）

中华民国十年十二月十日

据《命令》，载桂林《陆海军大元帅大本
营公报》第一号，一九二二年一月三十日

派王乃昌为大本营桂林安抚处督办令

（一九二一年十二月十四日）

陆海军大元帅令

　　派王乃昌为大本营桂林安抚处督办。此令。

（中华民国陆海军大元帅之印）

中华民国十年十二月十四日

据《命令》，载桂林《陆海军大元帅大本
营公报》第一号，一九二二年一月三十日

任命焦易堂为大本营参议令

（一九二一年十二月十四日）

陆海军大元帅令

　　任命焦易堂为大本营参议。此令。

（中华民国陆海军大元帅之印）

中华民国十年十二月十四日

据《命令》，载桂林《陆海军大元帅大本营公报》第一号，一九二二年一月三十日

派陈策为抚河船务管理局局长令

（一九二一年十二月十六日）

陆海军大元帅令

　　派陈策为抚河船务管理局局长。此令。

（中华民国陆海军大元帅之印）

中华民国十年十二月十六日

据《命令》，载桂林《陆海军大元帅大本营公报》第一号，一九二二年一月三十日

任命蔡大愚为大本营咨议令

（一九二一年十二月十九日）

陆海军大元帅令

　　任命蔡大愚为大本营咨议。此令。

（中华民国陆海军大元帅之印）

中华民国十年十二月十九日

据《命令》，载桂林《陆海军大元帅大本营公报》第一号，一九二二年一月三十日

任命冯焯勋为广西陆军第一师参谋长令

（一九二一年十二月二十一日）

任命冯焯勋为广西陆军第一师参谋长。此令。

据《大总统命令》，载一九二一年十二月三十一日上海《民国日报》第三版

准任命韦振谋李作砺各为广西陆军第一师第一二旅少校参谋令

（一九二一年十二月二十一日）

参谋次长代理部务蒋尊簋呈请任命韦振谋为广西陆军第一师第一旅少校参谋，李作砺为广西陆军第一师第二旅少校参谋。应照准。此令。

据《大总统命令》，载一九二一年十二月三十一日上海《民国日报》第三版

任命吴忠信兼大本营宪兵司令令

（一九二一年十二月二十三日）

陆海军大元帅令

任命粤军第七独立旅旅长吴忠信兼任大本营宪兵司令。此令。

（中华民国陆海军大元帅之印）

中华民国十年十二月二十三日

据《命令》，载桂林《陆海军大元帅大本营公报》第一号，一九二二年一月三十日

委派林云陔兼任桂林广西银行总理及
另二人为协理令

（一九二一年十二月二十六日）

陆海军大元帅令

　　兹派大本营金库长林云陔兼任桂林广西银行总理，龙鹤龄、谢尹为桂林广西银行协理。此令。

（中华民国陆海军大元帅之印）

中华民国十年十二月二十六日

据《命令》，载桂林《陆海军大元帅大本营公报》第一号，一九二二年一月三十日

特任王乃昌为广西全省清乡督办令

（一九二一年十二月二十七日）

　　特任王乃昌为广西全省清乡督办。

据《本社专电》，载一九二一年十二月二十八日上海《民国日报》

任命陈白①为中华国民银行监督令

（一九二二年一月二日）

陆海军大元帅令

　　任命陈白为国立中华国民银行监督。此令。

① 陈白，即陈少白。

（中华民国陆海军大元帅之印）

中华民国十一年一月二日

据《命令》，载桂林《陆海军大元帅大本营公报》第一号，一九二二年一月三十日

任命梁长海伍于簪为中华国民银行正副行长令

（一九二二年一月七日）

陆海军大元帅令

　　任命梁长海为国立中华国民银行行长，伍于簪为副行长。此令。

（中华民国陆海军大元帅之印）

中华民国十一年一月七日

据《命令》，载桂林《陆海军大元帅大本营公报》第一号，一九二二年一月三十日

准任黄隆生为中华国民银行统计科主任令

（一九二二年一月七日）

陆海军大元帅令

　　省〔国〕立中华国民银行行长梁长海呈请任命黄隆生为统计科主任，应照准。此令。

（中华民国陆海军大元帅之印）

中华民国十一年一月七日

据《命令》，载桂林《陆海军大元帅大本营公报》第一号，一九二二年一月三十日

特任顾品珍为云南讨贼军总司令
并着金汉鼎代理滇军总司令令

（一九二二年一月八日）

陆海军大元帅令

　　特任顾品珍为云南讨贼军总司令，金汉鼎着代理滇军总司令。此令。

（中华民国陆海军大元帅之印）

中华民国十一年一月八日

据《命令》，载桂林《陆海军大元帅大本营公报》第一号，一九二二年一月三十日

准任命但焘赵士北为内政部司长及另五人职务令

（一九二二年一月十日）

军政府令

　　内政部长孙文呈请任命但焘、赵士北为内政部司长，曹笃为内政部秘书，胡毅为土地局局长，邓泽如为矿务局局长，邓荫南为农务局局长，吴涤宣为商务局局长。应照准。此令。

中华民国军政府（印）

中华民国十一年一月十日

据《命令》，载广州《军政府公报》光字第十号，一九二二年一月十二日

任命邓毅夫为大本营咨议令

（一九二二年一月十一日）

陆海军大元帅令

　　任命邓毅夫为大本营咨议。此令。

（中华民国陆海军大元帅之印）

中华民国十一年一月十一日

据《命令》，载桂林《陆海军大元帅大本营公报》第一号，一九二二年一月三十日

任命赵士觐为大本营军粮局局长令

（一九二二年一月十一日）

陆海军大元帅令

　　任命赵士觐为大本营军粮局局长。此令。

（中华民国陆海军大元帅之印）

中华民国十一年一月十一日

据《命令》，载桂林《陆海军大元帅大本营公报》第一号，一九二二年一月三十日

特任金汉鼎代理云南总司令兼管全省军务令

（一九二二年一月十五日）

　　特任金汉鼎代理云南总司令，兼管全省军务。此令。

据《大总统命令》，载一九二二年一月二十二日上海《民国日报》第三版

特任刘祖武代理云南省长令

（一九二二年一月十六日）

特任刘祖武代理云南省长。此令。

据《大总统命令》，载一九二二年
二月一日上海《民国日报》第三版

免江映枢杨德源总统府参军令

（一九二二年一月十六日）

总统府参军江映枢、杨德源，着即免职。此令。

据《大总统命令》，载一九二二年
二月一日上海《民国日报》第三版

准任命吕国治为副官令

（一九二二年一月十七日）

总统府参军长徐绍桢呈请任命吕国治为副官。应照准。此令。

据《大总统命令》，载一九二二年
二月一日上海《民国日报》第三版

致李福林令叶荃克日就职电

（一九二二年一月十七日）

该军总指挥前委叶荃充当，现出发在即，除令叶克日就职外，特电该司令查照。

据《上海快信摘要》，载一九二二年
一月二十五日长沙《大公报》（二）

任命谷正伦为直辖黔军总司令及另二人为旅长令

（一九二二年一月十九日）

陆海军大元帅令

　　任命谷正伦为中央直辖黔军总司令，彭汉章为中央直辖黔军第一独立旅旅长，王天培为中央直辖黔军第二混成旅旅长。此令。

（中华民国陆海军大元帅之印）

中华民国十一年一月十九日

据《命令》，载广州《陆海军大元帅大本营公报》第一号，一九二二年一月三十日

与居正等四人联署委任邢森洲为
中国国民党庇能支部正部长状

（一九二二年一月二十三日）

委任状

　　委任邢森洲为庇能中国国民党支部正部长。此状。

中国国民党总理孙文

总务部部长居正

党务部部长谢持

财政部部长杨庶堪

宣传部部长张继

据原件影印件，台北、中国国民党文化传播委员会党史馆藏

准任罗任等为湖南高等审判厅推事令

（一九二二年一月二十三日）①

大总统令

　　大理院长监管司法行政事务徐谦呈请任命罗任、石铭勋、余谷、黎思赞、钟馥、张通焕、黄昌群为湖南高等审判厅推事。应照准。此令。

据《大总统令》，载一九二二
年二月十日上海《民国日报》

准任罗兆奎唐冠亚任或署湖南高等检察厅检察官令

（一九二二年一月二十三日）②

大总统令

　　大理院长兼管司法行政事务徐谦呈请任命罗兆奎为湖南高等检察厅检察官，唐冠亚署湖南高等检察厅检察官。应照准。此令。

据《大总统令》，载一九二二
年二月十日上海《民国日报》

委李国定为中国国民党四川主盟人状

（一九二二年一月）

委任状

　　委任李国定为中国国民党四川主盟人。此状。

中国国民党总理孙文

---

① 据一九二二年二月十日上海《民国日报》消息，此项任命发布日期为一月二十三日。
② 据一九二二年二月十日上海《民国日报》消息，此项任命发布日期为一月二十三日。

民国十一年一月　日

据原件，北京、中国国家博物馆藏，转引
自尚明轩主编：《孙中山全集》第十二卷，
北京，人民出版社二〇一五年六月出版

任命陈德春为中央直辖第四军军长兼
粤东八属各军总司令令

（一九二二年二月四日）

大总统令

　　任命陈德春为中央直辖第四军军长兼粤东八属各军总司令。此令。

据原件，台北、中国国民党文化传播委员会党史馆藏

准任命朱廷燎为副官令

（一九二二年二月六日）

大总统令

　　总统府参军长徐绍桢呈请任命朱廷燎为副官。应照准。此令。

据《大总统令》，载一九二二年二
月十五日上海《民国日报》第三版

准吕国治辞副官令

（一九二二年二月六日）

大总统令

　　总统府参军长徐绍桢呈称，副官吕国治呈请辞职。应照准。此令。

据《大总统令》，载一九二二年二
月十五日上海《民国日报》第三版

派徐谦兼文官高等惩戒委员会委员长及
另十人为该委员会委员令

（一九二二年二月十四日刊载）

大总统令

　　派徐谦兼文官高等惩戒委员会委员长，刘咏阆、冯自由、蔡庚、冯寅秀、刘通、翁捷三、余尧、杨光湛、朱念祖、邓台荫为文官高等惩戒委员会委员。

据《大总统命令》，载一九二二年二
月十四日上海《民国日报》第二版

与居正等四人联署委任刘恢汉为
中国国民党山姐咕分部正部长状

（一九二二年二月十五日）

委任状

　　委任刘恢汉为山姐咕中国国民党分部正部长。此状。

中国国民党总理孙文
总务部部长居正
党务部部长谢持
财政部部长杨庶堪
宣传部部长张继
中华民国十一年二月十五日

据原件，台北、中国国民党
文化传播委员会党史馆藏

与居正等四人联署委任林蓬洲为
中国国民党惠夜基分部正部长状

（一九二二年二月十五日）

委任状

　　委任林蓬洲为惠夜基中国国民党分部正部长。此状。

中国国民党总理孙文

总务部部长居正

党务部部长谢持

财政部部长杨庶堪

宣传部部长张继

中华民国十一年二月十五日

据原件，台北、中国国民党
文化传播委员会党史馆藏

与居正联署委任余玉南为中国国民党
珠卜分部执行部书记状

（一九二二年二月二十日）

委任状

　　委任余玉南为珠卜中国国民党分部执行部书记。此状。

中国国民党总理孙文

总务部部长居正

中华民国十一年二月二十日

据原件照片，台北、中国国民
党文化传播委员会党史馆藏

与居正联署委任余敦礼为中国国民党
珠卜分部总务科主任状

（一九二二年二月二十日）

委任状

委任余敦礼为珠卜中国国民党分部总务科主任。此状。

中国国民党总理孙文

总务部部长居正

中华民国十一年二月二十日

据原件照片，台北、中国国民
党文化传播委员会党史馆藏

准任命罗任等七人为湖南高等审判厅推事令

（一九二二年二月二十四日刊载）

大总统令

大理院长兼管司法行政事务徐谦呈请任命罗任、石铭勋、余谷、黎思赞、钟馥、张通焕、黄昌群为湖南高等审判厅推事。应照准。此令。

据《大总统令》，载一九二二年二月
二十四日上海《民国日报》第二版

准任命罗兆奎唐冠亚为或署湖南高等
检察厅检察官令

（一九二二年二月二十四日刊载）

大理院长兼管司法行政事务徐谦呈请任命罗兆奎为湖南高等检察厅检察官，

唐冠亚署湖南高等检察厅检察官。此令。

据《大总统令》，载一九二二年二月
二十四日上海《民国日报》第二版

致赵恒惕等告任覃振为中国国民党湖南支部长电

（一九二二年二月二十七日）

长沙赵总司令，吴、钟、李三厅长并转湖南诸同志鉴：铣日①任命覃振为中国国民党湖南支部长，敬派萧翼鲲、杨道馨为湖南支部筹备员。萧、杨二君已于本日启行赴湘，到湘后关于本党一切事宜，希与努力进行为要。孙文。沁。（印）

据《孙中山派员来湘办党》，载一九二
二年三月二日长沙《大公报》（六）

与居正联署委任高敦焯为中国国民党
檀香山分部评议部评议员状

（一九二二年三月九日）

委任状

　　委任高敦焯为檀香山中国国民党分部评议部评议员。此状。

中国国民党总理孙文
总务部部长居正
中华民国十一年三月九日

据原件影印件，台北、中国国
民党文化传播委员会党史馆藏

---

①　铣日，即十六日。

特任金汉鼎代云南省长令

（一九二二年三月十四日）

特任云南代理总司令金汉鼎代云南省长。

据《十六日国务会议纪事》，载一九二二年三月二十四日上海《民国日报》第二版

与居正联署委任廖伦为中国国民党典的市分部干事状

（一九二二年三月十四日）

委任状

委任廖伦为典的市中国国民党分部干事。此状。

中国国民党总理孙文

总务部部长居正

中华民国十一年三月十四日

据原件照片，台北、中国国民党文化传播委员会党史馆藏

与居正等四人联署委任陈德熹为中国国民党巴生港口分部评议部正议长状

（一九二二年三月二十八日）

委任状

委任陈德熹为巴生港口中国国民党分部评议部正议长。此状。

中国国民党总理孙文

总务部部长居正

党务部部长谢持

财政部部长杨庶堪

宣传部部长张继

中华民国十一年三月二十八日

据原件影印件，台北、中国国
民党文化传播委员会党史馆藏

与居正杨庶堪联署委任骆连焕为中国国民党
河内支部会计科副主任状

（一九二二年三月二十八日）

委任状

　　委任骆连焕为河内中国国民党支部会计科副主任。此状。

中国国民党总理孙文

总务部部长居正

财政部部长杨庶堪

中华民国十一年三月二十八日

据原件影印件，台北、中国国
民党文化传播委员会党史馆藏

与居正联署委任陈再喜为中国国民党
巴生港口分部干事状

（一九二二年三月二十八日）

委任状

委任陈再喜为巴生港口中国国民党分部干事。此状。

中国国民党总理孙文

总务部部长居正

中华民国十一年三月二十八日

据原件影印件，台北、中国国
民党文化传播委员会党史馆藏

与居正联署委任王宗沂为中国国民党
巴生港口分部干事状

（一九二二年三月二十八日）

委任状

〈委任〉王宗沂为巴生港口中国国民党分部干事。此状。

中国国民党总理孙文

总务部部长居正

中华民国十一年三月二十八日

据抄件，台北、中国国民党
文化传播委员会党史馆藏

与居正等四人联署委任苏法聿为中国国民党
巴生港口分部正部长状

（一九二二年三月二十八日）

委任状

　　委任苏法聿为巴生港口中国国民党分部正部长。此状。

中国国民党总理孙文

总务部部长居正

党务部部长谢持

财政部部长杨庶堪

宣传部部长张继

中华民国十一年三月二十八日

据原件影印件，台北、中国国
民党文化传播委员会党史馆藏

与居正联署委任任金为中国国民党
檀香山支部评议部评议员状

（一九二二年三月三十一日）

委任状

　　委任任金为檀香山中国国民党支部评议部评议员。此状。

中国国民党总理孙文

总务部部长居正

中华民国十一年三月三十一日

据原件，台北、中国国民党
文化传播委员会党史馆藏

与居正联署委任陈景星为中国国民党
巴生支部干事状

（一九二二年四月四日）

委任状

委任陈景星为巴生中国国民党支部干事。此状。

中国国民党总理孙文

总务部部长居正

中华民国十一年四月四日

据抄件，台北、中国国民党
文化传播委员会党史馆藏

与居正杨庶堪联署委任何石安为中国国民党
巴生支部会计科副主任状

（一九二二年四月四日）

委任状

委任何石安为巴生中国国民党支部会计科副主任。此状。

中国国民党总理孙文

总务部部长居正

财政部部长杨庶堪

中华民国十一年四月四日

据抄件，台北、中国国民党
文化传播委员会党史馆藏

与居正杨庶堪联署委任朱普元为中国国民党
巴生支部会计科主任状

（一九二二年四月四日）

委任状

　　委任朱普元为巴生中国国民党支部会计科主任。此状。

中国国民党总理孙文

总务部部长居正

财政部部长杨庶堪

中华民国十一年四月四日

据抄件，台北、中国国民党
文化传播委员会党史馆藏

与居正等四人联署委任郑受炳为中国国民党
巴生支部正部长状

（一九二二年四月四日）

委任状

　　委任郑受炳为巴生中国国民党支部正部长。此状。

中国国民党总理孙文

总务部部长居正

党务部部长谢持

财政部部长杨庶堪

宣传部部长张继

中华民国十一年四月四日

据原件影印件，台北、中国国
民党文化传播委员会党史馆藏

与居正联署委任谭进为中国国民党
巴生支部评议部评议员状

（一九二二年四月四日）

委任状

委任谭进为巴生中国国民党支部评议部评议员。此状。

中国国民党总理孙文

总务部部长居正

中华民国十一年四月四日

据原件影印件，台北、中国国
民党文化传播委员会党史馆藏

与居正联署委任黄方白为中国国民党
巴生支部干事状

（一九二二年四月四日）

委任状

委任黄方白为巴生中国国民党支部干事。此状。

中国国民党总理孙文

总务部部长居正

中华民国十一年四月四日

据抄件，台北、中国国民党
文化传播委员会党史馆藏

委周南山为中国国民党委伴□□□
分部党务科□□状

（一九二二年四月十日）

委任状

　　委任周南山为委伴□□□中国国民党分部党务科□□。此状。

中国革命党总理孙文

总务部长居正

党务部长谢持

中华民国十一年四月十日

据原件影印件，载李穗梅主编：《孙中山
与帅府名人文物与未刊资料选编》，广州，
广东科技出版社二〇一一年九月出版

委任吴醒汉为中国国民党本部军事委员状

（一九二二年四月十六日）

委任状

　　委任吴醒汉为本部军事委员。此状。

中国国民党总理孙文

中华民国十一年四月十六日

据原件影印件，台北、中国国
民党文化传播委员会党史馆藏

特任魏邦平兼署卫戍总司令令

（一九二二年四月二十一日）

大总统之命令

特任第三师师长魏邦平兼署卫戍总司令。此令。

民国十一年四月二十一日

据一九二二年四月二十四日
广州《广东群报》第三页

特任伍廷芳兼署广东省长令

（一九二二年四月二十一日）

大总统之命令

特任外交总长兼署财政总长伍廷芳兼署广东省长。此令。

民国十一年四月二十一日

据一九二二年四月二十四日
广州《广东群报》第三页

准陈炯明呈辞内务总长及广东省长兼广东总司令管理全省军务职专任陆军总长令

（一九二二年四月二十一日）

内务总长兼陆军总长陈炯明呈请辞去本兼各职。陈炯明应准免去内务总长职，专任陆军总长。此令。

广东省长兼广东总司令管理全省军务陈炯明，辞去本兼各职。陈炯明应准免去本兼各职。此令。

民国十一年四月二十一日

据《本社专电》，载一九二二年四月
二十四日广州《广东群报》第三页

任程天斗财政厅长兼省银行行长及
林直勉任电政监督令

（一九二二年四月二十三日）

任程天斗财政厅长，仍兼省银行行长；林直勉电政监督。

据《本社专电》，载一九二二年四月
二十五日上海《民国日报》第二版

任命梁鸿楷第一师师长兼卫戍副司令
并另三人职务令

（一九二二年四月二十三日）

任命梁鸿楷第一师师长兼卫戍副司令，罗翼群宪兵司令，朱卓文兵工厂总办，周子禄军械局局长。

据《本社专电》，载一九二二年四月
二十五日上海《民国日报》第二版

与居正等四人联署委任陈天一为
中国国民党星洲琼侨分部副部长状

（一九二二年四月二十五日）

委任状

　　委任陈天一为星洲琼侨中国国民党分部副部长。此状。

中国国民党总理孙文

总务部部长居正

党务部部长谢持

财政部部长杨庶堪

宣传部部长张继

中华民国十一年四月二十五日

据原件，台北、中国国民党
文化传播委员会党史馆藏

与居正等四人联署委任符养华为中国国民党
星洲琼侨分部正部长状

（一九二二年四月二十五日）

委任状

　　委任符养华为星洲琼侨中国国民党分部正部长。此状。

中国国民党总理孙文（印）

总务部长居正（印）

党务部长谢持（印）

财政部长杨庶堪（印）

宣传部长张继（印）

（中国国民党本部之印）

中华民国十一年四月二十五日

据原件影印件，载云愉民：《新嘉坡琼侨概
况》，海口，海南书局一九三一年六月初版

任命郭泰祺为广东政务厅长令

（一九二二年四月二十六日）

任命郭泰祺为广东政务厅长。

据《大总统命令》，载一九二二年五
月八日上海《民国日报》第二转三版

任命吕志伊署内政总长令

（一九二二年四月二十六日）

任命吕志伊署内政总长。

据《本社专电》，载一九二二年四月
二十八日上海《民国日报》第三版

任陈策为海军陆战队司令并另两人任命令

（一九二二年四月二十九日）

任陈策〈为〉海军陆战队司令，温树德海圻舰长兼舰队司令，长洲要塞司令
改任马伯麟。

据《本社专电》，载一九二二年四
月三十日上海《民国日报》第三版

任命陈可钰李章达为大本营参军令

（一九二二年四月三十日）

任命陈可钰、李章达为大本营参军。此令。

据《大总统命令》，载一九二二年
五月八日上海《民国日报》第二版

任命温树德孙祥夫各为海军舰队及
陆战队司令并马伯麟任命令

（一九二二年四月三十日）

任命温树德为海军舰队司令。此令。

任命孙祥夫为海军陆战队司令。此令。

任命马伯麟为广东长洲要塞司令。此令。

据《大总统命令》，载一九二二年
五月八日上海《民国日报》第二版

任命温树德等十一人各为海圻等十一舰舰长令

（一九二二年四月三十日）

任命温树德为海圻舰长，吴志馨为海琛舰长，田士捷为肇和舰长，欧阳格为飞鹰舰长，冯肇宪为永丰舰长，丁培龙为永翔舰长，招桂章为楚豫舰长，田炳章为同安舰长，何瀚澜为豫章舰长，林若时为福安舰长，袁良骅为舞凤舰长。此令。

据《大总统命令》，载一九二二年
五月八日上海《民国日报》第二版

任命冯伟为大本营无线电报局局长并
另三人为电报技士令

（一九二二年四月三十日）

任命冯伟为大本营无线电报局局长。此令。

任刘纪信、□福同、程庆全为大本营无线电报技士。此令。

据《大总统命令》，载一九二二年
五月八日上海《民国日报》第二版

任命太永宽为陆军第二师参谋长令

（一九二二年五月一日）

任命太永宽为陆军第二师参谋长。此令。

据《大总统命令》，载一九二二年
五月八日上海《民国日报》第二版

任命朱卓文张惠良各兼或任航空局长副局长令

（一九二二年五月一日）

朱卓文兼航空局长，张惠长为副局长。此令。

据《大总统命令》，载一九二二年
五月八日上海《民国日报》第二版

任命叶秉衡为大本营技士令

（一九二二年五月一日）

任命叶秉衡为大本营技士。此令。

据《大总统命令》，载一九二二年
五月八日上海《民国日报》第二版

派冯自由兼文官高等惩戒委员会委员令

（一九二二年五月一日刊载）

派冯自由兼文官高等惩戒委员会委员。此令。

据一九二二年五月一日上海《民信日刊》

派蔡庚兼文官高等惩戒委员会委员令

（一九二二年五月二日刊载）

派蔡庚兼文官高等惩戒委员会委员。此令。

据一九二二年五月二日上海《民信日刊》

任命陈策为大本营第四路游击司令令

（一九二二年五月二日）

任命陈策为大本营第四路游击司令。此令。

据《大总统命令》，载一九二二年五
月八日上海《民国日报》第二转三版

任命何振为虎门要塞司令令

（一九二二年五月二日）

任命何振为虎门要塞司令。此令。

据《大总统命令》，载一九二二年
五月八日上海《民国日报》第三版

任命谢心准为军用电话处处长令

（一九二二年五月二日）

任命谢心准为军用电话处处长。此令。

据《大总统命令》，载一九二二年
五月八日上海《民国日报》第三版

准吴礼和辞虎门要塞司令令

（一九二二年五月二日）

虎门要塞司令吴礼和电请辞职。吴礼和着免去本职。此令。

据《大总统命令》，载一九二二年
五月八日上海《民国日报》第二版

派冯演秀兼文官高等惩戒委员会委员令

（一九二二年五月三日刊载）

派冯演秀兼文官高等惩戒委员会委员。此令。

据一九二二年五月三日上海《民信日刊》

派刘通兼文官高等惩戒委员会委员令

（一九二二年五月四日刊载）

派刘通兼文官高等惩戒委员会委员。此令。

据一九二二年五月四日上海《民信日刊》

任命胡毅为大本营管理处处长及另两人职务令

（一九二二年五月四日）

任命胡毅为大本营管理处处长，姚观顺为大本营参军，吴适为大本营第十一路游击司令。此令。

据《大总统命令》，载一九二二年五
月十二日上海《民国日报》第三版

特任于右任为讨贼军西北第一路总司令令

（一九二二年五月五日）

大总统令

特任于右任为讨贼军西北第一路总司令。此令。

据《大总统命令》，载一九二二年五
月十二日上海《民国日报》第三版

特任陈树藩为讨贼军西北第二路总司令令

（一九二二年五月五日）

特任陈树藩为讨贼军西北第二路总司令。此令。

据《大总统命令》，载一九二二年五
月十二日上海《民国日报》第三版

任命叶举为粤桂边防督办令

（一九二二年五月五日）

任命叶举为粤桂边防督办。此令。

据《大总统命令》，载一九二二年五
月十二日上海《民国日报》第三版

任命陈策为广东海防司令令

（一九二二年五月五日）

任命陈策为广东海防司令。此令。

据《大总统命令》，载一九二二年五
月十二日上海《民国日报》第三版

准陈策辞大本营第四路游击司令令

（一九二二年五月五日）

大本营第四路游击司令陈策呈请辞职。陈策应免去本职。此令。

据《大总统命令》，载一九二二年五
月十二日上海《民国日报》第三版

着飞鹰舰长欧阳格与豫章舰长何瀚澜对调令

（一九二二年五月五日）

飞鹰舰长欧阳格，着与豫章舰长何瀚澜对调。此令。

据《大总统命令》，载一九二二年五
月十二日上海《民国日报》第三版

特任居正为内务部总长令

（一九二二年五月六日）

特任居正为内务部总长。此令。

据《大总统命令》，载一九二二年五
月十二日上海《民国日报》第三版

任命欧阳琳为大本营幕僚处高级参谋令

（一九二二年五月七日）

任命欧阳琳为大本营幕僚处高级参谋。此令。

据《大总统命令》，载一九二二年五
月十六日上海《民国日报》第三版

任命刘崛萧辉锦为大本营咨议令

（一九二二年五月七日）

任命刘崛、萧辉锦为大本营咨议。此令。

据《大总统命令》，载一九二二年五
月十六日上海《民国日报》第三版

任命郭昌明为大本营参议令

（一九二二年五月七日）

任命郭昌明为大本营参议。此令。

据《大总统命令》，载一九二二年五
月十六日上海《民国日报》第三版

准任命郑衡之等四人为大本营宣传处职员令

（一九二二年五月七日）

遵办大本营宣传事宜田桐呈请任命郑衡之为大本营宣传处编著课主任，陈去
病为宣传处演讲课主任，方觉慧为宣传处新闻课主任，刘云眼为宣传处训练所所

长。均照准。此令。

据《大总统命令》，载一九二二年五
月十六日上海《民国日报》第三版

准任命胡人杰为大本营军法处少校副官令

（一九二二年五月七日）

兼代军法处长蒋作宾呈请任命胡人杰为大本营军法处少校副官，应照准。此令。

据《大总统命令》，载一九二二年五
月十六日上海《民国日报》第三版

准任命洪兆康等六人职务令

（一九二二年五月七日）

陆军第二师长洪兆麟呈请任命洪兆康为副官长，黄维藩为中校参谋，谢沄为少校参谋，方户任为少校副官，伍树枒为军械处处长，黄宗宪为军法处处长。均照准。此令。

据《大总统命令》，载一九二二年五
月十六日上海《民国日报》第三版

准任命姜俊鹏为补充营营长令

（一九二二年五月七日）

陆军第二师师长洪兆麟呈请任命姜俊鹏为补充营营长。应照准。此令。

据《大总统命令》，载一九二二年五
月十六日上海《民国日报》第三版

派翁捷三兼文官高等惩戒委员会委员令

（一九二二年五月七日刊载）

派翁捷三兼文官高等惩戒委员会委员。此令。

据一九二二年五月七日上海《民信日刊》

派余垚兼文官高等惩戒委员会委员令

（一九二二年五月八日刊载）

派余垚兼文官高等惩戒委员会委员。此令。

据一九二二年五月八日上海《民信日刊》

派杨光湛兼文官高等惩戒委员会委员令

（一九二二年五月九日刊载）

派杨光湛兼文官高等惩戒委员会委员。此令。

据一九二二年五月九日上海《民信日刊》

派朱念祖兼文官高等惩戒委员会委员令

（一九二二年五月十日刊载）

派朱念祖兼文官高等惩戒委员会委员。此令。

据一九二二年五月十日上海《民信日刊》

派邓召荫兼文官高等惩戒委员会委员令

（一九二二年五月十一日刊载）

派邓召荫兼文官高等惩戒委员会委员。此令。

据一九二二年五月十一
日上海《民信日刊》

特任许崇智为粤军第二军军长及另三人职务令

（一九二二年五月十一日）

特任许崇智为粤军第二军军长，任命吕超为大本营参军长，任命张岂庸为大本营第十四路游击司令，梁锺汉为大本营咨议。此令。

据《陆海军大元帅令》，载一九二二年
五月二十二日上海《民国日报》第三版

任吕超为大本营参军长令

（一九二二年五月十一日）

陆海军大元帅令
　　任命吕超为大本营参军长。此令。

据《陆海军大元帅令》，载一九二二年
五月二十二日上海《民国日报》第三版

任命张岂庸为大本营第十四路游击司令
梁钟汉为大本营咨议令

（一九二二年五月十一日）

陆海军大元帅令

　　任命张岂庸为大本营第十四路游击司令，梁钟汉为大本营咨议。此令。

据《陆海军大元帅令》，载一九二二年
五月二十二日上海《民国日报》第三版

任何蔚署大理院庭长令

（一九二二年五月十二日刊载）

　　任何蔚署大理院庭长。此令。

据一九二二年五月十二
日上海《民信日刊》

任命何梓林代理粤军第二军步兵
第七旅旅长及另二人职务令

（一九二二年五月十二日）

　　任命何梓林代理粤军第二军步兵第七旅旅长、金华林为大本营幕僚处高级参谋，派程天斗为中央银行筹办委员。此令。

据《陆海军大元帅令》，载一九二二年
五月二十二日上海《民国日报》第三版

任命朱之洪为总统府咨议令

（一九二二年五月十四日刊载）

任命朱之洪为总统府咨议。此令。

据一九二二年五月十四
日上海《民信日刊》

任命关国雄等五人粤军第二军职务令

（一九二二年五月十四日）

任命关国雄为粤军第二军第四师师长，蒋中正为粤军第二军参谋长，许济为粤军第二军第八旅旅长，黄国华为粤军第二军第九旅旅长，孙本戎为粤军第二军卫队正司令。此令。

据《陆海军大元帅令》，载一九二二年
五月二十二日上海《民国日报》第三版

任命冯轶裴为粤军第二军第四师参谋长令

（一九二二年五月十五日）

任命冯轶裴为粤军第二军第四师参谋长。此令。

据《陆海军大元帅令》，载一九二二年
五月二十二日上海《民国日报》第三版

任命王湘为大本营参议令

（一九二二年五月十五日）

任命王湘为大本营参议。此令。

据《陆海军大元帅令》，载一九二二年
五月二十二日上海《民国日报》第三版

任命陈嘉佑为讨贼军湘军第一路司令令

（一九二二年五月十五日）

任命陈嘉佑为讨贼军湘军第一路司令。此令。

据《陆海军大元帅令》，载一九二二年
五月二十二日上海《民国日报》第三版

准任命刘署成等三人陆军第二师职务令

（一九二二年五月十五日）

陆军第二师师长洪兆麟呈请任命刘署成为陆军第二师第四旅第七团第一营营长，李钧为陆军第二师工程营营长，廖仲东为副官。均照准。此令。

据《陆海军大元帅令》，载一九二二年
五月二十二日上海《民国日报》第三版

任命姜汉翘为陆军第二师第四旅旅长及
王期昌为第四旅第八团团长令

（一九二二年五月十五日）

任命姜汉翘为陆军第二师第四旅旅长，王期昌为陆军第二师第四旅第八团团长。此令。

据《陆海军大元帅令》，载一九二二年
五月二十二日上海《民国日报》第三版

任柏文蔚为长江上游招讨使令

（一九二二年五月十七日）

任柏文蔚为长江上游招讨使。

据《本社专电》，载一九二二年五
月十八日上海《民国日报》第二版

任关国雄为第二军旅长及蒋中正为第二军参谋长令

（一九二二年五月十七日）

任关国雄第二军旅长①，蒋忠〔中〕正第二军参谋长。

据《本社专电》，载一九二二年五
月十八日上海《民国日报》第二版

————————

①　一九二二年五月二十二日上海《民国日报》第三版《陆海军大元帅令》，关国雄被任命为第二军第四师师长。

任程天斗为中央银行筹备委员令①

（一九二二年五月十八日）

任程天斗为中央银行筹备委员。

据《本社专电》，载一九二二年五
月二十日上海《民国日报》第二版

准任命吴斌等四人大本营警卫第二团职务令

（一九二二年五月十八日）

陆海军大元帅令

　　大本营参军长吕超呈请任命吴斌为大本营警卫第二团中校团附兼第一营营长，孙绳为大本营警卫第二团少校团附，蒋光鼐为大本营警卫第二团第二营营长，韦就为大本营警卫第二团第三营营长。均照准。此令。

据一九二二年五月二十二日广州《羊城报》

任命张孝准为大本营军务处处长令

（一九二二年五月十八日）

陆海军大元帅令

　　任命张孝准为大本营军务处处长。此令。

据一九二二年五月二十二日广州《羊城报》

---

①　此任命正式发表于《陆海军大元帅大本营公报》一九二三年第一号。

任命章裕昆为赣西讨贼军别动队司令令

（一九二二年五月十八日）

任命章裕昆为赣西讨贼军别动队司令。此令。

据一九二二年五月二十二日广州《羊城报》

任命卢善矩等三人分为宝璧等三舰舰长令

（一九二二年五月十八日）

任命卢善矩为宝璧舰舰长，陈启耀为广东舰舰长，陈锡乾为广金舰舰长。此令。

据一九二二年五月二十四日广州《羊城报》

任命陈家鼐为大本营劳工宣传委员状

（一九二二年五月十九日）

任命状

任命陈家鼐为大本营劳工宣传委员。此状。

孙文

中华民国十一年五月十九日

据原件影印件，台北、中国国
民党文化传播委员会党史馆藏

任命丁培龙为大本营第四路游击司令令

（一九二二年五月十九日）

陆海军大元帅令

　　任命丁培龙为大本营第四路游击司令。此令。

据一九二二年五月二十二日广州《羊城报》

任命列堀为浔郁镇抚使令

（一九二二年五月十九日）

　　任命列堀为浔郁镇抚使。此令。

据一九二二年五月二十二日广州《羊城报》

任命苏无涯为平梧镇抚使令

（一九二二年五月十九日）

　　任命苏无涯为平梧镇抚使。此令。

据一九二二年五月二十二日广州《羊城报》

任命刘濂为大本营咨议状

（一九二二年五月二十日）

任命状

　　任命刘濂为大本营咨议。此状。

孙文

中华民国十一年五月二十日

据原件影印件，台北、中国国
民党文化传播委员会党史馆藏

任命徐天琛为大本营咨议状

（一九二二年五月二十一日）

任命状

任命徐天琛为大本营咨议。此状。

孙文

中华民国十一年五月二十一日

据原件影印件，台北、中国国
民党文化传播委员会党史馆藏

委伍毓瑞为大本营第五路司令令①

（一九二二年五月二十二日刊载）

委以大本营第五路司令。

据《伍毓瑞司令呈报就职》，载一九二二
年五月二十二日上海《民国日报》第六版

---

① 此令从伍毓瑞呈报就职文告中录出，原文为"大总统睿鉴：……谬承元首知遇，委以
大本营第五路游击司令……"。

任命陈宗舜等三人为大本营咨议令

（一九二二年五月二十二日）

任命陈宗舜、梁英、徐天琛为大本营咨议。

据《陆海军大元帅令》，载一九二二年六月一日上海《民国日报》第三版

准吴介璋辞大本营兵站处处长
并即裁撤大本营兵站处令

（一九二二年五月二十二日）

大本营兵站处处长吴介璋呈请辞职。吴介璋准免本职。此令。

大本营兵站处着即裁撤。此令。

据《陆海军大元帅令》，载一九二二年六月一日上海《民国日报》第三版

任命孔庚为讨贼军中央直辖军鄂军军长令

（一九二二年五月二十二日）

任命孔庚为讨贼军中央直辖鄂军军长。此令。

据《陆海军大元帅令》，载一九二二年六月一日上海《民国日报》第三版

准任命谭长年等五人为大本营职员令

（一九二二年五月二十二日）

兼大本营粮食管理处处长胡毅呈请任命谭长年为秘书，陈同赞为总务科主任，梁海秋为盐务科主任，李卓峰为米粮科主任，司徒荣为运输科主任。均照准。此令。

据《陆海军大元帅令》，载一九二二年六月一日上海《民国日报》第三版

着陈炯明办理两广军务及所有
两广地方均听节制调遣令

（一九二二年五月二十七日）

着陆军总长陈炯明办理两广军务，肃清匪患。所有两广地方，均听节制调遣。此令。

据《陆海军大元帅令》，载一九二二年六月三日上海《民国日报》第三版

准任命华振中为中校团附令

（一九二二年五月二十七日）

大本营警卫团团长陈可钰呈请任命华振中为中校团附。应照准。此令。

据《陆海军大元帅令》，载一九二二年六月七日上海《民国日报》第三版

任吕维新钟汉为虔南龙南二县知事令

（一九二二年五月二十八日）

任吕维新虔南县知事，钟汉龙南县知事。

据《本社专电》，载一九二二年五
月三十日上海《民国日报》第二版

准开去副官蒋光鼐章裕昆本缺令

（一九二二年五月二十九日）

大本营参军长吕超呈称参军处副官蒋光鼐、章裕昆另有差委，拟请开去本缺。应照准。此令。

据《陆海军大元帅令》，载一九二二
年六月七日上海《民国日报》第三版

准任命缪培南为少校团附令

（一九二二年五月二十九日）

大本营警卫团团长陈可钰呈请任命缪培南为少校团附。应照准。此令。

据《陆海军大元帅令》，载一九二二
年六月七日上海《民国日报》第三版

任命许崇灏为粤汉铁路警备司令兼管运输事宜令

（一九二二年五月二十九日）

任命许崇灏为粤汉铁路警备司令，兼管运输事宜。此令。

据《陆海军大元帅令》，载一九二二
年六月七日上海《民国日报》第三版

准任命邹竞赵启骤为参军处副官令

（一九二二年五月二十九日）

大本营参军长吕超呈请任命邹竞、赵启骤为参军处副官。应照准。此令。

据《陆海军大元帅令》，载一九二二
年六月七日上海《民国日报》第三版

任命萧炳章为江西省财政厅长及江维华为
该省警务处长兼省会警察厅长令

（一九二二年六月五日）

任命萧炳章为江西省财政厅厅长，江维华为江西全省警务处处长兼省会警察
厅厅长。

据《陆海军大元帅令》，载一九二二年
六月十三日上海《民国日报》第三版

特任谢远涵为江西省长及徐元浩为政务厅长令

（一九二二年六月五日）

特任谢远涵江西省长，徐元浩政务厅长。

据《本社专电》，载一九二二年六
月六日上海《民国日报》第二版

任命夏重民为广三铁路警队司令令

（一九二二年六月七日）

任夏重民广三铁路警队司令。

据《本社专电》，载一九二二年六
月九日上海《民国日报》第二版

任汪鲲南为大庾县知事令

（一九二二年六月十日）

任汪鲲南为大庾县知事。

据《本社专电》，载一九二二年六
月十二日上海《民国日报》第二版

任韩恢为江苏招讨使令

（一九二二年六月十四日）

任韩恢江苏招讨使。

据《本社专电》，载一九二二年六
月十五日上海《民国日报》第二版

特任谭延闿为全湘讨贼军总司令令

（一九二二年六月十五日）

特任谭延闿全湘讨贼军总司令。

据《本社专电》，载一九二二年六
月十七日上海《民国日报》第二版

与居正等四人联署委任王用宾为
中国国民党山西支部筹备处处长状

（一九二二年六月十五日）

委任状

委任王用宾为山西中国国民党支部筹备处处长。此状。

中国国民党总理孙文
总务部部长居正
党务部部长谢持
财政部部长杨庶堪
宣传部部长张继
中华民国十一年六月十五日

据原件照片，台北、中国国民党文化传播委员会党史馆藏

与居正等四人联署委任丁惟汾为
中国国民党山东支部部长状

（一九二二年六月十五日）

委任状

　　委任丁维〔惟〕汾为山东中国国民党支部部长。此状。

中国国民党总理孙文

总务部部长居正

党务部部长谢持

财政部部长杨庶堪

宣传部部长张继

中华民国十一年六月十五日

据秦孝仪主编：《国父全集》第八册（转录
《先烈先进图像文物集珍》第一辑，台北，
近代中国出版社一九八四年二月初版），台
北，近代中国出版社一九八九年十一月出版

任命赵汉一为讨贼军别动队司令状

（一九二二年六月二十三日）

任命状

　　任命赵汉一为讨贼军别动队司令。此状。

中华民国陆海军大元帅孙文

据原件影印件，台北、中国国
民党文化传播委员会党史馆藏

任命王鸣亚为大本营琼崖警备军副司令令

（一九二二年七月一日）

任命王鸣亚为大本营琼崖警备军副司令。此令。

孙文

中华民国十一年七月一日

据原件影印件，台北、中国国
民党文化传播委员会党史馆藏

任命冼灿云为驻港筹饷委员令①

（一九二二年七月三日）

大元帅令

任命冼灿云为筹饷委员。此令。

孙文

中华民国十一年七月三日

据原件影印件，载《孙中山在港澳
与海外活动史迹》，广州，中山大
学孙中山研究所，香港，香港中文
大学联合书院，一九八六年出版

---

① 原标题为"大元帅委任冼灿云为驻港筹饷委员之命令"。

任徐树荣为别动队司令守卫黄埔令

（一九二二年七月四日）

任徐树荣别动队司令，守卫黄埔。

据《本社专电》，载一九二二年七月五日上海《民国日报》第二版

派孙智兴为筹饷委员状

（一九二二年七月九日）

派孙智兴为筹饷委员。此令。

孙文

中华民国十一年七月九日

据原件，珠海、孙仲钦（孙智兴侄孙）家藏

任命许春草为福建讨贼军总指挥令

（一九二二年七月十四日）

任命许春草为福建讨贼军总指挥。此令。

孙文

中华民国十一年七月十四日

据原件影印件，台北、中国国民党文化传播委员会党史馆藏

派邢森洲为华侨宣慰员状

（一九二二年七月二十日）

派状

　　派邢森洲为华侨宣慰员。此状。

孙文

中华民国十一年七月二十日

据原件照片，台北、中国国民
党文化传播委员会党史馆藏

任命徐天琛为讨贼军别动队司令令

（一九二二年七月三十日）

　　任命徐天琛为讨贼军别动队司令。此令。

孙文

民国十一年七月三十日

据原件影印件，台北、中国国
民党文化传播委员会党史馆藏

与居正联署委任何碧炎为中国
国民党海悦分部干事状

（一九二二年九月二日）

委任状

　　委任何碧炎为海悦中国国民党分部干事。此状。

中国国民党总理孙文

总务部部长居正

中华民国十一年九月二日

据原件，台北、中国国民党
文化传播委员会党史馆藏

与居正联署委任林宗斌为中国国民党
双溪大哖分部干事状

（一九二二年九月二日）

委任状

委任林宗斌为双溪大哖中国国民党分部干事。此状。

中国国民党总理孙文

总务部部长居正

中华民国十一年九月二日

据原件，台北、中国国民党
文化传播委员会党史馆藏

与居正等四人联署委任苏福为中国国民党
麻厘杯板支部评议部正议长状

（一九二二年九月十五日）

委任状

委任苏福为麻厘杯板中国国民党支部评议部正议长。此状。

中国国民党总理孙文

总务部部长居正

党务部部长谢持

财政部部长杨庶堪

宣传部部长张继

中华民国十一年九月十五日

据原件影印件，台北、中国国
民党文化传播委员会党史馆藏

与居正等四人联署委任叶任生为中国国民党
纲甲烈港支部副部长状

（一九二二年十月六日）

委任状

　　委任叶任生为纲甲烈港中国国民党支部副部长。此状。

中国国民党总理孙文

总务部部长居正

党务部部长谢持

财政部部长杨庶堪

宣传部部长张继

中华民国十一年十月六日

据原件影印件，台北、中国国
民党文化传播委员会党史馆藏

与居正谢持联署委任杨其焕为中国国民党
神户支部党务科主任状

（一九二二年十月六日）

委任状

　　委任杨其焕为神户中国国民党支部党务科主任。此状。

中国国民党总理孙文

总务部部长居正

党务部部长谢持

中华民国十一年十月六日

据原件，台北、中国国民党
文化传播委员会党史馆藏

与居正张继联署委任陈秉心为中国国民党
神户支部会计科正主任状

（一九二二年十月六日）

委任状

委任陈秉心为神户中国国民党支部会计科正主任。此状。

中国国民党总理孙文

总务部部长居正

财政部部长张继

中华民国十一年十月六日

据原件照片，台北、中国国民
党文化传播委员会党史馆藏

与居正联署委任彭丕昕为中国国民党
巴湾京《民声日报》馆总编辑状

（一九二二年十月十四日）

委任状

委任彭伯勋①为巴湾京中国国民党《民声日报》馆总编辑。此状。

---

① 彭伯勋，即彭丕昕。

中国国民党总理孙文

总务部部长居正

中华民国十一年十月十四日

据原件，台北、中国国民党
文化传播委员会党史馆藏

与居正联署委任李月华为中国国民党
古巴《民声日报》馆总理状

（一九二二年十月十四日）

委任状

委任李月华为中国国民党《民声日报》馆（古巴）总理。此状。

中国国民党总理孙文

总务部部长居正

中华民国十一年十月十四日

据原件影印件，台北、中国国
民党文化传播委员会党史馆藏

与彭素民等联署委任李庆标为中国国民党
缅甸支部副部长状

（一九二二年十月十四日）

委任状

委任李庆标为缅甸中国国民党支部副部长。此状。

中国国民党总理孙文

总务部部长彭素民

代理党务部部长孙镜

财政部部长林业明

宣传部部长叶楚伧

交际部部长陈秋白

中华民国十一年十月十四日

据原件照片，台北、中国国民
党文化传播委员会党史馆藏

任命李福林为讨贼军第三军军长令

（一九二二年十月十八日）

任命李福林为讨贼军第三军军长。此令。

孙文

民国十一年十月十八日

据原件影印件，台北、中国国
民党文化传播委员会党史馆藏

任命许崇智为讨贼军总司令兼第二军军长令

（一九二二年十月十八日）

任命许崇智为讨贼军总司令兼第二军军长。此令。

孙文

民国十一年十月十八日

据原件影印件，台北、中国国
民党文化传播委员会党史馆藏

任命黄大伟为讨贼军第一军军长令

（一九二二年十月十八日）

任命黄大伟为讨贼军第一军军长。此令。

孙文

民国十一年十月十八日

据原件影印件，台北、中国国
民党文化传播委员会党史馆藏

任命蒋中正为讨贼军参谋长令

（一九二二年十月十八日）

任命蒋中正为讨贼军参谋长。此令。

孙文

民国十一年十月十八日

据原件影印件，台北、中国国
民党文化传播委员会党史馆藏

委任黄馥生为缅甸筹饷委员长状

（一九二二年十月二十日）

委任状

委任黄馥生为缅甸筹饷委员长。此状。

孙文

中华民国十一年十月二十日

据原件影印件，台北、中国国
民党文化传播委员会党史馆藏

任命何侠为军事咨议状

（一九二二年十月二十三日）

任命状

　　任何侠为军事咨议。此状。

孙文

中华民国十一年十月二十三日

据原件影印件，台北、中国国
民党文化传播委员会党史馆藏

任命伍汝康为中央盐务督办兼
福建盐务稽核所经理令

（一九二二年十月三十一日）①

　　任命伍汝康为中央盐务督办兼福建盐务稽核所经理。此令。

孙文

十月三十一日

据原件，台北、中国国民党
文化传播委员会党史馆藏

――――――――――

　　①　原件未署年代，据《民国十一年大元帅任命讨陈将领姓名录》，孙文任命伍汝康职务的年份为一九二二年。

任命邝金保为缅甸筹饷委员状

（一九二二年十一月四日）

任命状

　　任邝金保为缅甸筹饷委员。此状。

孙文

中华民国十一年十一月四日

据原件影印件，台北、中国国
民党文化传播委员会党史馆藏

任命陈辉石为筹饷委员状

（一九二二年十一月四日）

任命状

　　任陈辉石为筹饷委员。此状。

孙文

中华民国十一年十一月四日

据原件影印件，台北、中国国
民党文化传播委员会党史馆藏

与居正联署委任卓祖泽为中国国民党
福建支部筹备员状

（一九二二年十一月十一日）

委任状

　　委任卓祖泽为福建支部筹备员。此状。

中国国民党总理孙文

总务部部长居正

中华民国十一年十一月十一日

据原件，台北、中国国民党
文化传播委员会党史馆藏

任命周之贞为西江讨贼军司令令

（一九二二年十一月十二日）

任命周之贞为西江讨贼军司令。此令。

孙文

民国十一年十一月十二日

据原件，台北、中国国民党
文化传播委员会党史馆藏

与居正等四人联署委任高发明为中国国民党
夏湾拿分部正部长状

（一九二二年十一月十三日）

委任状

委任高发明为夏湾拿中国国民党分部正部长。此状。

中国国民党总理孙文

总务部部长居正

党务部部长谢持

财政部部长杨庶堪

宣传部部长张继

中华民国十一年十一月十三日

据原件影印件，台北、中国国
民党文化传播委员会党史馆藏

与居正等四人联署委任黄德源为中国国民党
仰光支部正部长状

（一九二二年十一月二十一日）

委任状

委任黄德源为仰光中国国民党支部正部长。此状。

中国国民党总理孙文

总务部部长居正

党务部部长谢持

财政部部长杨庶堪

宣传部部长张继

中华民国十一年十一月二十一日

据原件影印件，台北、中国国
民党文化传播委员会党史馆藏

与居正张继联署委任朱伟民为中国国民党
仰光支部宣传科正主任状

（一九二二年十一月二十一日）

委任状

委任朱伟民为仰光中国国民党支部宣传科正主任。此状。

中国国民党总理孙文

总务部部长居正

宣传部部长张继

中华民国十一年十一月二十一日

据原件影印件，台北、中国国
民党文化传播委员会党史馆藏

与居正等四人联署委任梁卓贵为中国国民党
仰光支部评议部正议长状

（一九二二年十一月二十一日）

委任状

　　委任梁卓贵为仰光中国国民党支部评议部正议长。此状。

中国国民党总理孙文

总务部部长居正

党务部部长谢持

财政部部长杨庶堪

宣传部部长张继

中华民国十一年十一月二十一日

据原件，台北、中国国民党
文化传播委员会党史馆藏

与居正等四人联署委任李庆标为中国国民党
仰光支部副部长状

（一九二二年十一月二十一日）

委任状

　　委任李庆标为仰光中国国民党支部副部长。此状。

中国国民党总理孙文

总务部部长居正

党务部部长谢持

财政部部长杨庶堪

宣传部部长张继

中华民国十一年十一月二十一日

据原件影印件，台北、中国国
民党文化传播委员会党史馆藏

与居正联署委任许寿民为中国国民党
仰光支部干事状

（一九二二年十一月二十一日）

委任状

委任许寿民为仰光中国国民党支部干事。此状。

中国国民党总理孙文

总务部部长居正

中华民国十一年十一月二十一日

据原件影印件，台北、中国国
民党文化传播委员会党史馆藏

与居正杨庶堪联署委任陈东平为中国国民党
仰光支部会计科副主任状

（一九二二年十一月二十一日）

委任状

委任陈东平为仰光中国国民党支部会计科副主任。此状。

中国国民党总理孙文

总务部部长居正

财政部部长杨庶堪

中华民国十一年十一月二十一日

据原件影印件，台北、中国国
民党文化传播委员会党史馆藏

与居正谢持联署委任陈辉石为中国国民党
仰光支部党务科正主任状

（一九二二年十一月二十一日）

委任状

　　委任陈辉石为仰光中国国民党支部党务科正主任。此状。

中国国民党总理孙文

总务部部长居正

党务部部长谢持

中华民国十一年十一月二十一日

据原件影印件，台北、中国国
民党文化传播委员会党史馆藏

与居正联署委任叶独醒为中国国民党
宿务支部总务科正主任状

（一九二二年十一月二十三日）

委任状

　　委任叶独醒为宿务中国国民党支部总务科正主任。此状。

中国国民党总理孙文

总务部部长居正

中华民国十一年十一月二十三日

据原件影印件，台北、中国国
民党文化传播委员会党史馆藏

与居正联署委任林不帝为中国国民党
宿务支部会计科副主任状

（一九二二年十一月二十三日）

委任状

委任林不帝为宿务中国国民党支部会计科副主任。此状。

中国国民党总理孙文

总务部部长居正

中华民国十一年十一月二十三日

据原件，台北、中国国民党
文化传播委员会党史馆藏

杨仙逸为航空局长令

（一九二二年十二月六日）

杨仙逸为航空局长。

孙文

十二月六日

据原件，台北、中国国民党
文化传播委员会党史馆藏

与居正张继联署委任何如群为中国国民党
庇能支部宣传科正主任状

（一九二二年十二月二十日）

委任状

委任何如群为庇能中国国民党支部宣传科正主任。此状。

中国国民党总理孙文

总务部部长居正

宣传部部长张继

中华民国十一年十二月二十日

据原件，台北、中国国民党
文化传播委员会党史馆藏

任命李钺森为讨贼川军第一军军长及
郭汝栋等四人分为旅长令

（一九二二年十二月二十六日）

　　李钺森为讨贼军川军第一军军长，郭汝栋为第一旅旅长，赵鹤为第二旅旅长，许绍宗为第三旅旅长，王兆奎为第四旅旅长。

孙文

中华民国十一年十二月二十六日

据南京《中央党务月刊》第十五
期"特载"，一九二九年十月出版

任命讨陈将领姓名录

（一九二二年六至十二月）

姓名	职衔	任委日期	号次	备考
李禄超	驻港军事委员	十一年八月二十二日	特字一四四	二号委任状只此一纸
蔡钜猷	讨贼军湘军第二路司令	十一年八月三十日	特字一四四	头号委任状
陈渠珍	讨贼军湘军第三路司令	十一年八月三十日	特字一四五	
陈继虞	讨贼军琼崖总司令		特字一四六	
黄胜朱	讨贼军琼崖副司令		特字一四七	

（续表）

姓名	职衔	任委日期	号次	备考
臧致平	福建讨贼军南路司令	十一年九月二十九日	特字一四八	
李芳苣	福建讨贼军南路前敌指挥官	十一年九月二十九日	特字一四九	
巢安澜	福建漳厦宣慰员	十一年九月二十九日	特字一五零	
刘焜	闽南第六路司令	十一年九月三十日	特字一五一	取销
林寿华	闽南第七路司令	十一年九月三十日	特字一五二	
刘焜灿	闽南第六路司令	十一年九月三十日	特字一五三	
许崇智	东路讨贼军总司令兼第二军军长	十一年十月十八日	特字一五四	
黄大伟	东路讨贼军第一军军长	十一年十月十八日	特字一五五	
李福林	东路讨贼军第三军军长	十一年十月十八日	特字一五六	
蒋中正	东路讨贼军参谋长	十一年十月十八日	特字一五七	
叶定国	讨贼军闽军第六司令	十一年十月十八日	特字一五八	特字一五九至一六八空白带交福建总司令部
徐镜清	福建暂编陆军第一师师长兼福建建邵地方警备司令官	十一年九月二十九日	特字一六九	
蓝仁	筹饷委员	十一年十月二十三日	特字一七零	
何侠	军事咨议	十一年十月二十三日	特字一七一	特字一七二至一九一空白交邹海滨带至香港
伍汝康	中央盐务督办兼福建盐务稽核所经理	十一年十月三十一日	特字一九二	
王懋功	东路讨贼军第一旅长	十一年十一月三日	特字一九三	
陈得平	东路讨贼军第二旅长	十一年十一月三日	特字一九四	
邱鸿钧	东路讨贼军第三旅长	十一年十一月三日	特字一九五	特字一九六至二二〇筹饷委员交黄馥生带至仰光
张超	河南陆军第一师师长兼步兵第一旅旅长	十一年六月十二日	特字二二一	

（续表）

姓名	职衔	任委日期	号次	备考
李凤山	河南陆军步兵第二旅旅长	十一年六月十二日	特字二二二	
申鼎	河南陆军步兵第一混成旅旅长	十一年六月十二日	特字二二三	
王耀	河南陆军第二混成旅旅长	十一年六月十二日	特字二二四	
陈云	河南第一混成旅步兵第一团团长	十一年六月十二日	特字二二五	
崔吉	河南第一混成旅步兵第二团团长	十一年六月十二日	特字二二六	
郭魁	河南第一混成旅混成团团长	十一年六月十二日	特字二二七	
李明	河南第二混成旅步兵第三团团长	十一年六月十二日	特字二二八	
张胜	河南第二混成旅步兵第四团团长	十一年六月十二日	特字二二九	
樊福	河南第二混成旅步兵混成团团长	十一年六月十二日	特字二三零	
何家瑞	讨贼第四军参谋长	十一年十一月十三日	特字二三一	特字二三二至二三六取消
黄业兴	讨贼军中路第二军司令	十一年十一月二十日	特字二四九	特字二三七至二四八交王亮成
郭宪成	讨贼军中路第二军副司令	十一年十一月二十日	特字二五零	
吴宝功	讨贼军中路第二军前敌司令兼第八支队第一统领	十一年十一月二十日	特字二五一	
黄其祥	讨贼军中路第二军第七支队司令	十一年十一月二十日	特字二五二	
翟崇亮	讨贼军中路第二军第八支队司令	十一年十一月二十日	特字二五三	
王定华	讨贼军中路第二军第九支队司令	十一年十一月二十日	特字二五四	

（续表）

姓名	职衔	任委日期	号次	备考
陈家威	讨贼军中路第二军第十支队司令	十一年十一月二十日	特字二五五	
沈启琳	讨贼军中路第二军第八支队第二统领	十一年十一月二十日	特字二五六	
吴近	东路讨贼军第三军第一旅旅长	十一年十一月二十日	特字二五七	
袁德墀	东路讨贼军第三军第二旅旅长	十一年十一月二十日	特字二五八	
林驹	东路讨贼军第三军第三旅旅长	十一年十一月二十日	特字二五九	
郑咏琛	东路讨贼军第三军第四旅旅长	十一年十一月二十日	特字二六零	
沈霭塘	南洋筹饷专员	十一年十一月二十二日	特字二六一	
吴旭	南洋筹饷副委员	十一年十一月二十二日	特字二六二	
刘达庆	中央直辖桂军第二路司令	十一年十一月二十二日	特字二六三	
谢愤生	西江军事联络员	十一年十一月二十二日	特字二六四	
李纪堂	西江军事特派员	十一年十一月二十九日	特字二六五	
刘玉山	中央直辖桂军第二师师长	十一年十二月一日	特字二六六	
张文生	皖豫边防督办	十一年六月一日	特字二六七	
蔡懿恭	西江军事联络员	十一年十一月三十日	特字二六八	
杨仙逸	航空局长	十一年十二月六日	特字二八八	
周之贞	西江讨贼军司令	十一年十二月十四日	特字二八九	

据《大元帅任命讨陈将领登记簿》原件，台北、中国国民党文化传播委员会党史馆藏

委邹鲁为广东讨贼军临时总司令
胡汉民临时省长令

（一九二三年一月十八日）

（孙中山十八日来电）委邹鲁为广东讨贼军临时总司令，胡汉民为临时省长，胡未到任前由邹暂代。

据《专电》，载一九二三年一月二十二日天津《大公报》

致胡汉民等五人委托全权代行大总统职权电

（一九二三年一月十九日）

胡汉民、李烈钧、许崇智、魏邦平、邹鲁，全权代行大总统职权。因军、民两政需人综理，必须征集众长，方能治理。今粤局纠纷，文一时未能来，深赖诸贤共济，奠定桑梓，为改造全国之基。希善体此意，毋负委托。孙文。皓。

据邹鲁：《回顾录》，南京，独立出版社一九三七年七月初版

委邓雄为广东省长及另六人职务令

（一九二三年一月十九日）

孙文于十九日曾电委邓雄为省长，杨希闵为财厅长。胡汉民、许崇智、魏邦平、邹鲁、李烈钧为全权委员，代行大总统职务。电末言：文一时未能即来。

据《陈氏走后之粤局七志》，载一九二三年一月三十日长沙《大公报》

委胡汉民为广东省长及另三人职务令

（一九二三年一月二十日）①

任命胡汉民为广东省长，许崇智为广东总司令，许未到以前由李烈钧代理，魏邦平为卫戍总司令。

据《孙文任命粤长官》，载一九二三年一月二十七日长沙《大公报》

致魏邦平委其为讨贼联军总司令电

（一九二三年一月二十日）

广州魏丽堂总司令：兹特委兄为讨贼联军总司令，以期统辖讨贼各军，指挥如意。望勉为难，底定粤局。孙文。号。

据孟德居士编：《孙大元帅回粤记》，上海，民权初步社一九二三年出版

委任彭素民等九人分为中国国民党
本部各部正副部长状

（一九二三年一月二十一日）

委任彭素民为本部总务部部长，林祖涵为本部总务部副部长，陈树人为本部党务部部长，孙镜为本部党务部副部长，林业明为本部财务部部长，叶楚伧为本部宣传部部长，茅祖权为本部宣传部副部长，张秋白为本部交际部部长，周颂西

---

① 据一九二三年一月二十七日长沙《大公报》载，此电令系孙文接一月十八日海陆军将领海珠会议电请其任命粤省各长官电报后的复电；又据查孙文是在一月二十日任命胡汉民为广东省长的，故此件的时间推定为一月二十日。

为本部交际部副部长。此状。

总理（印）

据《总理任命·一月二十一日》，载
上海《中国国民党本部公报》第一卷
第三号，一九二三年一月三十日出版

委任居正等十八人为中国国民党本部参议状

（一九二三年一月二十三日）

委任居正、孙洪伊、杨庶堪、杭辛斋、覃振、张静江、于右任、吕志伊、周震鳞、廖仲恺、田桐、戴传贤、陈独秀、刘积学、张继、谢持、王用宾、詹大悲为本部参议。此状。

总理（印）

据《总理任命·一月二十三日》，载
上海《中国国民党本部公报》第一卷
第三号，一九二三年一月三十日出版

委任居正等十八人为中国国民党本部参议名单①

（一九二三年一月二十三日）

居正、张静江、戴传贤、孙洪伊、于右任、陈独秀、杨庶堪、吕志伊、张继、杭辛斋、周震麟〔鳞〕、刘积学、茅祖权、廖仲恺、谢持、覃振、田桐、王用宾，右十八人为参议。

孙文
一月廿三日

据原件照片，见《国父全集补编》，台北，中国国民党中央委员会党史委员会一九八五年六月初版

---

① 此名单为孙文提名亲笔所书，系给秘书处缮写委任状。但《孙中山全集》第7卷所载《给居正等委任书》，其中一名"詹大悲"，与此名单中一名"茅祖权"有异。

委任张继为本部参议状

（一九二三年一月二十三日）

委任状

委任张继为本部参议。此状。

中国国民党总理孙文

中华民国十二年一月二十三日

据原件，台北、中国国民党

文化传播委员会党史馆藏

委任王用宾为本部参议状

（一九二三年一月二十三日）

委任状

委任王用宾为本部参议。此状。

中国国民党总理孙文

中华民国十二年一月二十三日

据原件照片，台北、中国国民

党文化传播委员会党史馆藏

委任周佩箴为中国国民党本部财务部副部长状

（一九二三年一月二十六日）

委任周佩箴为本部财务部副部长。此状。

总理（印）

据《总理任命·一月二十六日》，载

上海《中国国民党本部公报》第一卷

第三号，一九二三年一月三十日出版

委任周雍能为总理办公处秘书状

（一九二三年一月三十日）

委任状

委任周雍能为总理办公处秘书。此状。

中国国民党总理孙文

中华民国十二年一月三十日

据秦孝仪主编：《国父全集》第八册（转录《周雍能先生访问纪录》），台北，近代中国出版社一九八九年十一月出版

委任丁惟汾等三人为中国国民党本部参议及另四人为总理办公处职员状

（一九二三年一月三十日）

委任丁惟汾、黄复生、朱之洪为本部参议，徐苏中、周雍能、李凤梧为总理办公处秘书，李翼民为总理办公处书记。此状。

总理（印）

据《总理任命・一月三十日》，载上海《中国国民党本部公报》第一卷第四号，一九二三年二月十日出版

委任谭平山为中国国民党广东工界宣传员状

（一九二三年一月三十日）

委任谭平山为本党广东工界宣传员。此状。

总理（印）

总务部部长彭素民（副署）

宣传部部长茅祖权（代署）

据《总理任命·一月三十日》，载上
海《中国国民党本部公报》第一卷
第四号，一九二三年二月十日出版

委任徐苏中等三人为总理办公处秘书令

（一九二三年一月三十日）

委任徐苏中、周雍能、李凤梧为总理办公处秘书。此令。

孙文

十二年一月三十日

据原件，台北、中国国民党文化传播委员会党史馆藏

委任李翼民杨子修为总理办公处书记令

（一九二三年一月三十日）

委任李翼民、杨子修为总理办公处书记。此令。

孙文

据原件，台北、中国国民党文化传播委员会党史馆藏

改委杨子修为总理办公室办事员令

（一九二三年二月三日）

改委杨子修为总理办公室办事员。此令。

孙文

二月三日

据原件，台北、中国国民党文化传播委员会党史馆藏

委任柏文蔚等十一人为中国国民党军事委员会委员及杨子修为总理办公处办事员状

（一九二三年二月三日）

委任柏文蔚、吕超、黄大伟、蒋作宾、蒋中正、顾忠琛、朱霁青、路孝忱、叶荃、吴介璋、朱一鸣为本部军事委员会委员，杨子修为总理办公处办事员。此状。

总理（印）

据《总理任命·二月三日》，载上海《中国国民党本部公报》第一卷第四号，一九二三年二月十日出版

委柏文蔚等十一人为本部军事委员会委员令

（一九二三年二月三日）

柏文蔚、吕超、黄大伟、蒋作宾、蒋中正、顾忠琛、朱霁青、路孝忱、叶荃、吴介璋、朱一鸣，右十一人委为本部军事委员会委员。

孙文

民国十二年二月三日

据原件影印件，台北、中国国民党文化传播委员会党史馆藏

任命程潜等五人为大本营驻江办事处主任令

（一九二三年二月四日）①

任命程潜、古应芬、梁鸿楷、陈德春、莫擎宇为大本营驻江办事处主任。此令。

据《程潜等报告就职电》，载一九二三年三月一日天津《大公报》

委任曾省三等五人为中国国民党本部总务部干事状

（一九二三年二月七日）

委任曾省三、何犹兴、钟孟雄、叶纫芳、田桓为本部总务部干事。此状。

总理（印）

据《总理任命·二月七日》，载上海《中国国民党本部公报》第一卷第五号，一九二三年二月二十日出版

委任郑观等三人为中国国民党本部党务部干事状

（一九二三年二月七日）

委任郑观、刘其渊、蒋宗汉为本部党务部干事。此状。

总理（印）

据《总理任命·二月七日》，载上海《中国国民党本部公报》第一卷第五号，一九二三年二月二十日出版

---

① 任命日期系据二月五日程潜等就职电称"本月支日奉大总统电"酌定。

委任田桓为中国国民党本部总务部干事状

（一九二三年二月七日）

委任状

　　委任田桓为本部总务部干事。此状。

中国国民党总理孙文

中华民国十二年二月七日

据原件，北京、中国国家博物馆藏

任杨庶堪为劳军使状

（一九二三年二月七日）

　　任杨庶堪为劳军使。此状。

孙文

中华民国十二年二月七日

据原件，北京、中国国家博物馆藏

委任吴公干等五人为中国国民党上海各部职员状

（一九二三年二月八日）

　　委任吴公干为中国国民党上海第一分部部长，何世桢为中国国民党上海第二分部部长，连潘为中国国民党上海第三分部部长，何荣山为中国国民党上海第一分部评议部正议长，高伯谦为中国国民党上海第一分部评议部副议长。此状。

总理（印）

总务部部长彭素民副署

党务部部长陈树人副署

财务部部长林业明副署

宣传部部长叶楚伧副署

交际部部长张秋白副署

据《总理任命·二月八日》，载上海《中国国民党本部公报》第一卷第五号，一九二三年二月二十日出版

委任刘殿生为中国国民党上海第一分部党务科主任状

（一九二三年二月八日）

委任刘殿生为中国国民党上海第一分部党务科主任。此状。

总理（印）

总务部部长彭素民副署

党务部部长陈树人副署

据《总理任命·二月八日》，载上海《中国国民党本部公报》第一卷第五号，一九二三年二月二十日出版

委任程亮初为中国国民党上海第一分部会计科主任状

（一九二三年二月八日）

委任程亮初为中国国民党上海第一分部会计科主任。此状。

总理（印）

总务部部长彭素民副署

财务部部长林业民副署

据《总理任命·二月八日》，载上海《中国国民党本部公报》第一卷第五号，一九二三年二月二十日出版

委任冯幼拔为中国国民党上海
第一分部宣传科主任状

（一九二三年二月八日）

委任冯幼拔为中国国民党上海第一分部宣传科主任。此状。

总理（印）

总务部部长彭素民副署

宣传部部长叶楚伧副署

据《总理任命·二月八日》，载上
海《中国国民党本部公报》第一卷
第五号，一九二三年二月二十日出版

委任林焕廷等十五人为中国国民党
上海第一分部职员状

（一九二三年二月八日）

委任林焕廷为中国国民党上海第一分部总务科主任，邝公耀为中国国民党上海第一分部执行部书记，黄尚周、刘生初、黄鹤朋、关民生、冯闰生为中国国民党上海第一分部干事，朱蔚然为中国国民党上海第一分部评议部书记，林安、周柏祥、蔡章成、林海筹、罗惠棠、何广生、吴钊为中国国民党上海第一分部评议部评议员。此状。

总理（印）

总务部部长彭素民副署

据《总理任命·二月八日》，载上
海《中国国民党本部公报》第一卷
第五号，一九二三年二月二十日出版

委任李儒修等三人为中国国民党
本部宣传部干事状

（一九二三年二月八日）

委任李儒修、朱克刚、张春木为本部宣传部干事。此状。

总理（印）

据《总理任命・二月八日》，载上
海《中国国民党本部公报》第一卷
第五号，一九二三年二月二十日出版

委任熊秉坤为中国国民党
本部军事委员会委员状

（一九二三年二月八日）

委任熊秉坤为本部军事委员会委员。此状。

总理（印）

据《总理任命・二月八日》，载上
海《中国国民党本部公报》第一卷
第五号，一九二三年二月二十日出版

委任冯子恭等三人为中国国民党
本部交际部干事状

（一九二三年二月八日）

委任冯子恭、徐承炉、张拱辰为本部交际部干事。此状。

总理（印）

据《总理任命·二月八日》，载上
海《中国国民党本部公报》第一卷
第五号，一九二三年二月二十日出版

委任吴忠信为中国国民党
本部军事委员会委员状

（一九二三年二月八日）

委任吴忠信为本部军事委员会委员。此状。

总理（印）

据《总理任命·二月八日》，载上
海《中国国民党本部公报》第一卷
第五号，一九二三年二月二十日出版

熊秉坤为军事委员手令

（一九二三年二月九日）

熊秉坤为军事委员。

孙文
二月九日

据原件，台北、中国国民党文化传播委员会党史馆藏

委任邢诒濡等三十九人分为宋卡等十埠
中国国民党分部职员状

（一九二三年二月十日）

委任邢诒濡为宋卡中国国民党分部正部长，王顺厚为宋卡中国国民党分部副部长，陈宽柙为宋卡中国国民党分部评议部正议长，黄令伦为宋卡中国国民党分部评议部副议长；杨国英为洞多利中国国民党分部正部长，陈祝民为洞多利中国国民党分部副部长，何景云为洞多利中国国民党分部评议部正议长，杨质权为洞多利中国国民党分部评议部副议长；谭少军为玛琅中国国民党分部正部长，李廷华为玛琅中国国民党分部副部长，范百弓为玛琅中国国民党分部评议部正议长；马焕球为锦碌中国国民党分部正部长，高振汝为锦碌中国国民党分部副部长，周开穗为锦碌中国国民党分部评议部正议长，梁评旺为锦碌中国国民党分部评议部副议长；李启瑞为海阳中国国民党分部正部长，张耀东为海阳中国国民党分部副部长，李值生为海阳中国国民党分部评议部正议长，邓国钦为海阳中国国民党分部评议部副议长；何镜波为南定中国国民党分部正部长，郑铁城为南定中国国民党分部副部长，陈惠昭为南定中国国民党分部评议部正议长，林潮清为南定中国国民党分部评议部副议长；傅青云为打拿根中国国民党分部正部长，黄建为打拿根中国国民党分部副部长，区源泰为打拿根中国国民党分部评议部正议长，黄炳为打拿根中国国民党分部评议部副议长；甄挥振为稳梳中国国民党分部正部长，李能相为稳梳中国国民党分部副部长，李跃来为稳梳中国国民党分部评议部正议长，李江伟为稳梳中国国民党分部评议部副议长；王大同为兰顿中国国民党分部正部长，李秩男为兰顿中国国民党分部副部长，黄质强为兰顿中国国民党分部评议部正议长，王五星为兰顿中国国民党分部评议部副议长；伍陶吾为湿比厘中国国民党分部正部长，林逸川为湿比厘中国国民党分部副部长，伍祝川为湿比厘中国国民党分部评议部正议长，黄福初为湿比厘中国国民党分部评议部副议长。此状。

总理（印）

总务部部长彭素民副署

党务部部长陈树人副署

财政部部长林业明副署

宣传部部长叶楚伦副署

交际部部长张秋白副署

据《总理任命·二月十日》，载上海《中国国民党本部公报》第一卷第六号，一九二三年二月二十八日出版

委任张经席等十人分为宋卡等十埠
中国国民党分部党务科主任状

（一九二三年二月十日）

委任张经席为宋卡中国国民党分部党务科主任，洪惠庆为洞多利中国国民党分部党务科主任，池荐塝为玛琅中国国民党分部党务科主任，陈汉文为锦碌中国国民党分部党务科主任，冯时朗为海阳中国国民党分部党务科主任，郑荣武为南定中国国民党分部党务科主任，黄吉棠为打拿根中国国民党分部党务科主任，李树楠为稳梳中国国民党分部党务科主任，张健男为兰顿中国国民党分部党务科主任，林鹤龄为湿比厘中国国民党分部党务科主任。此状。

总理（印）

总务部部长彭素民副署

党务部部长陈树人副署

据《总理任命·二月十日》，载上海《中国国民党本部公报》第一卷第六号，一九二三年二月二十八日出版

委任陈文闸等十人分为宋卡等十埠
中国国民党分部会计科主任状

（一九二三年二月十日）

委任陈文闸为宋卡中国国民党分部会计科主任，辜世爵为洞多利中国国民党分部会计科主任，陈丁为玛琅中国国民党分部会计科主任，马芳为锦碌中国国民党分部会计科主任，卢盈芳为海阳中国国民党分部会计科主任，胡廷祚为南定中国国民党分部会计科主任，杜林为打拿根中国国民党分部会计科主任，李荣韬为稳梳中国国民党分部会计科主任，张翊初为兰顿中国国民党分部会计科主任，林浣为湿比厘中国国民党分部会计科主任。此状。

总理（印）

总务部部长彭素民副署

财政部部长林业明副署

据《总理任命·二月十日》，载上海
《中国国民党本部公报》第一卷第六
号，一九二三年二月二十八日出版

委任符卓颜等十人分为宋卡等十埠
中国国民党分部宣传科主任状

（一九二三年二月十日）

委任符卓颜为宋卡中国国民党分部宣传科主任，洪森国为洞多利中国国民党分部宣传科主任，黄克白为玛琅中国国民党分部宣传科主任，张全享为锦碌中国国民党分部宣传科主任，张宝钊为海阳中国国民党分部宣传科主任，黄进步为南定中国国民党分部宣传科主任，赵振岳为打拿根中国国民党分部宣传科主任，李铁如为稳梳中国国民党分部宣传科主任，李惠民为兰顿中国国民党分部宣传科主任，邓兆枢为湿比厘中国国民党分部宣传科主任。此状。

总理（印）

总务部部长彭素民副署

宣传部部长叶楚伧副署

据《总理任命·二月十日》，载上海《中国国民党本部公报》第一卷第六号，一九二三年二月二十八日出版

委任罗瑛等一百五十四人分为宋卡等十埠中国国民党分部职员状

（一九二三年二月十日）

委任罗瑛为宋卡中国国民党分部总务科主任，苏飚周为宋卡中国国民党分部执行部书记，苏澍偕、邢定荣、邢栗山、林熙树、张睿阶、王昌运、邢甘桃、林凤梧为宋卡中国国民党分部干事，陈祖恩、张亦超、翁世伟、潘先华、翁和标、王宗妙、翁世仕、吴天涯、黄柏、锡子侯为宋卡中国国民党分部评议部评议员；陈连枝为洞多利中国国民党分部总务科主任，苏啸山为洞多利中国国民党分部执行部书记，辜世英、陈连捷、汤濂、黄星五、张仁俭、王龙为洞多利中国国民党分部干事，苏天霖、洪谷平、辜华权、郑兴国为洞多利中国国民党分部评议部评议员；李得英为玛琅中国国民党分部总务科主任，杨百海为玛琅中国国民党分部执行部书记，张平安为玛琅中国国民党分部干事，周灵、林爽、周怀、薛鸿雯为玛琅中国国民党分部评议部评议员；马锐进为锦碌中国国民党分部总务科主任，李颖、林芳为锦碌中国国民党执行部书记，梁广、郑厚常为锦碌中国国民党分部干事，朱德煊、周朝桂为锦碌中国国民党分部评议部书记，陈添、甄添、张叶、林乐、吴有、郑生、周伦、黄伟、梁瑞钿、马如安、马如庆、李添来、马玉崑、黄春荣、林圣永、郑子钦、周瑞实、周霭瑞、张双全、张安为锦碌中国国民党分部评议部评议员；关秩融为海阳中国国民党分部总务科主任，郭仁甫为海阳中国国民党分部执行部书记，关耀芳、曾海恩、陈石奇、陈锦泉为海阳中国国民

党分部干事，陈福海为海阳中国国民党分部评议部书记，李少雄、朱露华、陈洞滨、李清全、李兆年、卢心铭为海阳中国国民党分部评议部评议员；张椿楠为南定中国国民党分部总务科主任，冯菊逸为南定中国国民党分部执行部书记，梁国之、郑其三、程楚九、郑开、陈灼南、吴弥显为南定中国国民党分部干事，梁镜堂为南定中国国民党分部评议部书记，彭梦生、梅翼之、黄福康、方锦泉、林英、邹炳为南定中国国民党分部评议部评议员；杨子清为打拿根中国国民党分部总务科主任，陆佩文为打拿根中国国民党分部执行部书记，伍友初、陈培、黄显新、温树棠为打拿根中国国民党分部干事，吴伟廷为打拿根中国国民党分部评议部书记，张德、颜毅、姚耀球、胡球、张康、蒲善明为打拿根中国国民党分部评议部评议员；李寿为稳梳中国国民党分部总务科主任，司徒重臣、余耀宗为稳梳中国国民党分部执行部书记，李成启、陈如同、伍汉莲、陈寿民为稳梳中国国民党分部干事，刘伯乾为稳梳中国国民党分部评议部书记，甄永藩、甄其正、黄种强、李社洽、李松尧、陈嗣昌、黄盛、汤培、伍星屏为稳梳中国国民党分部评议部评议员；黄彬为兰顿中国国民党分部总务科主任，王敦五、何若渠为兰顿中国国民党分部执行部书记，钟的臣、李锡福、张鉴钦、王自立、刘子培、王星垣、陈季和、赵庄、司徒协为兰顿中国国民党分部干事，王柒耀为兰顿中国国民党分部评议部书记，钟玉吾、黄雁秋、李玉吾、刘明为兰顿中国国民党分部评议部评议员；林醒亚为湿比厘中国国民党分部总务科主任，龚乾初为湿比厘中国国民党分部执行部书记，颜伯樑、伍洁生、伍孚卿、林祝三为湿比厘中国国民党分部干事，林竹溪为湿比厘中国国民党分部评议部书记，伍达卿、赵铁汉、林容光、伍莘懂、赵慎民、林伟楠为湿比厘中国国民党分部评议部评议员。此状。

总理（印）

总务部部长彭素民副署

据《总理任命·二月十日》，载上海《中国国民党本部公报》第一卷第六号，一九二三年二月二十八日出版

吴忠信为军事委员手令

（一九二三年二月十一日）

吴忠信为军事委员。

孙文

二月十一日

据原件，台北、中国国民党
文化传播委员会党史馆藏

与彭素民联署委任郭清石为中国国民党
薄寮分部干事状

（一九二三年二月二十一日）

委任状

　　委任郭清石为薄寮中国国民党分部干事。此状。

中国国民党总理孙文

总务部部长彭素民

中华民国十二年二月二十一日

据原件照片，台北、中国国民
党文化传播委员会党史馆藏

委任赵公璧为中国国民党广东支部党务科长状

（一九二三年二月二十一日）

委任赵公璧为中国国民党广东支部党务科科长。此状。

总理（印）

总务部部长彭素民副署

党务部部长陈树人副署

据《总理任命·二月廿一日》，载上海《中国国民党本部公报》第一卷第七号，一九二三年三月十日出版

委任林丽生为中国国民党广东支部财政科长状

（一九二三年二月二十一日）

委任林丽生为中国国民党广东支部财政科科长。此状。

总理（印）

总务部部长彭素民副署

财政部部长林业明副署

据《总理任命·二月廿一日》，载上海《中国国民党本部公报》第一卷第七号，一九二三年三月十日出版

委任林云陔为中国国民党广东支部宣传科长状

（一九二三年二月二十一日）

委任林云陔为中国国民党广东支部宣传科科长。此状。

总理（印）

总务部部长彭素民副署

宣传部部长叶楚伧副署

据《总理任命·二月廿一日》，载上海《中国国民党本部公报》第一卷第七号，一九二三年三月十日出版

委任何效由等四十五人分为坎问顿等
十二埠中国国民党分部职员状

（一九二三年二月二十一日）

委任何效由为坎问顿中国国民党分部正部长，伍碧梧为坎问顿中国国民党分部副部长，吕见三为坎问顿中国国民党分部评议部正议长，朱彪吾为坎问顿中国国民党分部评议部副议长；黄汉章为三宝雁中国国民党分部正部长，丁芳园为三宝雁中国国民党分部副部长，郑寿培为三宝雁中国国民党分部评议部正议长，王信智为三宝雁中国国民党分部评议部副议长；王尚琴为怡朗中国国民党分部正部长，关国深为怡朗中国国民党分部副部长，陈文远为怡朗中国国民党分部评议部正议长，胡维材为怡朗中国国民党分部评议部副议长；陈家兰为邦咯中国国民党通讯处主任；谭瑞恭为庇能中国国民党分部正部长，朱子机为庇能中国国民党分部副部长，陈应钦为庇能中国国民党分部评议部正议长，廖恪卿为庇能中国国民党分部评议部副议长；詹行瑰为万磅中国国民党分部正部长，云逢益为万磅中国国民党分部副部长，韩卓章为万磅中国国民党分部评议部正议长，林干廷为万磅中国国民党分部评议部副议长；苏法聿为巴生港口中国国民党分部正部长，严福纪为巴生港口中国国民党分部副部长，王瑞廷为巴生港口中国国民党分部评议部正议长，王觉民为巴生港口中国国民党分部评议部副议长；杨建周为初贝中国国民党分部正部长，林钦为初贝中国国民党分部副部长，郭子昂为初贝中国国民党分部评议部正议长，林鸿宝为初贝中国国民党分部评议部副议长；陈飚生为芹苴兴亚中国国民党分部正部长，吴养初为芹苴兴亚中国国民党分部副部长，胡振南为芹苴兴亚中国国民党分部评议部正议长，苏受滔为芹苴兴亚中国国民党分部评议部副议长；刘柳坡为滀臻兴民中国国民党分部正部长，王洽仁为滀臻兴民中国国民党分部副部长，梁秀林为滀臻兴民中国国民党分部评议部正议长，马宗峻为滀臻兴民中国国民党分部评议部副议长；陈慈名为丐冷中国国民党分部正部长，张伯荫为丐冷中国国民党分部副部长，陈振有为丐冷中国国民党分部评议部正议长，彭子耕为丐冷中国国民党分部评议部副议长；陈星阁为薄寮中国国民党分部正部长，陈侣云为薄寮中国国民党分部副部长，李少帆为薄寮中国国民党分部评议部正议长，李斗田为薄寮中国国民党分部评议部副议长。此状。

总理（印）

总务部部长彭素民副署

党务部部长陈树人副署

财政部部长林业明副署

宣传部部长叶楚伧副署

交际部部长张秋白副署

据《总理任命·二月廿一日》，载上海《中国国民党本部公报》第一卷第七号，一九二三年三月十日出版

委任陈卓郎等十二人分为坎问顿等十二埠中国国民党分部党务科主任状

（一九二三年二月二十一日）

委任陈卓郎为坎问顿中国国民党分部党务科主任，郑其妙为三宝雁中国国民党分部党务科主任，陈章宙为怡朗中国国民党分部党务科主任，严云卿为邦咯中国国民党通讯处党务科科长，邹烈卿为庇能中国国民党分部党务科主任，范济沈为万磅中国国民党分部党务科主任，林鸿兴为巴生港口中国国民党分部党务科主任，吴元瑛为初贝中国国民党分部党务科主任，冯萼生为芹苴兴亚中国国民党分部党务科主任，游子山为滀臻兴民中国国民党分部党务科主任，孔祥麟为丏冷中国国民党分部党务科主任，张荫庭为薄寮中国国民党分部党务科主任。此状。

总理（印）

总务部部长彭素民副署

党务部部长陈树人副署

据《总理任命·二月廿一日》，载上海《中国国民党本部公报》第一卷第七号，一九二三年三月十日出版

委任伍毅廷等十二人分为坎问顿等
十二埠中国国民党分部宣传科主任状

（一九二三年二月二十一日）

委任伍毅廷为坎问顿中国国民党分部宣传科主任，丁芳园为三宝雁中国国民党分部宣传科主任，容观棣为怡朗中国国民党分部宣传科主任，陈家玲为邦咯中国国民党通讯处宣传科科长，崔民生为庇能中国国民党分部宣传科主任，冯骏声为万磅中国国民党分部宣传科主任，戴保珍为巴生港口中国国民党分部宣传科主任，林鸿曜为初贝中国国民党分部宣传科主任，李镜泉为芹苴兴亚中国国民党分部宣传科主任，梁孝缪为滀臻兴民中国国民党分部宣传科主任，李心汉为丐冷中国国民党分部宣传科主任，黄伟卿为薄寮中国国民党分部宣传科主任。此状。

总理（印）

总务部部长彭素民副署

宣传部部长叶楚伦副署

据《总理任命·二月廿一日》，载上海《中国国民党本部公报》第一卷第七号，一九二三年三月十日出版

委任李侠夫等十二人分为坎问顿等
十二埠中国国民党分部会计科主任状

（一九二三年二月二十一日）

委任李侠夫为坎问顿中国国民党分部会计科主任，黄碧湖为三宝雁中国国民党分部会计科主任，黄道生为怡朗中国国民党分部会计科主任，陈毓成为邦咯中国国民党通讯处会计科科长，张志坤为庇能中国国民党分部会计科主任，邢诒禄为万磅中国国民党分部会计科主任，林兴宜为巴生港口中国国民党分部

会计科主任，吴选英为初贝中国国民党分部会计科主任，叶子清为芹苴兴亚中国国民党分部会计科主任，冯锡如为滀臻兴民中国国民党分部会计科主任，王星南为丏冷中国国民党分部会计科主任，陈仰之为薄寮中国国民党分部会计科主任。此状。

总理（印）

总务部部长彭素民副署

财务部部长林业明副署

据《总理任命·二月廿一日》，载上海《中国国民党本部公报》第一卷第七号，一九二三年三月十日出版

委任林文彬等二百三十一人为坎问顿等十二埠中国国民党分部职员状

（一九二三年二月二十一日）

委任林文彬为坎问顿中国国民党分部总务科主任，许凤仪、梁旭东为坎问顿中国国民党分部执行部书记，李卓生、谭杨业、麦荣坤、江卓熊、谢将兴为坎问顿中国国民党分部干事，许瑞龙为坎问顿中国国民党分部评议部书记，彭绍尧、盘全昌、李持邦、甘耀华、戚甘强、张晴旭为坎问顿中国国民党分部评议部评议员；黄巽夫为三宝雁中国国民党分部总务科主任，陈存汉为三宝雁中国国民党分部执行部书记，夏求、杨世经、陈振抱、黄奕会、余章广、钟鸣、黄广育、陈登爵、王康、林改良、蔡世秀为三宝雁中国国民党分部干事，郑寄毫为三宝雁中国国民党分部评议部书记，黄允材、陈存汉、钟荣兴、陈金创、陈扫净、余斯博、何文坤、郑其祥、吕口、曾杏初、李石平、叶良齐、陈文章、陈创全为三宝雁中国国民党分部评议部评议员；余伯昭为怡朗中国国民党分部总务科主任，施朴生、陈宇明、王尚乳、杨捷、黄三莫、王文举、张簪瑶、陈醉村、颜文耀、戴寒松、胡维创、陈文光为怡朗中国国民党分部干事，赵平山、孙瑞隆、颜锦标、杨开珍、曹杰夫、黄汉寿、叶景文、陈妈意、余和光、伍松现、黄和甫为怡朗中国国民

分部评议部评议员；丘启辉为邦咯中国国民党通讯处总务科科长，严云卿为邦咯中国国民党通讯处执行部书记，丘观胜、马国仁、周成训、陈发吾为邦咯中国国民党通讯处科员；崔广仁为庇能中国国民党分部总务科主任，许炳康、刘兆基、谢炳光、黎日滋、梁沦芳、林贞、吴铚万、梁云、浓茹景、周陈会洪、郑百富、黄安山、谭桂初、陈尧为庇能中国国民党分部干事，林德胜、李宪民、黄世和、区小光、黄显仁、黎炽生、罗禹言、伍勷民为庇能中国国民党分部评议部评议员；洪继全为万磅中国国民党分部总务科主任，陈略为万磅中国国民党分部执行部书记，吴泰、韩万准、邢业舜、吴登昌、符鸿杏、张生笏、潘应卿、邢定培为万磅中国国民党分部干事，邢福苓、陈镇清、林明盛、林猷旭、邢定缵、林寿乔、邢福云、黄闻任为万磅中国国民党分部评议部评议员；陈德熹为巴生港口中国国民党分部总务科主任，林梅瑞为巴生港口中国国民党分部执行部书记，周公松、严安助、陈再喜、王宗沂为巴生港口中国国民党分部干事，黄运国、陈克佩、黄礼坡、林生财、苏有福、张运秀、苏法贺、许松祯为巴生港口中国国民党分部评议部评议员；曾自完为初贝中国国民党分部总务科主任，杨月乔为初贝中国国民党分部执行部书记，王明初、符英、邓华侨、林克利、张永益、唐昌存、符福东、陈玉清为初贝中国国民党分部干事，黄有程、傅峻山、符气仁、林月轩、符寿山、吴善初、林鱼新、符致琳为初贝中国国民党分部评议部评议员；冯奖卿为芹苴兴亚中国国民党分部总务科主任，王有容为芹苴兴亚中国国民党分部执行部书记，陈尧生、钱国卿、钟明、罗子山、蔡有门、李卓云、袁振、陈锡球、李秀生为芹苴兴亚中国国民党分部干事，余冠英为芹苴兴亚中国国民党分部评议部书记，李灼轩、陈植生、卢炳良、张孟鹏、关铁刚、陈凤五、丁瑞生、陈琼玲、邓合为芹苴兴亚中国国民党分部评议部评议员；吴逸民为滀臻兴民中国国民党分部总务科主任，陈徽为滀臻兴民中国国民党分部执行部书记，刘照轩、黄寿州、杨镇胜、赵福、罗敦惠、钟声鸿、廖谋、林昭春、冯成、赵淘臣、萧寅健、黎迪、张汉溪、萧茂业、侯恒为滀臻兴民中国国民党分部干事，翁洗尘为滀臻兴民中国国民党分部评议部书记，曾鸣鸾、戴文蔚、殷子燊、张永铮、柳嘉发、张刷五、黄昇平、洪远霖、陈克贵、任彤为滀臻兴民中国国民党分部评议部评议员；林铭三为丐冷中国国民党分部总务科主任，黄睦为丐冷中国国民党分部执行部书记，文炳荣、曹云光、许映初、李丰、陈满庭、卢正兴、卢阳丰、陈向荣、郑卓仁为丐冷中国国民党分部评议部评议员；陈振先为薄寮中国国民党分部总务科主任，陈勉之为薄寮中国国民党分部执行部书记，吴润生、吴竹之、陈逊谦、郭清石、吴庆云、陈镇邦、萧友三、杨兢华、苏子彬、陈卓卿、吕绪知、黄少文为薄寮中国国民党分部干事，刘汉山为薄寮中国国民党分部评议部书记，刘巽生、陈少辉、关日昇、游子章、李锦华、杨维三、陈继南、林若豪、许仰山、王人伟为薄寮中国国民党分部评议部评议员。此状。

总理（印）

总务部部长彭素民副署

据《总理任命·二月廿一日》，载上海《中国国民党本部公报》第一卷第七号，一九二三年三月十日出版

特任沈鸿英为桂军总司令令①

（一九二三年二月二十四日）

大元帅令

特任沈鸿英为桂军总司令。此令。

（中华民国陆海军大元帅之印）

中华民国十二年二月廿四日

据《命令》，载广州《陆海军大元帅大本营公报》第一号，一九二三年三月九日

---

① 谭延闿编《总理遗墨》第一辑收有手令影印件。

任命梅光培为广三铁路局长令

（一九二三年二月二十四日）

委梅光培任广三路局长。

二十四日

据《本社专电》，载一九二三年
二月二十五日上海《民国日报》

委任余荣等四人为中国国民党雪梨支部职员状

（一九二三年二月二十六日）

委任余荣为雪梨中国国民党支部正部长，马树培为雪梨中国国民党支部副部长，黄右公为雪梨中国国民党支部评议部正议长，郭照为雪梨中国国民党支部评议部副议长。此状。

总理（印）
总务部部长彭素民副署
党务部部长陈树人副署
财务部部长林业明副署
宣传部部长叶楚伧副署
交际部部长张秋白副署

据《总理任命·二月二十六日》，载
上海《中国国民党本部公报》第一卷
第八号，一九二三年三月二十日出版

委任张绍峰朱景为中国国民党
雪梨支部党务科正副主任状

（一九二三年二月二十六日）

委任张绍峰为雪梨中国国民党支部党务科正主任，朱景为雪梨中国国民党支部党务科副主任。此状。

总理（印）

总务部部长彭素民副署

党务部部长陈树人副署

据《总理任命・二月二十六日》，载上海《中国国民党本部公报》第一卷第八号，一九二三年三月二十日出版

委任黄树培林汝扬为中国国民党
雪梨支部会计科正副主任状

（一九二三年二月二十六日）

委任黄树培为雪梨中国国民党支部会计科正主任，林汝扬为雪梨中国国民党支部会计科副主任。此状。

总理（印）

总务部部长彭素民副署

财务部部长林业明副署

据《总理任命・二月二十六日》，载上海《中国国民党本部公报》第一卷第八号，一九二三年三月二十日出版

委任黄来旺马伯乔为中国国民党
雪梨支部宣传科正副主任状

（一九二三年二月二十六日）

委任黄来旺为雪梨中国国民党支部宣传科正主任，马伯乔为雪梨中国国民党支部宣传科副主任。此状。

总理（印）

总务部部长彭素民副署

宣传部部长叶楚伧副署

据《总理任命·二月二十六日》，载
上海《中国国民党本部公报》第一卷
第八号，一九二三年三月二十日出版

委任董直等四十一人为中国国民党雪梨支部职员状

（一九二三年二月二十六日）

委任董直为雪梨中国国民党支部总务科正主任，徐日初为雪梨中国国民党支部总务科副主任，李少勤、马亮华为雪梨中国国民党支部执行部书记，方锡、马月华、陈福祥、陈金兰、萧照彬、苏冠民、陈富章、刘思华、刘才、黎秉兴、刘启华、董晃、郑观陆、陈锦才、陈恩夫人为雪梨中国国民党支部干事，李迺文为雪梨中国国民党支部评议部书记，刘博明、高金玉、黄品、冯关田、陈福、伍六、余吉屏、陈孔如、高义、梁乙、司徒坤、余宗耀、梁维林、欧阳南、余提、刘畴、余瑞、陈芳、杨宽、萧贵、梁学为雪梨中国国民党支部评议部评议员。此状。

总理（印）

总务部部长彭素民副署

据《总理任命·二月二十六日》，载
上海《中国国民党本部公报》第一卷
第八号，一九二三年三月二十日出版

派姚雨平等六人为工兵局筹备委员令①

（一九二三年二月二十六日）

大元帅令

　　派姚雨平、罗翼群、周之贞、朱卓文、吴铁城、黄芸苏为工兵局筹备委员。此令。

（中华民国陆海军大元帅之印）

中华民国十二年二月廿六日

据《命令》，载广州《陆海军大元帅大本营公报》第一号，一九二三年三月九日

任命刘树巍兼高雷绥靖处处长令

（一九二三年二月二十六日）

大元帅令

　　任命高雷讨贼军总司令林树巍兼高雷绥靖处处长。此令。

（中华民国陆海军大元帅之印）

中华民国十二年二月廿六日

据《命令》，载广州《陆海军大元帅大本营公报》第一号，一九二三年三月九日

---

①　谭延闿编《总理遗墨》第三辑收有手令影印件。

委任张继为中国国民党北京支部长手令

（一九二三年二月二十六日）①

委任张溥泉②为中国国民党北京支部长。每月办公费式千元。此令。

孙文（大元帅章）

据原件影印件，载谭延闿编：《总理
遗墨》第一辑，一九二八年五月校印③

任命李章达代理电政监督傅秉常
为广东交涉员手谕④

（一九二三年二月二十七日前）

大元帅令

李章达为代理电政兼督〔监督〕，傅秉常为特派广东交涉员。

孙文

据原件影印件，载谭延闿编：《总理
遗墨》第一辑，一九二八年五月校印

---

① 原文边注：二月廿六日发。
② 张继，字溥泉。
③ 校印时间据谭延闿跋。
④ 此任命正式发表于《陆海军大元帅大本营公报》一九二三年第一号。

任命李章达代理广东电政监督兼
广州电报局局长令

（一九二三年二月二十七日）

大元帅令

　　任命李章达代理广东电政监督兼广州电报局局长。此令。

（中华民国陆海军大元帅之印）

中华民国十二年二月廿七日

据《命令》，载广州《陆海军大元帅大本
营公报》第一号，一九二三年三月九日

委钱鍼为副官令①

（一九二三年二月二十八日）

　　委钱鍼为副官。

孙文

民国十二年二月廿八日

据原件影印件，台北、中国国
民党文化传播委员会党史馆藏

———————————

①　谭延闿编《总理遗墨》第三辑收有手令影印件。

任命黄昌谷为宣传委员令①

（一九二三年二月二十八日）

大元帅令

　　任命黄昌谷为宣传委员。此令。

（中华民国陆海军大元帅之印）

中华民国十二年二月廿八日

据《命令》，载广州《陆海军大元帅大本营公报》第一号，一九二三年三月九日

任命傅秉常为粤海关监督兼特派广东交涉员令②

（一九二三年二月二十八日）

大元帅令

　　任命傅秉常为粤海关监督兼特派广东交涉员。此令。

（中华民国陆海军大元帅之印）

中华民国十二年二月廿八日

据《命令》，载广州《陆海军大元帅大本营公报》第一号，一九二三年三月九日

---

①　谭延闿编《总理遗墨》第三辑收有手令影印件。
②　谭延闿编《总理遗墨》第三辑收有手令影印件。

任命张振武为大本营直辖陆军第四旅旅长令

（一九二三年二月二十八日）

大元帅令

　　任命张振武为大本营直辖陆军第四旅旅长。此令。

（中华民国陆海军大元帅之印）

中华民国十二年二月廿八日

据《命令》，载广州《陆海军大元帅大本营公报》第一号，一九二三年三月九日

特派胡汉民等四人为办理
和平统一事宜全权代表令

（一九二三年二月二十八日）

大元帅令

　　特派胡汉民、孙洪伊、汪精卫、徐谦为办理和平统一事宜全权代表。此令。

（中华民国陆海军大元帅之印）

中华民国十二年二月廿八日

据《命令》，载广州《陆海军大元帅大本营公报》第一号，一九二三年三月九日

委任沈选青等四人为中国国民党
巴达维亚支部职员状

（一九二三年二月三十日）

委任沈选青为巴达维亚中国国民党支部正部长，吴香初为巴达维亚中国国民党支部副部长，钟公任为巴达维亚中国国民党支部评议部正议长，李笃彬为巴达维亚中国国民党支部评议部副议长。此状。

总理（印）

总务部部长彭素民副署

党务部部长陈树人副署

财务部部长林业明副署

宣传部部长叶楚伧副署

交际部部长张秋白副署

据《总理任命·二月三十日》，载上海《中国国民党本部公报》第一卷第八号，一九二三年三月二十日出版

委任陈任樑叶雨亭为中国国民党
巴达维亚支部党务科正副主任状

（一九二三年二月三十日）

委任陈任樑为巴达维亚中国国民党支部党务科正主任，叶雨亭为巴达维亚中国国民党支部党务科副主任。此状。

总理（印）

总务部部长彭素民副署

党务部部长陈树人副署

据《总理任命·二月三十日》，载上海《中国国民党本部公报》第一卷第八号，一九二三年三月二十日出版

委任钟秀珊廖心尧为中国国民党
巴达维亚支部会计科正副主任状

（一九二三年二月三十日）

委任钟秀珊为巴达维亚中国国民党支部会计科正主任，廖心尧为巴达维亚中国国民党支部会计科副主任。此状。

总理（印）

总务部部长彭素民副署

财务部部长林业明副署

据《总理任命·二月三十日》，载上海《中国国民党本部公报》第一卷第八号，一九二三年三月二十日出版

委任李汉平等二十二人为中国国民党
巴达维亚支部职员状

（一九二三年二月三十日）

委任李汉平为巴达维亚中国国民党支部总务科正主任，黎卓云为巴达维亚中国国民党支部总务科副主任，吴杰己为巴达维亚中国国民党支部执行部书记，张公悌为巴达维亚中国国民党支部评议部书记，谢逸如、张公悌、吴审玑、涂欣可、丘政衡、李秋畹、李伊珊、王爱常、陈善可、沈宜昌、谢耀南、赖景生、蓝耀庚、李介眉、陈元钤、巫爱我、彭春朗、黎慎堦为巴达维亚中国国民党支部评议部评议员。此状。

总理（印）

总务部部长彭素民副署

据《总理任命·二月三十日》，载上海《中国国民党本部公报》第一卷第八号，一九二三年三月二十日出版

委任吴公辅李慕石为中国国民党
巴达维亚支部宣传科正副主任令

（一九二三年二月三十日）

委任吴公辅为巴达维亚中国国民党支部宣传科正主任，李慕石为巴达维亚中国国民党支部宣传科副主任。此状。

总理　（印）

总务部部长彭素民副署

宣传部部长叶楚伧副署

据《总理任命·二月三十日》，载上海《中国国民党本部公报》第一卷第八号，一九二三年三月二十日出版

派李禄超等九人分为秘书参军手谕①

（一九二三年三月一日前）

秘书：李禄超、连声海、杨熙绩、黄魂苏、周雍能②、萧萱。

参军：姚观顺、路孝忱、〈张〉九维③。

据原件影印件，载谭延闿编：《总理遗墨》第三辑，石印线装本，似出版于二十世纪三十年代初期④

① 此手谕中的名单与日后《陆海军大元帅大本营公报》一九二三年第一号正式公布的名单有所不同，《公报》中三月一日任命李禄超、连声海、周仲良、萧萱为大本营秘书，没有杨熙绩和黄魂苏的名字，杨熙绩大本营秘书的任命令出现在三月三日。没有出现黄魂苏的正式任命令。

② 原稿此处夹行注"仲良"二字。

③ 原稿边注："此两件系由任命档内取出，故列入命令类"。

④ 按谭延闿所编《总理遗墨》第一、二辑分别印行于一九二八年、一九三〇年，则第三辑可能在二十世纪三十年代初期出版。

特任杨庶堪为大本营秘书长朱培德为
参军长兼护卫军司令手令

（一九二三年三月一日前）①

特任杨庶堪为大本营秘书长，朱培德为大本营参军长兼大本营护卫军司令。此令。

孙文

据原件影印件，载谭延闿编：《总理遗墨》第三辑，石印线装本，似出版于二十世纪三十年代初期

任命李禄超等四人为大本营秘书令

（一九二三年三月一日）

大元帅令

任命李禄超、连声海、周仲良、萧萱为大本营秘书。此令。

（中华民国陆海军大元帅之印）

中华民国十二年三月一日

据《命令》，载广州《陆海军大元帅大本营公报》第一号，一九二三年三月九日

---

① 原件未署时间，据《陆海军大元帅大本营公报》载，朱培德任命令于一九二三年三月一日发布，杨庶堪任命令于三月二日发布，则此件手令当在同一时期内。

任命姚观顺等三人为大本营参军令

（一九二三年三月一日）

大元帅令

　　任命姚观顺、路孝忱、张九维为大本营参军。此令。

（中华民国陆海军大元帅之印）

中华民国十二年三月一日

据《命令》，载广州《陆海军大元帅大本营公报》第一号，一九二三年三月九日

派黄隆生为广东财政厅纸币发行监督令

（一九二三年三月一日）

大元帅令

　　派黄隆生为广东财政厅纸币发行监督。此令。

（中华民国陆海军大元帅之印）

中华民国十二年三月一日

据《命令》，载广州《陆海军大元帅大本营公报》第一号，一九二三年三月九日

特任朱培德为大本营参军长令

（一九二三年三月一日）

大元帅令

　　特任朱培德为大本营参军长。此令。

（中华民国陆海军大元帅之印）

中华民国十二年三月一日

据《命令》，载广州《陆海军大元帅大本营公报》第一号，一九二三年三月九日

特任朱培德为大本营巩卫军司令令

（一九二三年三月一日）

大元帅令

特任朱培德为大本营巩卫军司令。此令。

（中华民国陆海军大元帅之印）

中华民国十二年三月一日

据《命令》，载广州《陆海军大元帅大本营公报》第一号，一九二三年三月九日

着免朱培德直辖滇军总司令及
所部军队改编为大本营巩卫军令

（一九二三年三月一日）

大元帅训令第二十二号

令中央直辖滇军总司令朱培德

中央直辖滇军总司令朱培德着免本职，所部军队着改编为大本营巩卫军。此令。

（中华民国陆海军大元帅之印）

中华民国十二年三月一日

据《训令》，载广州《陆海军大元帅大本营公报》第一号，一九二三年三月九日

特任程潜谭延闿廖仲恺邓泽如
为军政内政财政建设四部部长令

（一九二三年三月二日）

大元帅令

　　特任程潜为大本营军政部长，谭延闿为内政部长，廖仲恺为财政部长，邓泽如为建设部长。此令。

（中华民国陆海军大元帅之印）

中华民国十二年三月二日

据《命令》，载广州《陆海军大元帅大本营公报》第一号，一九二三年三月九日

特任杨庶堪为大本营秘书长令

（一九二三年三月二日）

大元帅令

　　特任杨庶堪为大本营秘书长。此令。

（中华民国陆海军大元帅之印）

中华民国十二年三月二日

据《命令》，载广州《陆海军大元帅大本营公报》第一号，一九二三年三月九日

任命古应芬为大本营法制局长及另二人职务令

（一九二三年三月二日）

大元帅令

　　任命古应芬为大本营法制局长，林云陔为大本营金库长，刘纪文为大本营审计局长。此令。

　　　　　　　　　　　　　（中华民国陆海军大元帅之印）

　　　　　　　　　　　　　　中华民国十二年三月二日

　　　　　　　　据《命令》，载广州《陆海军大元帅大本营公报》第一号，一九二三年三月九日

着邓泽如刘纪文分别兼理财政部长金库长令①

（一九二三年三月二日）

大元帅令

　　财政部长廖仲恺未到任以前，着建设部长邓泽如兼理；金库长林云陔未到任以前，着审计局长刘纪文兼理。此令。

　　　　　　　　　　　　　（中华民国陆海军大元帅之印）

　　　　　　　　　　　　　　中华民国十二年三月二日

　　　　　　　　据《命令》，载广州《陆海军大元帅大本营公报》第一号，一九二三年三月九日

---

　　①　谭延闿编《总理遗墨》第三辑收有手令影印件，文字略有不同，"邓泽如"前无"建设部长"，"刘纪文"前无"审计局长"。

任命黄建勋为琼海关监督兼海口北海交涉员令^①

（一九二三年三月二日）

大元帅令

　　任命黄建勋为琼海关监督兼海口、北海交涉员。此令。

（中华民国陆海军大元帅之印）
中华民国十二年三月二日

据《命令》，载广州《陆海军大元帅大本
营公报》第一号，一九二三年三月九日

核复特派广东交涉员傅秉常呈报就职日期令

（一九二三年三月二日）

大元帅指令第一号

　　令特派广东交涉员傅秉常呈报就职日期由。
　　呈悉。此令。

（中华民国陆海军大元帅之印）
中华民国十二年三月二日

据《指令》，载广州《陆海军大元帅大本
营公报》第一号，一九二三年三月九日

准范其务呈辞粤海关监督令

（一九二三年三月二日）

大元帅指令第二号

　　令粤海关监督范其务呈为因病呈请辞职由。

---

① 谭延闿编《总理遗墨》第三辑收有手令影印件。

呈悉。应即照准。此令。

（中华民国陆海军大元帅之印）

中华民国十二年三月二日

据《指令》，载广州《陆海军大元帅大本营公报》第一号，一九二三年三月九日

任命杨熙绩为大本营秘书令

（一九二三年三月三日）

大元帅令

　　任命杨熙绩为大本营秘书。此令。

（中华民国陆海军大元帅之印）

中华民国十二年三月三日

据《命令》，载广州《陆海军大元帅大本营公报》第一号，一九二三年三月九日

任命谢良牧为广东政务厅厅长令

（一九二三年三月三日）

大元帅令

　　任令〔命〕谢良牧为广东政务厅厅长。此令。

（中华民国陆海军大元帅之印）

中华民国十二年三月三日

据《命令》，载广州《陆海军大元帅大本营公报》第一号，一九二三年三月九日

任命陈融为广东高等审判厅厅长令

（一九二三年三月五日）

大元帅令

　　任命陈融为广东高等审判厅厅长。此令。

（中华民国陆海军大元帅之印）

中华民国十二年三月五日

据《命令》，载广州《陆海军大元帅大本
营公报》第一号，一九二三年三月九日

任命陆嗣曾为广州地方审判厅厅长令

（一九二三年三月五日）

大元帅令

　　任命陆嗣曾为广州地方审判厅厅长。此令。

（中华民国陆海军大元帅之印）

中华民国十二年三月五日

据《命令》，载广州《陆海军大元帅大本
营公报》第一号，一九二三年三月九日

核复广东无线电报局局长冯伟呈报复职日期令

（一九二三年三月五日）

大元帅指令第五号

　　令广东无线电报局局长冯伟呈报复职日期由。

　　呈悉。此令。

（中华民国陆海军大元帅之印）

中华民国十二年三月五日

据《指令》，载广州《陆海军大元帅大本营公报》第一号，一九二三年三月九日

核复大本营秘书长杨庶堪呈为就职日期令

（一九二三年三月五日）

大元帅指令第六号

令大本营秘书长杨庶堪呈为就职日期由。

呈悉。此令。

（中华民国陆海军大元帅之印）

中华民国十二年三月五日

据《指令》，载广州《陆海军大元帅大本营公报》第一号，一九二三年三月九日

委任谢持为执行中国国民党党务事宜全权代表令

（一九二三年三月五日）

委任谢慧生①为全权代表，执行中国国民党党务事宜。总理孙文。寝。

据原稿，台北、中国国民党文化传播委员会党史馆藏

派程天斗为中央银行筹办员②

（一九二三年三月六日）

大元帅令

派程天斗为中央银行筹办员。此令。

---

① 谢持，字慧生。

② 谭延闿编《总理遗墨》第一辑收有手令影印件。

（中华民国陆海军大元帅之印）

中华民国十二年三月六日

据《命令》，载广州《陆海军大元帅大本营公报》第一号，一九二三年三月九日

派程天斗为广东银行清理员令①

（一九二三年三月六日）

大元帅令

　　派程天斗为省立广东银行清理员。此令。

（中华民国陆海军大元帅之印）

中华民国十二年三月六日

据《命令》，载广州《陆海军大元帅大本营公报》第一号，一九二三年三月九日

准魏邦平辞广东讨贼联军总司令令②

（一九二三年三月六日）

大元帅令

　　广东讨贼联军总司令魏邦平呈请辞职，情词恳切。魏邦平准免木〔本〕职。此令。

（中华民国陆海军大元帅之印）

中华民国十二年三月六日

据《命令》，载广州《陆海军大元帅大本营公报》第一号，一九二三年三月九日

---

①　谭延闿编《总理遗墨》收有手令影印件。
②　原广东讨贼联军总司令魏邦平经江防事变之后，无法维持局面，呈请孙文明令免去其所任总司令职务。

核复广东省长胡汉民呈报移交清楚并卸事日期令

（一九二三年三月六日）

大元帅指令第九号

令广东省长胡汉民呈报移交清楚并卸事日期由。

呈悉。此令。

（中华民国陆海军大元帅之印）

中华民国十二年三月六日

据《指令》，载广州《陆海军大元帅大本
营公报》第一号，一九二三年三月九日

核复广东省长徐绍桢呈报就职日期令

（一九二三年三月六日）

大元帅指令第十号

令广东省长徐绍桢呈报就职日期由。

呈悉。此令。

（中华民国陆海军大元帅之印）

中华民国十二年三月六日

据《指令》，载广州《陆海军大元帅大本
营公报》第一号，一九二三年三月九日

准魏邦平呈请免其广东讨贼联军总司令本职令

（一九二三年三月六日）

大元帅指令第十一号

　　令广东讨贼联军总司令魏邦平呈请明令免去本职由。

　　呈悉。应照准。此令。

（中华民国陆海军大元帅之印）

中华民国十二年三月六日

据《指令》，载广州《陆海军大元帅大本
营公报》第一号，一九二三年三月九日

任命戴永萃廖湘芸为大本营参军令

（一九二三年三月七日）

大元帅令

　　任令〔命〕戴永萃、廖湘芸为大本营参军。此令。

（中华民国陆海军大元帅之印）

中华民国十二年三月七日

据《命令》，载广州《陆海军大元帅大本
营公报》第二号，一九二三年三月十六日

核复傅秉常呈报接任粤海关监督
兼特派广东交涉员令

（一九二三年三月七日）

大元帅指令第一四号

　　令粤海关监督兼特派广东交涉员傅秉常呈报接任视事由。

　　呈悉。此令。

（中华民国陆海军大元帅之印）

中华民国十二年三月七日

据《指令》，载广州《陆海军大元帅大本
营公报》第二号，一九二三年三月十六日

核复黄隆生呈报就任广东财政厅纸币发行
监督日期令

（一九二三年三月七日）

大元帅指令第一十五号

　　令广东财政厅纸币发行监督黄隆生呈报就职视事日期由。

　　呈悉。此令。

（中华民国陆海军大元帅之印）

中华民国十二年三月七日

据《指令》，载广州《陆海军大元帅大本
营公报》第二号，一九二三年三月十六日

饬杨希闵速就广州卫戍总司令职令

（一九二三年三月七日）

大元帅训令第二十六号

　　令滇军总司令兼广州卫戍总司令杨希闵

　　前兼广州卫戍总司令刘震寰因事辞职，继复特任该总司令在案。旋接来电请辞，具见谦衷。查卫戍一职，关系维持治安至为重要，仰该总司令迅即遵照前令，克日就职，勿负本大元帅倚畀之至意。此令。

（中华民国陆海军大元帅之印）

中华民国十二年三月七日

据《训令》，载广州《陆海军大元帅大本
营公报》第二号，一九二三年三月十六日

任命林警魂为工兵委员手令

（一九二三年三月七日）

　　任命林警魂为工兵委员。此令。

孙文

中华民国十二年三月七日

据原件影印件，载谭延闿编：《总理
遗墨》第一辑，一九二八年五月校印

派林警魂为工兵局筹备委员令

（一九二三年三月八日）

大元帅令

　　派林警魂为工兵局筹备委员。此令。

（中华民国陆海军大元帅之印）

中华民国十二年三月八日

据《命令》，载广州《陆海军大元帅大本营公报》第二号，一九二三年三月十六日

任命董鸿勋为大本营参军令

（一九二三年三月八日）

大元帅令

任命董鸿勋为大本营参军。此令。

（中华民国陆海军大元帅之印）

中华民国十二年三月八日

据《命令》，载广州《陆海军大元帅大本营公报》第二号，一九二三年三月十六日

饬知徐绍桢任命陈融为高等审判厅厅长
徐所委伍岳无庸到任令

（一九二三年三月八日）

大元帅训令第二七号

令广东省长徐绍桢

照得司法官吏应由本大元帅任命，经训令该省长遵照在案。兹任命陈融为广东高等审判厅厅长，该省长所委伍岳，着无庸到任，仰即转饬遵照。此令。

（中华民国陆海军大元帅之印）

中华民国十二年三月八日

据《训令》，载广州《陆海军大元帅大本营公报》第二号，一九二三年三月十六日

饬莫鸿秋已任命陈融为广东高等
审判厅厅长着其克日交代令

（一九二三年三月八日）

大元帅训令第二十八号

令广东高等审判厅厅长莫鸿秋

照得广东高等审判厅厅长一职，已任命陈融充任，仰该厅长克日交代，勿违。此令。

（中华民国陆海军大元帅之印）

中华民国十二年三月八日

据《训令》，载广州《陆海军大元帅大本营公报》第二号，一九二三年三月十六日

任命黄镇磐为广东高等检察厅检察长令

（一九二三年三月九日）

大元帅令

任命黄镇磐为广东高等检察厅检察长。此令。

（中华民国陆海军大元帅之印）

中华民国十二年三月九日

据《命令》，载广州《陆海军大元帅大本营公报》第二号，一九二三年三月十六日

任命区玉书为广州地方检察厅检察长令

（一九二三年三月九日）

大元帅令

　　任命区玉书为广州地方检察厅检察长。此令。

（中华民国陆海军大元帅之印）

中华民国十二年三月九日

据《命令》，载广州《陆海军大元帅大本
营公报》第二号，一九二三年三月十六日

陈树人仍兼党务部部长未返沪前由孙镜代理电

（一九二三年三月九日）

　　陈树人仍兼党务部部长，未返沪以前，由副部长孙镜代理。孙文。佳。

据原稿，台北、中国国民党
文化传播委员会党史馆藏

任命冯祝万等三人分为大本营军政部各局局长令

（一九二三年三月十日）

大元帅令

　　任命冯祝万为大本营军政部军务局长，胡兆鹏为大本营军政部军衡局长，周贯虹为大本营军政部军需局长。此令。

（中华民国陆海军大元帅之印）

中华民国十二年三月十日

据《命令》，载广州《陆海军大元帅大本
营公报》第二号，一九二三年三月十六日

委任黄伯淑代理广州电报局局长令

（一九二三年三月十日）

大元帅令

委任黄伯淑代理广州电报局局长。此令。

（中华民国陆海军大元帅之印）

中华民国十二年三月十日

据《命令》，载广州《陆海军大元帅大本
营公报》第二号，一九二三年三月十六日

着李章达免兼广州电报局局长令

（一九二三年三月十日）

大元帅令

代理广东电政监督李章达着毋庸兼任广州电报局局长。此令。

（中华民国陆海军大元帅之印）

中华民国十二年三月十日

据《命令》，载广州《陆海军大元帅大本
营公报》第二号，一九二三年三月十六日

准刘纪文辞金库长兼职令

（一九二三年三月十日）

大元帅令

大本营审计局长刘纪文请辞金库长兼职，应予照准。此令。

（中华民国陆海军大元帅之印）

中华民国十二年三月十日

据《命令》，载广州《陆海军大元帅大本营公报》第二号，一九二三年三月十六日

着梅光培暂行代理大本营金库长令

（一九二三年三月十日）

大元帅令

大本营金库长林云陔未到任以前，着梅光培暂行代理。此令。

（中华民国陆海军大元帅之印）

中华民国十二年三月十日

据《命令》，载广州《陆海军大元帅大本营公报》第二号，一九二三年三月十六日

核复程潜呈报就任大本营军政部长日期令

（一九二三年三月十日）

大元帅指令第二十一号

令大本营军政部长程潜呈报就职日期由。

呈悉。此令。

（中华民国陆海军大元帅之印）

中华民国十二年三月十日

据《指令》，载广州《陆海军大元帅大本营公报》第二号，一九二三年三月十六日

任命金华林等四人为大本营高级参谋令①

（一九二三年三月十日）

金华林、朱和中、金汉鼎、杨蓁委为大本营高级参谋。

民国十二年三月十日

据原件，北京、中国国家博物馆藏

特任李烈钧为江西总司令兼江西省长令②

（一九二三年三月十一日）

大元帅令

特任李烈钧为江西总司令兼江西省长。此令。

孙文

据原件影印件，载谭延闿编：《总理遗墨》第一辑，一九二八年五月校印

委任徐树荣为东江缉匪司令吴敌为
四川军事特派员令③

（一九二三年三月十二日）

委任徐树荣为东江缉匪司令。此令。

委任吴敌为四川军事特派员。此令。

---

①　这一任职令推至四月四日才明令公布，载《大本营公报》第六号"大元帅令"。
②　谭延闿编《总理遗墨》第一辑收有手令。
③　此任职令到二十日正式发表，载《大本营公报》第三号。

孙文

中华民国十二年三月十二日

据原件，北京、中国国家博物馆藏

任命寸性奇为大本营参军令

（一九二三年三月十二日）

大元帅令

任命寸性奇为大本营参军。此令。

（中华民国陆海军大元帅之印）

中华民国十二年三月十二日

据《命令》，载广州《陆海军大元帅大本营公报》第二号，一九二三年三月十六日

免谢良牧广东政务厅厅长职令

（一九二三年三月十二日）

大元帅令

广东政务厅厅长谢良牧另有任用，应免本职。此令。

（中华民国陆海军大元帅之印）

中华民国十二年三月十二日

据《命令》，载广州《陆海军大元帅大本营公报》第二号，一九二三年三月十六日

任命谢良牧刘泳闾各为内政部
第一第二局局长令

（一九二三年三月十二日）

大元帅令

　　任命谢良牧为大本营内政部第一局局长，刘泳闾为大本营内政部第二局局长。此令。

（中华民国陆海军大元帅之印）

中华民国十二年三月十二日

据《命令》，载广州《陆海军大元帅大本营公报》第二号，一九二三年三月十六日

任命陈树人为广东政务厅厅长令

（一九二三年三月十二日）

大元帅令

　　任命陈树人为广东政务厅厅长。此令。

（中华民国陆海军大元帅之印）

中华民国十二年三月十二日

据《命令》，载广州《陆海军大元帅大本营公报》第二号，一九二三年三月十六日

任命陈兴汉王棠分为大本营庶务会计司司长令

（一九二三年三月十二日）

大元帅令

　　任命陈兴汉为大本营庶务司司长，王棠为大本营会计司司长。此令。

（中华民国陆海军大元帅之印）

中华民国十二年三月十二日

据《命令》，载广州《陆海军大元帅大本营公报》第二号，一九二三年三月十六日

着伍岳暂代广东高等审判厅厅长令

（一九二三年三月十二日）

大元帅令

　　广东高等审判厅厅长陈融未到任以前，着伍岳暂行代理。此令。

（中华民国陆海军大元帅之印）

中华民国十二年三月十二日

据《命令》，载广州《陆海军大元帅大本营公报》第二号，一九二三年三月十六日

任命盛延祺等四人分为肇和等四舰舰长令

（一九二三年三月十二日）

大元帅令

　　任命盛延祺为肇和军舰舰长，欧阳琳为永丰军舰舰长，潘文治为楚豫军舰舰长，宋复九为肇平军舰舰长。此令。

（中华民国陆海军大元帅之印）

中华民国十二年三月十二日

据《命令》，载广州《陆海军大元帅大本营公报》第二号，一九二三年三月十六日

任命周之武为海军总轮机长令

（一九二三年三月十二日）

大元帅令

任命周之武为海军总轮机长。此令。

（中华民国陆海军大元帅之印）

中华民国十二年三月十二日

据《命令》，载广州《陆海军大元帅大本营公报》第二号，一九二三年三月十六日

核复军政部长程潜呈报奉到印信
小章并即日启用令

（一九二三年三月十二日）

大元帅指令第二三号

令大本营军政部长程潜呈报奉到印信小章并即日启用由。

呈悉。此令。

（中华民国陆海军大元帅之印）

中华民国十二年三月十二日

据《指令》，载广州《陆海军大元帅大本营公报》第二号，一九二三年三月十六日

核复大本营庶务司司长陈兴汉呈报启用印信令

（一九二三年三月十二日）

大元帅指令第二十五号

令大本营庶务司司长陈兴汉呈报启用印信由。

呈悉。此令。

（中华民国陆海军大元帅之印）

中华民国十二年三月十二日

据《指令》，载广州《陆海军大元帅大本营公报》第二号，一九二三年三月十六日

陈树人返沪前由孙镜代理党务部部长电

（一九二三年三月十二日）

陈树人仍兼党务部部长，未返沪以前，由副部长孙镜代理。

据《党务部代理部长呈总理文》，载上海《中国国民党本部公报》第一卷第八号，一九二三年三月二十日出版

委任曾卫民等一百零二人为实兆远等五埠
中国国民党分部职员状

（一九二三年三月十二日）

委任曾卫民为实兆远中国国民党分部总务科主任，徐明注为实兆远中国国民党分部执行部书记，司徒璇、王维妹、王镇乾、黄作泮、李燊、周伟烈、冯自衡、杨作义为实兆远中国国民党分部干事，柯锦全为实兆远中国国民党分部评议部书

记，陈水湛、周振国、王晏安、卢远嘉、周振奉、郑达礼、朱章仪、洪调发、曾兼金、刘贵长、王金水、凌竞安为实兆远中国国民党分部评议部评议员；叶昌荣为仙葛洛中国国民党分部总务科主任，刘麟书、叶萃英为仙葛洛中国国民党分部执行部书记，陈排铨、谢亚德、谢彩泉为仙葛洛中国国民党分部干事，廖章启、杨伍璇、黄和祥、杨清高、叶光明、孙歆羡、叶佳鱼、傅梓福、陈亚才、吕业鋆、陈由治、傅英隆为仙葛洛中国国民党分部评议部评议员；关卫民为舞士阻中国国民党分部总务科主任，余藉之、关光汉为舞士阻中国国民党分部执行部书记，黄兴汉、梁洽、关创槐、邦悦、贵以南、邝锡民、余振琼、关和、关武、周家瀚、瑞华为舞士阻中国国民党分部干事，周裕家为舞士阻中国国民党分部评议部书记，甄祥初、余珠章、陈秉民、余祝礼、周厚家、雷家华、黄煦和、邝渭三、黄炳传、马璇瑛为舞士阻中国国民党分部评议部评议员；王东桂为孖沙打冷中国国民党分部总务科主任，林德安为孖沙打冷中国国民党分部执行部书记，余日波、方耀光、蔡泗、关锡安为孖沙打冷中国国民党分部干事，黄石祐为孖沙打冷中国国民党分部评议部书记，余旭、余抗、蔡寿年、李煜禧、林权有、林寿池、郑金强、李锡三、李连发为孖沙打冷中国国民党分部评议部评议员；邢诒源为童颂中国国民党分部总务科主任，岑学安为童颂中国国民党分部执行部书记，吴坤登、吴坤丰、吴冠球、吴善初、黄德华、黄乾泽、谢自运、许瑯书为童颂中国国民党分部干事，吴乾达、凌家俊、吴多铣、符福兴、陈宏源、陈勋光、梁君祥、韩盛斯、郭始拔、黄善春为童颂中国国民党分部评议部评议员。此状。

总理（印）

总务部部长彭素民副署

据《总理任命・三月十二日》，载上海《中国国民党本部公报》第一卷第九号，一九二三年三月三十日出版

委任叶汉溪等五人分为实兆远等五埠
中国国民党分部会计科主任状

（一九二三年三月十二日）

委任叶汉溪为实兆远中国国民党分部会计科主任，陈金髻为仙葛洛中国国民党分部会计科主任，蔡社光为舞士阻中国国民党分部会计科主任，陈兆英为孖沙打冷中国国民党分部会计科主任，吴世富为童颂中国国民党分部会计科主任。此状。

总理（印）

总务部部长彭素民副署

财务部部长林业明副署

据《总理任命·三月十二日》，载上海《中国国民党本部公报》第一卷第九号，一九二三年三月三十日出版

委任戴翠帘等四人分为实兆远等四埠
中国国民党分部宣传科主任状

（一九二三年三月十二日）

委任戴翠帘为实兆远中国国民党分部宣传科主任，黄隆进为舞士阻中国国民党分部宣传科主任，赵群旺为孖沙打冷中国国民党分部宣传科主任，陈经堂为童颂中国国民党分部宣传科主任。此状。

总理（印）

总务部部长彭素民副署

宣传部部长叶楚伧副署

据《总理任命·三月十二日》，载上海《中国国民党本部公报》第一卷第九号，一九二三年三月三十日出版

委任王叔金等五人分为实兆远等五埠
中国国民党分部党务科主任状

（一九二三年三月十二日）

委任王叔金为实兆远中国国民党分部党务科主任，黄瑞朝为仙葛洛中国国民党分部党务科主任，余毅生为舞士阻中国国民党分部党务科主任，阮丽川为孖沙打冷中国国民党分部党务科主任，陈卓民为童颂中国国民党分部党务科主任。此状。

总理（印）

总务部部长彭素民副署

代理党务部部长孙镜副署

据《总理任命·三月十二日》，载上海《中国国民党本部公报》第一卷第九号，一九二三年三月三十日出版

委任柯教诲等二十人为实兆远等五埠
中国国民党分部职员状

（一九二三年三月十二日）

委任柯教诲为实兆远中国国民党分部正部长，罗爱为实兆远中国国民党分部副部长，吴智识为实兆远中国国民党分部评议部正议长，陈美锡为实兆远中国国民党分部评议部副议长；李则以为仙葛洛中国国民党分部正部长，叶聪明为仙葛洛中国国民党分部副部长，杨回来为仙葛洛中国国民党分部评议部正议长，林崑山为仙葛洛中国国民党分部评议部副议长；周文中为舞士阻中国国民党分部正部长，周雨泉为舞士阻中国国民党分部副部长，余日升为舞士阻中国国民党分部评议部正议长，麦悦志为舞士阻中国国民党分部评议部副议长；黄恭让为孖沙打冷

中国国民党分部正部长，黄自然为孖沙打冷中国国民党分部副部长，陈汉真为孖沙打冷中国国民党分部评议部正议长，蔡天培为孖沙打冷中国国民党分部评议部副议长；何汉洲为童颂中国国民党分部正部长，吴琼昭为童颂中国国民党分部副部长，符海东为童颂中国国民党分部评议部正议长，陈嘉简为童颂中国国民党分部评议部副议长。此状。

总理（印）

总务部部长彭素民副署

代理党务部部长孙镜副署

财务部部长林业明副署

宣传部部长叶楚伧副署

交际部部长张秋白副署

据《总理任命·三月十二日》，载上海《中国国民党本部公报》第一卷第九号，一九二三年三月三十日出版

核复朱培德呈报就任参军长日期令

（一九二三年三月十三日）

大元帅指令第廿七号

　　令大本营参军长朱培德呈报就职日期由。

　　呈悉。此令。

（中华民国陆海军大元帅之印）

中华民国十二年三月十三日

据《指令》，载广州《陆海军大元帅大本营公报》第二号，一九二三年三月十六日

委任朱肇新等七十九人为域多利等二十五埠中国国民党组织职员状

（一九二三年三月十三日）

委任朱肇新为域多利中国国民党支部正部长，赵安国为域多利中国国民党支部副部长，马汉哲为域多利中国国民党支部评议部正议长，黄夏声为域多利中国国民党支部评议部副议长；黄秀文为沙城中国国民党分部正部长，陆功甫为沙城中国国民党分部副部长，黎藉为沙城中国国民党分部评议部正议长，胡杕昌为沙城中国国民党分部评议部副议长；王健海为大溪地中国国民党分部正部长，余景星为大溪地中国国民党分部副部长，罗庆明为大溪地中国国民党分部评议部正议长，陈国安为大溪地中国国民党分部评议部副议长；刘杏津为诗诬中国国民党分部正部长，梁兆振为诗诬中国国民党分部副部长，沈弼为诗诬中国国民党分部评议部正议长，卢籁为诗诬中国国民党分部评议部副议长；丘湘兰为列必珠中国国民党分部正部长，黄纪尧为列必珠中国国民党分部副部长，曾雨佳为列必珠中国国民党分部评议部正议长，徐寿南为列必珠中国国民党分部评议部副议长；梅庚寅为吉礁中国国民党分部正部长，郑怀声为吉礁中国国民党分部副部长，蒲伯祥为吉礁中国国民党分部评议部正议长，覃国炳为吉礁中国国民党分部评议部副议长；李田扬为庇罅利中国国民党通讯处正主任，陈北海为庇罅利中国国民党通讯处副主任，马焯河为庇罅利中国国民党通讯处评议部正议长，余普基为庇罅利中国国民党通讯处评议部副议长；黄岳为斗华必力打中国国民党通讯处主任，刘臻为斗华必力打中国国民党通讯处评议部正议长；郑元欢为扶朗爹罅中国国民党通讯处正主任，黄喜为扶朗爹罅中国国民党通讯处副主任，吴佳荣为扶朗爹罅中国国民党通讯处评议部正议长，蔡华大为扶朗爹罅中国国民党通讯处评议部副议长；李观卓为姊忌利中国国民党通讯处正主任，岑嘉茂为姊忌利中国国民党通讯处评议部正议长；阮乐为亚李士庇中国国民党通讯处正主任，周天顺为亚李士庇中国国民党通讯处副主任，李永祥为亚李士庇中国国民党通讯处评议部正议长，黄照攀为亚李士庇中国国民党通讯处评议部副议长；谭启文为巴市杰中国国民党通讯处正主任，胡寿祥为巴市杰中国国民党通讯处副主任；马爱群为巴梳中国国民党通讯处正主任，伍美耀为巴梳中国国民党通讯处评议部正议长；黄唐瑞为化古中国国民党通讯处正主任，黄芹章为化古中国国民党通讯处副主任；伍超为那伏中国国民党通讯处正主任，钟广周为那伏中国国民党通讯处副主任；廖剑秋为苏城中国国民党通讯处正主任，黄仲豪为苏城中国国民党通讯处副主任，冯新民为苏城中国国民党通讯处评议部正议长，林玉台为苏城中国国民党通讯处评议部副议长；周道初为山担中国国民党通讯处正主任，伍策勋为山担中国国民党通讯处副主任，方亚民为山担中国国民党通讯处评议部正议长，胡开业为山担中国国民党通讯处评议部副议长；伍甘庆为南和可中国国民党通讯处正主任，黄子信为南和可中国国民党通讯处副主任，伍荣祺为南和可中国国民党通讯处评议部正议长，林瑶为南和可中国国民党通讯处评议部副议长；黄汉荣为唎咕中国国民党通讯处正主任，余福旋为唎咕中国国民党通讯处评议部正议长；冯秉銮为马架连仙丹中国国民党通讯处正主任，梁溢生为马架连仙丹中国国民党通讯处副主任，冯培根为马架连仙丹中国国民党通讯处评议部正议长，冯以照为马架连仙丹中国国民党通讯处评议部副议长；梁钦记为活打担步中国国民党通讯处正主任，余祐为活打担步中国国民党通讯处评议部正议长；骆辉为呵利市中国国民党通讯处正主任，张巨华为呵利市中国国民党通讯处评议部正议长，黄镰运为呵利市中国国民党通讯处评议部副议长；邝进盛为山拿罗中国国民党通讯处正主任，邓荣桂为山拿罗中国国民党通讯处副主任；黄财为故厘亚根中国国民党通讯处正主任，岑相培为故厘亚根中国国民党通讯处评议部正议长；余蔼如为毛利企中国国民党通讯处正主任，余日长为毛利企中国国民党通讯处副主任，余荣仕为毛利企中国国民党通讯处评议部正议长，邝文炳为毛利企中国国民党通讯处评议部副议长。此状。

总理（印）

总务部部长彭素民副署

代理党务部部长孙镜副署

财务部部长林业明副署

宣传部部长叶楚伧副署

交际部部长张秋白副署

据《总理任命·三月十三日》，载上海《中国国民党本部公报》第一卷第十号，一九二三年四月十日出版

委任聂光汉等二十二人分为域多利等二十二埠
中国国民党组织党务科主任或科长状

（一九二三年三月十三日）

委任聂光汉为域多利中国国民党支部党务科主任，阮石湖为沙城中国国民党分部党务科主任，丘启明为大溪地中国国民党分部党务科主任，冯汉雄为诗诬中国国民党分部党务科主任，卢省民为列必珠中国国民党分部党务科主任，林裘墨为吉礁中国国民党分部党务科主任，欧章本为庇鳞利中国国民党通讯处党务科科长，甄国瑞为斗华必力打中国国民党通讯处党务科科长，邝光庭为扶朗爹鳞中国国民党通讯处党务科科长，林霖义为姊忌利中国国民党通讯处党务科科长，李岳辉为亚李士庇中国国民党通讯处党务科科长，谭启文为巴市杰中国国民党通讯处党务科科长，伍觉魂为巴梳中国国民党通讯处党务科科长，黄聪为化古中国国民党通讯处党务科科长，刘坤为那伏中国国民党通讯处党务科科长，袁远胜为苏城中国国民党通讯处党务科科长，黄秀荣为山担中国国民党通讯处党务科科长，陈其寿为南和可中国国民党通讯处党务科科长，林华为活打担步中国国民党通讯处党务科科长，梁雪岩为呵利市中国国民党通讯处党务科科长，陈蛟腾为山拿罗中国国民党通讯处党务科科长，陈发为故厘亚根中国国民党通讯处党务科科长。此状。

总理（印）

总务部部长彭素民副署

代理党务部部长孙镜副署

据《总理任命·三月十三日》，载上海《中国国民党本部公报》第一卷第十号，一九二三年四月十日出版

委任黄桂华等二十三人分为域多利等二十三埠 中国国民党组织会计科主任或科长状

（一九二三年三月十三日）

委任黄桂华为域多利中国国民党支部会计科主任，谭在田为沙城中国国民党分部会计科主任，巫国顺为大溪地中国国民党分部会计科主任，刘伯隆为诗诬中国国民党分部会计科主任，关崇润为列必珠中国国民党分部会计科主任，李振黄为吉礁中国国民党分部会计科主任，邝锡森为庇鳞利中国国民党通讯处会计科科长，甄兰满为斗华必力打中国国民党通讯处会计科科长，邝民光为扶朗爹鳞中国国民党通讯处会计科科长，麦尧圣为姊忌利中国国民党通讯处会计科科长，黄新良为亚李士庇中国国民党通讯处会计科科长，余连为巴市杰中国国民党通讯处会计科科长，马斯良为巴梳中国国民党通讯处会计科科长，陈松寿为化古中国国民党通讯处会计科科长，谢炳为那伏中国国民党通讯处会计科科长，黄礼汉为苏城中国国民党通讯处会计科科长，黄淦源为山担中国国民党通讯处会计科科长，甄光洧为南和可中国国民党通讯处会计科科长，邝现修为唰咕中国国民党通讯处会计科科长，何炽益为活打担步中国国民党通讯处会计科科长，赵一煖为呵利市中国国民党通讯处会计科科长，谭朝佐为山拿罗中国国民党通讯处会计科科长，刘蕴为故厘亚根中国国民党通讯处会计科科长。此状。

总理（印）

总务部部长彭素民副署

财政部部长林业明副署

据《总理任命·三月十三日》，载上海《中国国民党本部公报》第一卷第十号，一九二三年四月十日出版

委任李周等二十三人分为域多利等二十三埠
中国国民党组织宣传科主任或科长状

（一九二三年三月十三日）

委任李周为域多利中国国民党支部宣传科主任，马炳林为沙城中国国民党分部宣传科主任，阮汉祥为大溪地中国国民党分部宣传科主任，江湖为诗诬中国国民党分部宣传科主任，余炳和为列必珠中国国民党分部宣传科主任，黄练达为吉礁中国国民党分部宣传科主任，邝锡森为庇臛利中国国民党通讯处宣传科科长，甄锦寿为斗华必力打中国国民党通讯处宣传科科长，黄喜为扶朗爹臛中国国民党通讯处宣传科科长，方舟楫为姊忌利中国国民党通讯处宣传科科长，黄金扶为亚李士庇中国国民党通讯处宣传科科长，甄昌为巴市杰中国国民党通讯处宣传科科长，黄执寰为巴梳中国国民党通讯处宣传科科长，黄心章为化古中国国民党通讯处宣传科科长，钟立为那伏中国国民党通讯处宣传科科长，黄仲豪为苏城中国国民党通讯处宣传科科长，朱汝材为山担中国国民党通讯处宣传科科长，伍帝焕为南和可中国国民党通讯处宣传科科长，陈齐爱为唰咕中国国民党通讯处宣传科科长，林敬满为活打担步中国国民党通讯处宣传科科长，余荣超为呵利市中国国民党通讯处宣传科科长，黄振铨为山拿罗中国国民党通讯处宣传科科长，梁杞新为故厘亚根中国国民党通讯处宣传科科长。此状。

总理（印）

总务部部长彭素民副署

宣传部部长叶楚伧副署

据《总理任命·三月十三日》，载上海《中国国民党本部公报》第一卷第十号，一九二三年四月十日出版

委任赵璧如等三百七十八人为域多利等
二十五埠中国国民党组织职员状

（一九二三年三月十三日）

委任赵璧如为域多利中国国民党支部总务科主任，欧赞襄为域多利中国国民党支部执行部书记，林汝荣、李正明、伍时爱、李敬芳、林焕有、缪颂川、张锡亮、雷玉昆、李卓明、甘霖、陈衮尧、李子敬、李宪之、郭康民、刘帝柱、蔡然、梁励三、黄和谦、黄祖宪、李炜华为域多利中国国民党支部干事，李子平为域多利中国国民党支部评议部书记，崔景、钟南光、颜良伯、龚五之、刘莽汉、吴贯三、周神辅、方子伦、汤瑞南、聂星池、赵新民、甄明羡、汤隆恩、李毓干、陈耀生、雷结培、袁华伍、洪炯、陈悦宽、李耀麟、蒋立寰、黄者三、黄洪、李壬圣、李毓民、赵雨畴、李照心、黄汇均、刘华英、高云山为域多利中国国民党支部评议部评议员；黎保为沙城中国国民党分部总务科主任，李猷新为沙城中国国民党分部执行部书记，明启、黄月庭、黄昂波、李开化、利其、梁兆森、陈潜、马均、李寿、马本哲、马才晃、余基、盘树南、麦鼎南、林胜、梁在、黄贞民为沙城中国国民党分部干事，麦添松为沙城中国国民党分部评议部书记，麦泳舟、陆天中、廖石山、谭汉裔、李美益、叶华源、黄保、林琼为沙城中国国民党分部评议部评议员；邹春茂为大溪地中国国民党分部总务科主任，黄明修、彭禹三为大溪地中国国民党分部执行部书记，钟裕华、郑应鹏、黄晋滨、杨运、廖金英、黄立发、黄道粦、余汉强、巫奕鹏、陈茂荣、陈国云、邓运、黄观茂、萧时昌、黄怀瑞、曾祥瑞、李仁炳、阮耀祥、曹建伟、黄康伟、赖世琨、阮信楠、萧毓馨、邝杞为大溪地中国国民党分部干事，丘义斌为大溪地中国国民党分部评议部书记，黄怀传、连庆湘、张明魁、萧少雄、刘国森、黄安澜、余文桂、萧炳南、丘秀松、余文腾、袁国雄、曹建勋、彭春林、李章安为大溪地中国国民党分部评议部评议员；叶开为诗诬中国国民党分部总务科主任，黄恂为诗诬中国国民党分部评议部书记，赖国强、陈立焕、谭中汉、黄勋、江茂春为诗诬中国国民党分部评议部评议员；卢森为列必珠中国国民党分部总务科主任，敖汉坚为列必珠中国国民党分部执行部书记，陈春文、胡牛、叶享、李雅文、方渠、梁椒生、黄少汉、黄球、吴益、汪松、赵煜、李永义、梁朝绣、曾天福、梁铎、梁奇、梁进德、余和珠、余文耀、陈安为列必珠中国国民党分部干事，赵国扬为列必珠中国国民党分部评议部书记，卢万瑗、梁秋、黄光启、丘康、余祝平、黄玉清、敖荫棠、叶惠南、卢作楫、胡文立为列必珠中国国民党分部评议部评议员；王健臣为吉礁中国国民党分部总务科主任，许亦周为吉礁中国国民党分部执行部书记，梅杰墀、庞世传、黄惠南、郭清泉、陈灿文、张弼臣、吴克昌、汪仲如、欧阳碧南、朱绍南、何松顺、黎宏运、陈如星、伍波杰、余昆治、何达海为吉礁中国国民党分部干事，黄爱群为吉礁中国国民党分部评议部书记，伍鸿福、谢卓峰、林买立、庄启元、钟炳华、余锦源、庞道荣、胡耀源、余海筹、郭连坡、贺飘扬、叶荣聚、黄昭鳌、翁汉传为吉礁中国国民党分部评议部评议员；阮康为庇罅利中国国民党通讯处总务科科长，张百韶为庇罅利中国国民党通讯处执行部书记，马启润、蔡湘、陈赞良、邝品元为庇罅利中国国民党通讯处科员，阮尧为庇罅利中国国民党通讯处评议部书记，马瑞炯、林延、龙榕光、陈浩、李金顺、邝才为庇罅利中国国民党通讯处评议部评议员；甄明翕为斗华必力打中国国民党通讯处总务科科长，甄国瑞为斗华必力打中国国民党通讯处执行部书记，余近德、邝沾琪、杨官梅为斗华必力打中国国民党通讯处科员，陈张周为斗华必力打中国国民党通讯处评议部书记，李买维、罗社畴、李添好、彭添扬、李买祥、吴桂喜为斗华必力打中国国民党通讯处评议部评议员；黄章为扶朗爹罅中国国民党通讯处总务科科长，黄喜为扶朗爹罅中国国民党通讯处执行部书记，黄章、邝光廷、邝民光为扶朗爹罅中国国民党通讯处科员，陈龙桂为扶朗爹罅中国国民党通讯处评议部书记，陈北清、邝源洽、欧朝俊、梁社发、黄桂连、黄强为扶朗爹罅中国国民党通讯处评议部评议员；余毓鳌为姊忌利中国国民党通讯处总务科科长，方文瑧为姊忌利中国国民党通讯处执行部书记，余植勋、黄炳俊、唐嵩、叶金荣为姊忌利中国国民党通讯处科员，马柱荣为姊忌利中国国民党通讯处评议部书记，邝卓林、方文浣、叶锡棠、方守严为姊忌利中国国民党通讯处评议部评议员；李岳辉为亚李士庇中国国民党通讯处总务科科长，邝修华为亚李士庇中国国民党通讯处执行部书记，黄照攀为亚李士庇中国国民党通讯处评议部书记，陈亮、李东、萧金大为亚李士庇中国国民党通讯处评议部评议员；严观业为巴士杰中国国民党通讯处总务科科长，严绍林为巴土杰中国国民党通讯处执行部书记；黄圣兰为巴梳中国国民党通讯处总务科科长，黄鼎新为巴梳中国国民党通讯处执行部书记，黄茂林为巴梳中国国民党通讯处评议部书记，黄昂昌、黄百炼、黄福伦、黄炳潮、胡亮、赵公堂、雷凤烈为巴梳中国国民党通讯处评议部评议员；黄芹章为化古中国国民党通讯处总务科科长，黄洁进为化古中国国民党通讯处执行部书记；余才为那伏中国国民党通讯处总务科科长，谢炳为那伏中国国民党通讯处执行部书记；廖汉裔为苏城中国国民党通讯处总务科科长，廖剑秋为苏城中国国民党通讯处执行部书记，甄登、廖汉裔为苏城中国国民党通讯处干事，林玉台为苏城中国国民党通讯处评议部书记，邹德荣、李仁治、黄来就、袁远胜为苏城中国国民党通讯处评议部评议员；吴江为山担中国国民党通讯处总务科科长，雷安为山担中国国民党通讯处执行部书记，雷维新、徐百长、方卓槐、伍策勋为山担中国国民党通讯处干事，马光炼为山担中国国民党通讯处评议部书记，叶容、罗宗迟、陈华明、邝百晓、余超瑞、胡槐、黄宗喜、周如柏、周道龄、周爵廷、邓荣、余毓携、胡爱和、胡金星、雷社享、马亮荣、伍葆初、谭弼、黄炳嗣为山担中国国民党通讯处评议部评议员；伍长福为南和可中国国民党通讯处总务科科长，麦兴华为南和可中国国民党通讯处执行部书记，甄国扬、甄光洧、熊炯棠、甄龙齐为南和可中国国民党通讯处干事，陈其寿为南和可中国国民党通讯处评议部书记，伍宋瑞卿、梅迺煦、伍福良、梅国进、林燕、邝炎、伍认不为南和可中国国民党通讯处评议部评议员；邝文懋为唎咭中国国民党通讯处执行部书记，陈德业为唎咭中国国民党通讯处评议部书记，余润光、邝兆才、邝厚勋、邝炯新、黄国彦、黄球琼为唎咭中国国民党通讯处评议部评议员；黄士诒为马架连汕丹中国国民党通讯处执行部书记，张锟伦、彭国忠、黄辉汉、冯以添为马架连汕丹中国国民党通讯处干事，冯以桃为马架连汕丹中国国民党通讯处评议部书记，陈景祐、陈振安、曾安韶、陈乐胜、李杏生、冯以桃为马架连汕丹中国国民党通讯处评议部评议员；曹富为活打胆步中国国民党通讯处总务科科长，缪觉非为活打胆步中国国民党通讯处执行部书记，黄善鸣为活打胆步中国国民党通讯处评议部书记，李林兆、郑文集、高略、林云生、何干、区广、黄日东、余有为活打胆步中国国民党通讯处评议部评议员；余民生为呵利市中国国民党通讯处总务科科长，余文仰为呵利市中国国民党通讯处执行部书记，黄稠晃为呵利市中国国民党通讯处评议部书记，余浓那、黄广安、余华添、黄金源、郑文保、余黄仙花为呵利市中国国民党通讯处评议部评议员；刘安为山拿罗中国国民党通讯处总务科科长，赵群胜为山拿罗中国国民党通讯处执行部书记；李有为故厘亚根中国国民党通讯处总务科科长，李炎为故厘亚根中国国民党通讯处执行部书记，陈桂清、萧昆、李华进、李降为故厘亚根中国国民党通讯处干事，李降为故厘亚根中国国民党通讯处评议部书记，刘是明、缪亮、刘飞鸿、黄炳为故厘亚根中国国民党通讯处评议部评议员；余敬全为毛利企中国国民党通讯处执行部书记，余柱铨、余林仕、余彭龄、余振福为毛利企中国国民党通讯处干事，余敬全为毛利企中国国民党通讯处评议部书记，余寿祺、余元享、余朱如芸、余翁如英为毛利企中国国民党通讯处评议部评议员。此状。

总理（印）

总务部部长彭素民副署

据《总理任命·三月十三日》，载上海《中国国民党本部公报》第一卷第十号，一九二三年四月十日出版

委任彭星海为中国国民党文冬通讯筹备处主任状

（一九二三年三月十三日）

委任彭星海为文冬中国国民党通讯处筹备处主任。此状。

总理（印）

总务部部长彭素民副署

据《总理任命·三月十三日》，载上海《中国国民党本部公报》第一卷第十号，一九二三年四月十日出版

任命陈策杨廷培分为广东海防与江防司令令①

（一九二三年三月十四日）

大元帅令

任命陈策为广东海防司令，杨廷培为广东江防司令。此令。

（中华民国陆海军大元帅之印）

中华民国十二年三月十四日

据《命令》，载广州《陆海军大元帅大本营公报》第二号，一九二三年三月十六日

任命陈天太代理中央直辖桂军第一军军长令

（一九二三年三月十四日）

大元帅令

任命陈天太代理中央直辖桂军第一军军长。此令。

（中华民国陆海军大元帅之印）

中华民国十二年三月十四日

据《命令》，载广州《陆海军大元帅大本营公报》第二号，一九二三年三月十六日

---

① 谭延闿编《总理遗墨》第三辑收有手令影印件。

任命苏从山为长洲要塞司令
谢铁良为鱼雷局局长令

（一九二三年三月十四日）

大元帅令

　　任命苏从山为长洲要塞司令，谢铁良为鱼雷局局长。此令。

（中华民国陆海军大元帅之印）

中华民国十二年三月十四日

据《命令》，载广州《陆海军大元帅大本营公报》第二号，一九二三年三月十六日

核复广东高等检察厅检察长黄镇磐
呈报继续任事令

（一九二三年三月十四日）

大元帅指令第三十号

　　令广东高等检察厅检察长黄镇盘〔磐〕呈报遵令继续任事由。

　　呈悉。此令。

（中华民国陆海军大元帅之印）

中华民国十二年三月十四日

据《指令》，载广州《陆海军大元帅大本营公报》第二号，一九二三年三月十六日

委任谭声根等五人分为嗑咪泥古洒利
二埠中国国民党分部职员状

（一九二三年三月十四日）

委任谭声根为嗑咪中国国民党分部正部长；余礼仲为泥古洒利中国国民党分部正部长，陈百庸为泥古洒利中国国民党分部副部长，郑安为泥古洒利中国国民党分部评议部正议长，林奕添为泥古洒利中国国民党分部评议部副议长。此状。

总理（印）

总务部部长彭素民副署

代理党务部部长孙镜副署

财务部部长林业明副署

宣传部部长叶楚伧副署

交际部部长张秋白副署

据《总理任命·三月十四日》，载上海《中国国民党本部公报》第一卷第十一号，一九二三年四月二十日出版

委任谭炜南阮煨分为嗑咪泥古洒利
二埠中国国民党分部党务科主任状

（一九二三年三月十四日）

委任谭炜南为嗑咪中国国民党分部党务科主任，阮煨为泥古洒利中国国民党分部党务科主任。此状。

总理（印）

总务部部长彭素民副署

代理党务部部长孙镜副署

据《总理任命·三月十四日》，载上海《中国国民党本部公报》第一卷第十一号，一九二三年四月二十日出版

委任谭裁之林照分为嗑咪泥古洒利
二埠中国国民党分部会计科主任状

（一九二三年三月十四日）

委任谭裁之为嗑咪中国国民党分部会计科主任，林照为泥古洒利中国国民党分部会计科主任。此状。

总理（印）

总务部部长彭素民副署

财务部部长林业明副署

据《总理任命·三月十四日》，载上海《中国国民党本部公报》第一卷第十一号，一九二三年四月二十日出版

委任梁顾西张炳生为嗑咪泥古洒利
二埠中国国民党分部宣传科主任状

（一九二三年三月十四日）

委任梁顾西为嗑咪中国国民党分部宣传科主任，张炳生为泥古洒利中国国民党分部宣传科主任。此状。

总理（印）

总务部部长彭素民副署

宣传部部长叶楚伧副署

据《总理任命·三月十四日》，载上海《中国国民党本部公报》第一卷第十一号，一九二三年四月二十日出版

委任陈镜廷等十七人为嗞咪泥古洒利
二埠中国国民党分部职员状

（一九二三年三月十四日）

委任陈镜廷为嗞咪中国国民党分部总务科主任，林荣为泥古洒利中国国民党分部总务科主任，陈百庸为泥古洒利中国国民党分部执行部书记，李妙航、陈韶光、黄松喜为泥古洒利中国国民党分部干事，余百藻为泥古洒利中国国民党分部评议部书记，林蜜、邝宏、邝荣、汪汉、余万清、余民安、余百汉、黄华初、林连财、练水记为泥古洒利中国国民党分部评议部评议员。此状。

总理（印）

总务部部长彭素民副署

据《总理任命·三月十四日》，载上海《中国国民党本部公报》第一卷第十一号，一九二三年四月二十日出版

聘任张开儒为大本营高等顾问令

（一九二三年三月十五日刊载）

聘任张开儒为大本营高等顾问。此令。

据《大元帅勉励将士令》，载一九二三年三月十五日上海《民国日报》第三版

委任黄祖芹等十二人为利马等三埠
中国国民党分部职员状

（一九二三年三月十五日）

委任黄祖芹为利马中国国民党分部正部长，卢禹庭为利马中国国民党分部副部长，陈夔石为利马中国国民党分部评议部正议长，苏启文为利马中国国民党分部评议部副议长；简振兴为乐居中国国民党分部正部长，欧阳寿康为乐居中国国民党分部副部长，陈天信为乐居中国国民党分部评议部正议长，郑炳中为乐居中国国民党分部评议部副议长；陈灼如为汕爹咕中国国民党分部正部长，陈景唐为汕爹咕中国国民党分部副部长，吴泽彬为汕爹咕中国国民党分部评议部正议长，何伦兆为汕爹咕中国国民党分部评议部副议长。此状。

总理（印）

总务部部长彭素民副署

代理党务部部长孙镜副署

财务部部长林业明副署

宣传部部长叶楚伧副署

交际部部长张秋白副署

据《总理任命·三月十五日》，载上海《中国国民党本部公报》第一卷第十一号，一九二三年四月二十日出版

委任杨桐桂等三人分为利马等三埠
中国国民党分部党务科主任状

（一九二三年三月十五日）

委任杨桐桂为利马中国国民党分部党务科主任，李提为乐居中国国民党分部

党务科主任，吴衍枢为汕爹咕中国国民党分部党务科主任。此状。

总理（印）

总务部部长彭素民副署

代理党务部部长孙镜副署

据《总理任命·三月十五日》，载上
海《中国国民党本部公报》第一卷第
十一号，一九二三年四月二十日出版

委任黄敦和等三人分为利马等三埠
中国国民党分部会计科主任状

（一九二三年三月十五日）

委任黄敦和为利马中国国民党分部会计科主任，周焕忠为乐居中国国民党分部会计科主任，陈乔生为汕爹咕中国国民党分部会计科主任。此状。

总理（印）

总务部部长彭素民副署

财务部部长林业明副署

据《总理任命·三月十五日》，载上
海《中国国民党本部公报》第一卷第
十一号，一九二三年四月二十日出版

委任李子铿等三人分为利马等三埠
中国国民党分部宣传科主任状

（一九二三年三月十五日）

委任李子铿为利马中国国民党分部宣传科主任，谭吉为乐居中国国民党分部宣传科主任，李家诒为汕爹咕中国国民党分部宣传科主任。此状。

总理（印）

总务部部长彭素民副署

宣传部部长叶楚伧副署

据《总理任命·三月十五日》，载上
海《中国国民党本部公报》第一卷第
十一号，一九二三年四月二十日出版

委任方擎汉等六十八人为利马等三埠
中国国民党分部职员状

（一九二三年三月十五日）

委任方擎汉为利马中国国民党分部总务科主任，邓启睦为利马中国国民党分部执行部书记，朱桂芬、黄惠宗、徐绍驹、林汝轩、麦丽生、连官大、杨林耀、李福昌、黎文富、徐景贤、黄继垣、黄宗、周杰和、刘藻华、苏汉孙、梁礼光、何忠、黄基、黄德昌、梁香池、余令端、郑藻昌、叶成林为利马中国国民党分部干事，关亮荣、梁余永、陈韶玉、朱康泽、刘乾初、余庆标、张国涵、郑祖发、刘宗宝为利马中国国民党分部评议部评议员；陈利扶为乐居中国国民党分部总务科主任，周文彩为乐居中国国民党分部执行部书记，周宗汉、黎克谦、谭维、简世廷为乐居中国国民党分部干事，姚瓒琚为乐居中国国民党分部评议部书记，陈绣文、梁关勋、陈爵永、李沙文、李厚、张华玲、林祺、陈寿南、杨子生、陈麟为乐居中国国民党分部评议部评议员；刘植臣为汕爹咕中国国民党分部总务科主任，张坤炳为汕爹咕中国国民党分部执行部书记，朱侠生、钟凯强、余简旺、朱觉之为汕爹咕中国国民党分部干事，岑国桢为汕爹咕中国国民党分部评议部书记，张禧带、吴英玉、岑泗、张彦同、冯森荫、何炎梅、伍卓、朱作贞、吴卓峰、吴贤才为汕爹咕中国国民党分部评议部评议员。此状。

总理（印）

总务部部长彭素民副署

据《总理任命·三月十五日》，载上
海《中国国民党本部公报》第一卷第
十一号，一九二三年四月二十日出版

任命李朗如为大本营参军令

（一九二三年三月十五日）

大元帅令

　　任命李郎如为大本营参军。此令。

（中华民国陆海军大元帅之印）

中华民国十二年三月十五日

据《命令》，载广州《陆海军大元帅大本营
公报》第三号，一九二三年三月二十三日

准任命姚观顺等三人兼大本营卫士队正副队长令

（一九二三年三月十五日）

大元帅令

　　大本营参军长朱培德呈请任命参军姚观顺兼大本营卫士队队长，副官黄惠龙、
马湘兼副队长。应照准。此令。

（中华民国陆海军大元帅之印）

中华民国十二年三月十五日

据《命令》，载广州《陆海军大元帅大本营
公报》第三号，一九二三年三月二十三日

任命戴德抚为潮海关监督兼汕头交涉员令

（一九二三年三月十五日）

大元帅令

　　任命戴德抚为潮海关监督兼汕头交涉员。此令。

（中华民国陆海军大元帅之印）

中华民国十二年三月十五日

据《命令》，载广州《陆海军大元帅大本营公报》第三号，一九二三年三月二十三日

核复陈兴汉呈报就任大本营庶务司司长日期令

（一九二三年三月十六日）

大元帅指令第三十二号

令大本营庶务司司长陈兴汉呈报就职日期由。

呈悉。此令。

（中华民国陆海军大元帅之印）

中华民国十二年三月十六日

据《指令》，载广州《陆海军大元帅大本营公报》第三号，一九二三年三月二十三日

核复王棠呈报就任大本营会计司司长
并奉到任状日期令

（一九二三年三月十六日）

大元帅指令第三三号

令大本营会计司司长王棠呈报就职并奉到任状日期由。

呈悉。此令。

（中华民国陆海军大元帅之印）

中华民国十二年三月十六日

据《指令》，载广州《陆海军大元帅大本营公报》第三号，一九二三年三月二十三日

核复广州地方审判厅厅长陆嗣曾呈报
奉到任状就职日期令

（一九二三年三月十六日）

大元帅指令第三四号

令广州地方审判厅厅长陆嗣曾呈报奉到任状就职日期由。

呈悉。此令。

（中华民国陆海军大元帅之印）

中华民国十二年三月十六日

据《指令》，载广州《陆海军大元帅大本营公报》第三号，一九二三年三月二十三日

核复广东地方检察厅检察长区玉书呈报
接印视事日期并送履历令

（一九二三年三月十六日）

大元帅指令第三五号

令广东地方检察厅检察长区玉书呈报接印视事日期并送履历由。

呈悉。履历存。此令。

（中华民国陆海军大元帅之印）

中华民国十二年三月十六日

据《指令》，载广州《陆海军大元帅大本营公报》第三号，一九二三年三月二十三日

委任张郁梅等四人为中国国民党
坭益爹分部职员状

（一九二三年三月十六日）

委任张郁梅为坭益爹中国国民党分部正部长，丘华增为坭益爹中国国民党分部副部长，何绍通为坭益爹中国国民党分部评议部正议长，巫子成为坭益爹中国国民党分部评议部副议长。此状。

总理（印）

总务部部长彭素民副署

代理党务部部长孙镜副署

财务部部长林业明副署

宣传部部长叶楚伧副署

交际部部长张秋白副署

据《总理任命·三月十六日》，载上海《中国国民党本部公报》第一卷第十二号，一九二三年四月三十日出版

委任丘右传为中国国民党
坭益爹分部党务科主任状

（一九二三年三月十六日）

委任丘右传为坭益爹中国国民党分部党务科主任。此状。

总理（印）

总务部部长彭素民副署

代理党务部部长孙镜副署

据《总理任命·三月十六日》，载上海《中国国民党本部公报》第一卷第十二号，一九二三年四月三十日出版

委任巫廷福为中国国民党
坭益爹分部会计科主任状

（一九二三年三月十六日）

委任巫廷福为坭益爹中国国民党分部会计科主任。此状。

总理（印）

总务部部长彭素民副署

财务部部长林业明副署

据《总理任命·三月十六日》，载上
海《中国国民党本部公报》第一卷第
十二号，一九二三年四月三十日出版

委任余伯良为中国国民党
坭益爹分部宣传科主任状

（一九二三年三月十六日）

委任余伯良为坭益爹中国国民党分部宣传科主任。此状。

总理（印）

总务部部长彭素民副署

宣传部部长叶楚伧副署

据《总理任命·三月十六日》，载上
海《中国国民党本部公报》第一卷第
十二号，一九二三年四月三十日出版

委任赖弼华等二十四人为中国国民党
圮益爹分部职员状

（一九二三年三月十六日）

委任赖弼华为圮益爹中国国民党分部总务科主任，余百良为圮益爹中国国民党分部执行部书记，张福民、黄德焕、庄来、萧廷才、赖大鸿、巫荣聪、赖启元、巫士波、邓登发、张发、宋茂胜、刘耀环为圮益爹中国国民党分部干事，张郁霖为圮益爹中国国民党分部评议部书记，张建励、张茂祥、巫荣业、张桂林、巫秋文、杨喜生、赖奕文、刘廷敏、巫新喜为圮益爹中国国民党分部评议部评议员。此状。

总理（印）

总务部部长彭素民副署

据《总理任命·三月十六日》，载上海《中国国民党本部公报》第一卷第十二号，一九二三年四月三十日出版

特任李烈钧为闽赣边防督办令①

（一九二三年三月十七日）

大元帅令

特任李烈钧为闽赣边防督办。此令。

（中华民国陆海军大元帅之印）

中华民国十二年三月十七日

据《命令》，载广州《陆海军大元帅大本营公报》第三号，一九二三年三月二十三日

---

① 谭延闿编《总理遗墨》第一辑收有手令影印件。

特任蒋中正为大本营参谋长令①

（一九二三年三月十七日）

大元帅令

　　特任蒋中正为大本营参谋长。此令。

（中华民国陆海军大元帅之印）

中华民国十二年三月十七日

据《命令》，载广州《陆海军大元帅大本营
公报》第三号，一九二三年三月二十三日

任命朱一民为大本营参谋令②

（一九二三年三月十七日）

大元帅令

　　任命朱一民为大本营参谋。此令。

（中华民国陆海军大元帅之印）

中华民国十二年三月十七日

据《命令》，载广州《陆海军大元帅大本营
公报》第三号，一九二三年三月二十三日

---

①　谭延闿编《总理遗墨》第一辑收有手令影印件。
②　谭延闿编《总理遗墨》第一辑收有手令影印件。

准任命宾镇远等八人为大本营参军处副官令

（一九二三年三月十七日）

大元帅令

　　大本营参军长呈请任命宾镇远、丁象益、黄惠龙、马湘、陈煊、黄梦熊、黎工伙、曾鲁为大本营参军处副官。应照准。此令。

（中华民国陆海军大元帅之印）

中华民国十二年三月十七日

据《命令》，载广州《陆海军大元帅大本营公报》第三号，一九二三年三月二十三日

任命杨子毅等三人为财政部各局局长令

（一九二三年三月十七日）

大元帅令

　　任命杨子毅为大本营财政部第一局局长，林达存为大本营财政部第二局局长，林云陔为大本营财政部第三局局长。此令。

（中华民国陆海军大元帅之印）

中华民国十二年三月十七日

据《命令》，载广州《陆海军大元帅大本营公报》第三号，一九二三年三月二十三日

免林云陔大本营金库长令

（一九二三年三月十七日）

大元帅令

　　大本营金库业经明令裁撤，金库长林云陔另有任用，应免本职。此令。

（中华民国陆海军大元帅之印）

中华民国十二年三月十七日

据《命令》，载广州《陆海军大元帅大本营
公报》第三号，一九二三年三月二十三日

核复代理广东高等审判厅厅长伍岳呈报
到任视事日期并呈履历令

（一九二三年三月十七日）

大元帅指令第三八号

　　令代理广东高等审判厅厅长伍岳呈报到任视事日期并呈履历由。

　　呈悉。履历存。此令。

（中华民国陆海军大元帅之印）

中华民国十二年三月十七日

据《指令》，载广州《陆海军大元帅大本营
公报》第三号，一九二三年三月二十三日

委任黄军庶为中国国民党驻三宝垄宣传员状

（一九二三年三月十七日）

委任黄军庶为中国国民党驻三宝垄宣传员。此状。

　　　　　　　　　　　　　　　　　总理（印）

　　　　　　　　　　　　总务部部长彭素民副署

　　　　　　　　　　　　宣传部部长叶楚伧副署

　　　　　　　　据《总理任命·三月十七日》，载上
　　　　　　　海《中国国民党本部公报》第一卷第
　　　　　　　十二号，一九二三年四月三十日出版

委周公谋为工兵委员手令①

（一九二三年三月十八日）

大元帅令

　　委周公谋为工兵委员。此令。

　　　　　　　　　　　　　　　　孙文（大元帅章）

　　　　　　　　　　　　　中华民国十二年三月十八日

　　　　　　　　据原件照片，广州、广东省社会科学院藏

派周公谋为工兵局筹备委员令

（一九二三年三月十九日）

大元帅令

　　派周公谋为工兵局筹备委员。此令。

　　　　　　　　　　　　（中华民国陆海军大元帅之印）

　　　　　　　　　　　　中华民国十二年三月十九日

　　　　　　　　据《命令》，载广州《陆海军大元帅大本营
　　　　　　　公报》第三号，一九二三年三月二十三日

────────────

　　① 谭延闿编《总理遗墨》第一辑收有手令影印件。

任命熊秉坤为大本营参军令

（一九二三年三月十九日）

大元帅令

　　任命熊秉坤为大本营参军。此令。

（中华民国陆海军大元帅之印）

中华民国十二年三月十九日

据《命令》，载广州《陆海军大元帅大本营公报》第三号，一九二三年三月二十三日

免张九维大本营参军令

（一九二三年三月十九日）

大元帅令

　　大本营参军张九维另有任用，应免本职。此令。

（中华民国陆海军大元帅之印）

中华民国十二年三月十九日

据《命令》，载广州《陆海军大元帅大本营公报》第三号，一九二三年三月二十三日

特派古应芬为八邑筹饷督办令①

（一九二三年三月十九日）

大元帅令

　　特派古应芬为八邑筹饷督办。此令。

---

①　广东省社会科学院收藏有手令原件照片。

（中华民国陆海军大元帅之印）

中华民国十二年三月十九日

据《命令》，载广州《陆海军大元帅大本营
公报》第三号，一九二三年三月二十三日

任命黄垣为大本营技师令①

（一九二三年三月十九日）

大元帅令

任命黄垣为大本营技师。此令。

（中华民国陆海军大元帅之印）

中华民国十二年三月十九日

据《命令》，载广州《陆海军大元帅大本营
公报》第三号，一九二三年三月二十三日

任命李易标为中央直辖第五军军长手令

（一九二三年三月十九日）

任命李易标为中央直辖第五军军长。此令。

孙文

中华民国十二年三月十九日

据原件影印件，载谭延闿编：《总理
遗墨》第一辑，一九二八年五月校印

---

①　广东省社会科学院收藏有手令原件照片。

任命沈荣光为中央直辖第六军军长手令

（一九二三年三月十九日）

任命沈荣光为中央直辖第六军军长。此令。

孙文

中华民国十二年三月十九日

据原件影印件，载谭延闿编：《总理遗墨》第一辑，一九二八年五月校印

委任萧锦波等二十人为波地坚等五埠
中国国民党分部职员状

（一九二三年三月十九日）

委任萧锦波为波地坚中国国民党分部正部长，梁卓文为波地坚中国国民党分部副部长，何官伟为波地坚中国国民党分部评议部正议长，吴海机为波地坚中国国民党分部评议部副议长；赵溢光为洛锦顿中国国民党分部正部长，容少康为洛锦顿中国国民党分部副部长，雷宜意为洛锦顿中国国民党分部评议部正议长，梁士洲为洛锦顿中国国民党分部评议部副议长；刘仰廷为鸟卡素中国国民党分部正部长，缪沛尧为鸟卡素中国国民党分部副部长，缪朝佐为鸟卡素中国国民党分部评议部正议长，杨锡遐为鸟卡素中国国民党分部评议部副议长；李谭德为亚包中国国民党分部正部长，万金培为亚包中国国民党分部副部长，梁年为亚包中国国民党分部评议部正议长，林兴为亚包中国国民党分部评议部副议长；林飞云为般埠中国国民党分部正部长，李寿南为般埠中国国民党分部副部长，郑钦为般埠中国国民党分部评议部正议长，刘杰为般埠中国国民党分部评议部副议长。此状。

总理（印）

总务部部长彭素民副署

代理党务部部长孙镜副署

财务部部长林业明副署

宣传部部长叶楚伧副署

交际部部长张秋白副署

据《总理任命·三月十九日》，载上海《中国国民党本部公报》第一卷第十二号，一九二三年四月三十日出版

委任刘惠良等五人分为波地坚等五埠中国国民党分部党务科主任状

（一九二三年三月十九日）

委任刘惠良为波地坚中国国民党分部党务科主任，黄雁辉为洛锦顿中国国民党分部党务科主任，杨晓为鸟卡素中国国民党分部党务科主任，叶美为亚包中国国民党分部党务科主任，郑森为般埠中国国民党分部党务科主任。此状。

总理（印）

总务部部长彭素民副署

代理党务部部长孙镜副署

据《总理任命·三月十九日》，载上海《中国国民党本部公报》第一卷第十二号，一九二三年四月三十日出版

委任梁捷炜等五人分为波地坚等五埠中国国民党分部会计科主任状

（一九二三年三月十九日）

委任梁捷炜为波地坚中国国民党分部会计科主任，周华伦为洛锦顿中国国民党分部会计科主任，阮品琛为鸟卡素中国国民党分部会计科主任，司徒发位为亚

包中国国民党分部会计科主任，郑惠添为般埠中国国民党分部会计科主任。此状。

总理（印）

总务部部长彭素民副署

财务部部长林业明副署

据《总理任命·三月十九日》，载上海《中国国民党本部公报》第一卷第十二号，一九二三年四月三十日出版

委任卢华岳等五人分为波地坚等五埠 中国国民党分部宣传科主任状

（一九二三年三月十九日）

委任卢华岳为波地坚中国国民党分部宣传科主任，李德南为洛锦顿中国国民党分部宣传科主任，缪近为鸟卡素中国国民党分部宣传科主任，罗昆为亚包中国国民党分部宣传科主任，陈卓烜为般埠中国国民党分部宣传科主任。此状。

总理（印）

总务部部长彭素民副署

宣传部部长叶楚伧副署

据《总理任命·三月十九日》，载上海《中国国民党本部公报》第一卷第十二号，一九二三年四月三十日出版

委任梁捷炜等一百五十一人为波地坚等五埠 中国国民党分部职员状

（一九二三年三月十九日）

委任梁捷炜为波地坚中国国民党分部总务科主任，李月芳为波地坚中国国民党分部执行部书记，卢华岳、刘天尧、杨勤、刘才枝、梁卓文、吴信宽、刘瑞业、

李敏周、何德、梁胜林、林杰新为波地坚中国国民党分部干事，何德为波地坚中国国民党分部评议部书记，何天胜、梁人、黄显贵、刘德志、刘霭、林炳、林容胜、陈福长、冯德、黄泗、高连结、梁梦成、关正华、林天喜、黄昌锦为波地坚中国国民党分部评议部评议员；伍爱为洛锦顿中国国民党分部总务科主任，高妙胜、萧植芳、雷宜攀、雷维让、萧章解、萧元合、雷维盛、杜福、雷学溢、雷学钜、黄赐、萧荫、雷宜允、方求得为洛锦顿中国国民党分部干事，容五云为洛锦顿中国国民党分部评议部书记，黄镜光、萧宽、萧启和、刘西就、雷道月、伍物、黄社扬、伍松、周甜、萧北垣、容炽、萧泗、高亮炜、伍时具、林灿礼、高裕东、曹德然、萧国昌、方榕基为洛锦顿中国国民党分部评议部评议员；刘耀墀为鸟卡素中国国民党分部总务科主任，蔡妙提为鸟卡素中国国民党分部执行部书记，林敬忠、蔡洪意、何兴茂、刘杏、缪秋、余四、谭辉为鸟卡素中国国民党分部干事，缪甘瀛为鸟卡素中国国民党分部评议部书记，缪国珍、杨裕勤、伍子良、刘傍、杨贺、钟义帝、刘伟衡、杨开、林宽在、缪庆堂、缪社松、林华焯为鸟卡素中国国民党分部评议部评议员；陈财为亚包中国国民党分部总务科主任，司徒慈、司徒尚珍为亚包中国国民党分部执行部书记，陈清辉、司徒俊士、梁海、吕钧、钟庆楠、司徒文锐、黄顺、邓庆炜、李来发、陈福林、司徒纯、司徒发海、蔡旺、司徒枚、谭辉屏、司徒雅文、司徒作、黄四为亚包中国国民党分部干事，司徒泮衍为亚包中国国民党分部评议部书记，司徒俊廉、谭富、司徒士伦、张文、司徒安谋、司徒良、余瑞芝、林干、卢泰基、林章、梁杰、司徒广永、谭明、谭楫、谢当、司徒群、黄聪为亚包中国国民党分部评议部评议员；梁全焕为般埠中国国民党分部总务科主任，陈卓烜为般埠中国国民党分部执行部书记，梁捷喜、林信迲、吴信宽、陆敬辉、谭庚、梁占、陈发、徐赞泉、周冬、李肇南、梁希冉、陆宏、卢光、黎祥辉、陈连长、邓林权、雷学振为般埠中国国民党分部干事，周荫初为般埠中国国民党分部评议部书记，何汝、李蕴、幸焕基、梁羡、刘生、冯川为般埠中国国民党分部评议部评议员。此状。

总理（印）

总务部部长彭素民副署

据《总理任命·三月十九日》，载上海《中国国民党本部公报》第一卷第十二号，一九二三年四月三十日出版

任命周之贞为四邑两阳香顺八属绥靖处处长令①

（一九二三年三月二十日）

大元帅令

　　任命周之贞为四邑、两阳、香、顺八属绥靖处处长。此令。

（中华民国陆海军大元帅之印）

中华民国十二年三月二十日

据《命令》，载广州《陆海军大元帅大本营公报》第三号，一九二三年三月二十三日

派马超俊李纪堂为兵工局筹备委员令

（一九二三年三月二十日）

大元帅令

　　派马超俊、李纪堂为兵工局筹备委员。此令。

（中华民国陆海军大元帅之印）

中华民国十二年三月二十日

据《命令》，载广州《陆海军大元帅大本营公报》第三号，一九二三年三月二十三日

---

① 谭延闿编《总理遗墨》第一辑收有手令影印件。

委任徐树荣为东江剿匪司令令①

（一九二三年三月二十日）

大元帅令

　　委任徐树荣为东江剿匪司令。此令。

（中华民国陆海军大元帅之印）

中华民国十二年三月二十日

据《命令》，载广州《陆海军大元帅大本
营公报》第四号，一九二三年三月三十日

委任谢良牧为大本营特派专员手令

（一九二三年三月二十日）

　　委任谢良牧为大本营特派专员。此令。

孙文

中华民国十二年三月二十日

据原件影印件，载谭延闿编：《总理
遗墨》第一辑，一九二八年五月校印

委任吴敌为四川军事特派员令②

（一九二三年三月二十日）

　　委任吴敌为四川军事特派员。此令。

孙文

---

①　谭延闿编《总理遗墨》第一辑收有手令影印件。
②　谭延闿编《总理遗墨》第一辑收有手令影印件。

十二年三月二十日

据抄件，台北、中国国民党
文化传播委员会党史馆藏

与彭素民等五人联署委任林蓬洲为
中国国民党惠夜基分部正部长状

（一九二三年三月二十日）

委任状

　　委任林蓬洲为位〔惠〕夜基中国国民党分部正部长。此状。

中国国民党总理孙文

总务部部长彭素民

代理党务部部长孙镜

财政部部长林业明

宣传部部长叶楚伧

交际部部长张秋白

中华民国十二年三月二十日

据原件，台北、中国国民党
文化传播委员会党史馆藏

与彭素民等五人联署委任李圣林为
中国国民党博芙芦分部副部长状

（一九二三年三月二十日）

委任状

　　委任李圣林为博芙芦中国国民党分部副部长。此状。

中国国民党总理孙文

总务部部长彭素民

代理党务部部长孙镜

财政部部长林业明

宣传部部长叶楚伧

交际部部长张秋白

中华民国十二年三月二十日

据原件照片，台北、中国国民
党文化传播委员会党史馆藏

委任吴伯群等二百一十二人为末士卡利等五十四埠中国国民党组织职员状

（一九二三年三月二十日）

委任吴伯群为末士卡利中国国民党分部正部长，黄佳为末士卡利中国国民党分部副部长，陈式和为末士卡利中国国民党分部评议部正议长，曾绩之为末士卡利中国国民党分部评议部副议长；陈宝记为加兰姐中国国民党分部正部长，黄贤洽为加兰姐中国国民党分部副部长，李引大为加兰姐中国国民党分部评议部正议长，邝启清为加兰姐中国国民党分部评议部副议长；吴瑞泉为佛地中国国民党分部正部长，阮湖为佛地中国国民党分部副部长，陈社安为佛地中国国民党分部评议部正议长，黄彰金为佛地中国国民党分部评议部副议长；黄如宽为参迫咕中国国民党分部正部长，邝即起为参迫咕中国国民党分部副部长，关崇稚为参迫咕中国国民党分部评议部正议长，赵俊才为参迫咕中国国民党分部评议部副议长；萧祖桂为米麻中国国民党分部正部长，彭纲为米麻中国国民党分部副部长，张国振为米麻中国国民党分部评议部正议长，余锦和为米麻中国国民党分部评议部副议长；周锦辉为达打中国国民党分部正部长，马文聪为达打中国国民党分部评议部正议长，郑科为达打中国国民党分部评议部副议长；李月天为华冷架中国国民党分部正部长，陈鉴贤为华冷架中国国民党分部副部长，邬日初为华冷架中国国民党分部评议部正议长，吴赞坚为华冷架中国国民党分部评议部副议长；吴德如为

泮大连中国国民党分部正部长，李学钧为泮大连中国国民党分部副部长，卢松坡
为泮大连中国国民党分部评议部正议长，陈孟裕为泮大连中国国民党分部评议部
副议长；卓祥为希炉中国国民党分部正部长，陈成为希炉中国国民党分部副部长，
阮利为希炉中国国民党分部评议部正议长，古贺为希炉中国国民党分部评议部副
议长；高廷槐为屈慎委利中国国民党分部正部长，陈典槐为屈慎委利中国国民党
分部副部长，陈友年为屈慎委利中国国民党分部评议部正议长，徐耀南为屈慎委
利中国国民党分部评议部副议长；雷民志为山地巴把中国国民党分部正部长，孔
宪成为山地巴把中国国民党分部副部长，余润生为山地巴把中国国民党分部评议
部正议长，甄秀山为山地巴把中国国民党分部评议部副议长；余寿屏为梳叻中国
国民党分部正部长，盘朋为梳叻中国国民党分部副部长，郭子钊为梳叻中国国民
党分部评议部正议长，李光为梳叻中国国民党分部评议部副议长；周练梓为圣蕹
中国国民党分部正部长，李伟权为圣蕹中国国民党分部副部长，薛钦远为圣蕹中
国国民党分部评议部正议长，吴泽尧为圣蕹中国国民党分部评议部副议长；吴伯
鳌为必珠卜中国国民党分部正部长，余敬礼为必珠卜中国国民党分部副部长，李
伟基为必珠卜中国国民党分部评议部正议长，余和淦为必珠卜中国国民党分部评
议部副议长；赵兹为粒卜礌中国国民党分部正部长，司徒涞福为粒卜礌中国国
党分部副部长，赵慈为粒卜礌中国国民党分部评议部正议长，陈龙光为粒卜礌中
国国民党分部评议部副议长；甄伦准为祖笋中国国民党分部正部长，余颂和为祖
笋中国国民党分部副部长，林乐吾为祖笋中国国民党分部评议部正议长，周九为
祖笋中国国民党分部评议部副议长；吴述仁为柠檬中国国民党分部正部长，吴作
道为柠檬中国国民党分部副部长，甄树昂为柠檬中国国民党分部评议部正议长，
余积中为柠檬中国国民党分部评议部副议长；阮汉年为葛仑中国国民党分部正部
长，郑源为葛仑中国国民党分部副部长，欧阳洪卿为葛仑中国国民党分部评议部
正议长，蔡炳桥为葛仑中国国民党分部评议部副议长；吴朝晋为纽约中国国民党
分部正部长，赵义为纽约中国国民党分部副部长，赵鼎荣为纽约中国国民党分部
评议部正议长，黄芹生为纽约中国国民党分部评议部副议长；雷子陶为柯连中国
国民党分部正部长，朱弼臣为柯连中国国民党分部副部长，周合安为柯连中国国
民党分部评议部正议长，朱进锐为柯连中国国民党分部评议部副议长；黄基为德

郡中国国民党分部正部长，余镜和为德郡中国国民党分部副部长，陈扬锡为德郡中国国民党分部评议部正议长，余达章为德郡中国国民党分部评议部副议长；李焯常为钵仑中国国民党分部正部长，朱伯平为钵仑中国国民党分部副部长，赵培为钵仑中国国民党分部评议部正议长，黄霭生为钵仑中国国民党分部评议部副议长；陈汉子为舍路中国国民党分部正部长，叶崇濂为舍路中国国民党分部副部长，伍毓宽为舍路中国国民党分部评议部正议长，陈想为舍路中国国民党分部评议部副议长；梅笑春为乌市打中国国民党分部正部长，陈大锐为乌市打中国国民党分部副部长，江长为乌市打中国国民党分部评议部正议长，黄广舜为乌市打中国国民党分部评议部副议长；曹洽三为榄面顿中国国民党分部正部长，陈光耀为榄面顿中国国民党分部副部长，朱毓为榄面顿中国国民党分部评议部正议长，阮本旺为榄面顿中国国民党分部评议部副议长；黄世栋为亚顿中国国民党分部正部长，黄煜进为亚顿中国国民党分部副部长，黄世惠为亚顿中国国民党分部评议部正议长，黄德钦为亚顿中国国民党分部评议部副议长；陈培庵为保士顿中国国民党分部正部长，余凤棠为保士顿中国国民党分部副部长，余凤棠为保士顿中国国民党分部评议部正议长，余君侠为保士顿中国国民党分部评议部副议长；李锡三为斐市那中国国民党分部正部长，周光魂为斐市那中国国民党分部副部长，周光魂为斐市那中国国民党分部评议部正议长，张洛川为斐市那中国国民党分部评议部副议长；林蓬洲为位夜基中国国民党分部正部长，梁仲昆为位夜基中国国民党分部副部长，黄日生为位夜基中国国民党分部评议部正议长，程善庚为位夜基中国国民党分部评议部副议长；黄启堂为士作顿中国国民党分部正部长，陈树棠为士作顿中国国民党分部副部长，叶殖兰为士作顿中国国民党分部评议部正议长，叶玉堂为士作顿中国国民党分部评议部副议长；谭赞为芝加高中国国民党分部正部长，余仁舟为芝加高中国国民党分部副部长，吴汉为芝加高中国国民党分部评议部正议长，谢祝三为芝加高中国国民党分部评议部副议长；伍仲华为费城中国国民党分部正部长，曾培为费城中国国民党分部副部长，伍游学为费城中国国民党分部评议部正议长，麦衍扳为费城中国国民党分部评议部副议长；吴德操为笃城中国国民党分部正部长，李荫堂为笃城中国国民党分部副部长，马才杰为笃城中国国民党分部评议部正议长，汤元为笃城中国国民党分部评议部副议长；赵简文为罗省中国国民党分部正部长，朱炳麟为罗省中国国民党分部副部长，谭述唐为罗省中国国民党分部评议部正议长，刘世隆为罗省中国国民党分部评议部副议长；刘荣初为加士华利中国国民党分部正部长，吕焕棠为加士华利中国国民党分部副部长，陈光汉为加士华利中国国民党分部评议部正议长，邝守慎为加士华利中国国民党分部评议部副议长；赵子蕃为杞连湖中国国民党分部正部长，江世衡为杞连湖中国国民党分部副部长，李伟昌为杞连湖中国国民党分部评议部正议长，薛新远为杞连湖中国国民党分部评议部副议长；黄振魂为乞佛中国国民党分部正部长，李惠连为乞佛中国国民党分部副部长，黄扬威为乞佛中国国民党分部评议部正议长，方富彦为乞佛中国国民党分部评议部副议长；何泽隆为掘地孖鑪中国国民党分部正部长，黄铉远为掘地孖鑪中国国民党分部副部长，梁善为掘地孖鑪中国国民党分部评议部正议长，梁福榆为掘地抒鑪中国国民党分部评议部副议长；周梦年为美孖写中国国民党分部正部长，周瑞钿为美孖写中国国民党分部副部长，何钦燕为美孖写中国国民党分部评议部正议长，周礼现为美孖写中国国民党分部评议部副议长；黄文运为博芙芦中国国民党分部正部长，李圣林为博芙芦中国国民党分部副部长，邓京为博芙芦中国国民党分部评议部正议长，李翼棠为博芙芦中国国民党分部评议部副议长；方淇为纽特中国国民党分部正部长，吴良信为纽特中国国民党分部副部长，赵锡之为纽特中国国民党分部评议部正议长，伍秋学为纽特中国国民党分部评议部副议长；林光汉为积彩中国国民党分部正部长，司徒树敏为积彩中国国民党分部副部长，梅金波为积彩中国国民党分部评议部正议长，梅鹤父为积彩中国国民党分部评议部副议长；余康中为斐匿中国国民党分部正部长，黄振汉为斐匿中国国民党分部副部长，甄英常为斐匿中国国民党分部评议部正议长，黄乔礼为斐匿中国国民党分部评议部副议长；翟熙为晏埠中国国民党分部正部长，黄观洲为晏埠中国国民党分部副部长，刘有群为晏埠中国国民党分部评议部正议长，邝钦灵为晏埠中国国民党分部评议部副议长；李荣芳为个郎中国国民党分部正部长，张金源为个郎中国国民党分部副部长，甘汝雄为个郎中国国民党分部评议部正议长，冯嵩为个郎中国国民党分部评议部副议长；吴盛墀为意基忌中国国民党分部正部长，郑侠民为意基忌中国国民党分部副部长，聂卓为意基忌中国国民党分部评议部正议长，陈生为意基忌中国国民党分部评议部副议长；

吴善标为埃仑顿中国国民党分部正部长，李天影为埃仑顿中国国民党分部副部长，邝修沛为埃仑顿中国国民党分部评议部正议长，唐申为埃仑顿中国国民党分部评议部副议长；张旭昌为莫架中国国民党分部正部长，张荫芳为莫架中国国民党分部副部长，毛玉书为莫架中国国民党分部评议部正议长，李文记为莫架中国国民党分部评议部副议长；刘显聪为波利磨中国国民党分部正部长，李毓秀为波利磨中国国民党分部副部长，林寿为波利磨中国国民党分部评议部正议长，朱兆良为波利磨中国国民党分部评议部副议长；陈子桢为三藩市中国国民党分部正部长，谭贞林为三藩市中国国民党分部副部长，梁树南为三藩市中国国民党分部评议部正议长，周敬为三藩市中国国民党分部评议部副议长；余优想为粗李杜中国国民党分部正部长，罗松乐为粗李杜中国国民党分部副部长，罗福寿为粗李杜中国国民党分部评议部正议长，罗松贵为粗李杜中国国民党分部评议部副议长；黄乐泮为贝市中国国民党分部正部长，伍于镛为贝市中国国民党分部副部长，伍于镜为贝市中国国民党分部评议部正议长；陈祝鋆为二埠中国国民党分部正部长，邝棋标为二埠中国国民党分部副部长；黄秀德为那罅中国国民党通讯处正主任，郑洪安为那罅中国国民党通讯处副主任，李有为那罅中国国民党通讯处评议部正议长，伍锦留为那罅中国国民党通讯处评议部副议长。此状。

总理（印）

总务部部长彭素民副署

代理党务部部长孙镜副署

财务部部长林业明副署

宣传部部长叶楚伧副署

交际部部长张秋白副署

据《总理任命·三月二十日》，载上海《中国国民党本部公报》第一卷第十三号，一九二三年五月十日出版

委任邝维新等五十人分为末士卡利等五十埠
中国国民党组织党务科主任或科长状

（一九二三年三月二十日）

委任邝维新为末士卡利中国国民党分部党务科主任，黄荣耀为加兰姐中国国民党分部党务科主任，阮焜为佛地中国国民党分部党务科主任，关焜植为参迫咕中国国民党分部党务科主任，高钧康为米麻中国国民党分部党务科主任，朱葵为华冷架中国国民党分部党务科主任，陈海为泮大连中国国民党分部党务科主任，古枢为希炉中国国民党分部党务科主任，梁梦熊为屈慎委利中国国民党分部党务科主任，李佐为梳叻中国国民党分部党务科主任，吴襄佑为圣蘁中国国民党分部党务科主任，李师赤为必珠卜中国国民党分部党务科主任，刘群安为粒卜碌中国国民党分部党务科主任，甄锦为祖笋中国国民党分部党务科主任，吴能杯为柠檬中国国民党分部党务科主任，欧棣为葛仑中国国民党分部党务科主任，黄英俊为纽约中国国民党分部党务科主任，陈芹初为柯连中国国民党分部党务科主任，余毓衡为德郡中国国民党分部党务科主任，何胜为钵仑中国国民党分部党务科主任，伍是民为舍路中国国民党分部党务科主任，陈明艳为乌市打中国国民党分部党务科主任，曹凤作为榄面顿中国国民党分部党务科主任，邝文彬为亚顿中国国民党分部党务科主任，关崇贤为保士顿中国国民党分部党务科主任，方生财为斐市那中国国民党分部党务科主任，杨燊为位夜基中国国民党分部党务科主任，陈洁泉为士作顿中国国民党分部党务科主任，简侠魂为芝加高中国国民党分部党务科主任，伍民甫为费城中国国民党分部党务科主任，李健男为笃城中国国民党分部党务科主任，冯锡垣为罗省中国国民党分部党务科主任，阮棣春为加士华利中国国民党分部党务科主任，赵德辉为杞连湖中国国民党分部党务科主任，李箫访为乞佛中国国民党分部党务科主任，梁日初为掘地孖罅中国国民党分部党务科主任，周锦云为美孖写中国国民党分部党务科主任，司徒职为博芙芦中国国民党分部党务科主任，胡占士为积彩中国国民党分部党务科主任，邓兆享为斐匿中国国民党分部党务科主任，林新贵为个郎中国国民党分部党务科主任，黄熙成为意基忌中国国民党分部党务科主任，刘章显为埃仑顿中国国民党分部党务科主任，叶丽香为莫架中国国民党分部党务科主任，李福如为波利磨中国国民党分部党务科主任，黄滋为三藩市中国国民党分部党务科主任，罗乐事为粗李杜中国国民党分部党务科主任，黄国俊为贝市中国国民党分部党务科主任，李祖武为二埠中国国民党分部党务科主任，胡焯为那罅中国国民党通讯处党务科科长。此状。

总理（印）

总务部部长彭素民副署

代理党务部部长孙镜副署

据《总理任命·三月二十日》，载上海《中国国民党本部公报》第一卷第十三号，一九二三年五月十日出版

委任邝修彦等五十人为末士卡利等五十埠中国国民党组织会计科主任或科长状

（一九二三年三月二十日）

委任邝修彦为末士卡利中国国民党分部会计科主任，甄明芹为加兰姐中国国民党分部会计科主任，陈俊为佛地中国国民党分部会计科主任，宋逢春为参追咕中国国民党分部会计科主任，刘官九为米麻中国国民党分部会计科主任，邬达生为华冷架中国国民党分部会计科主任，郑杏嘉为泮大连中国国民党分部会计科主任，卢球为希炉中国国民党分部会计科主任，孙璋琪为屈慎委利中国国民党分部会计科主任，陈松烟为梳叻中国国民党分部会计科主任，吴鸿光为圣蕌中国国民党分部会计科主任，余绰夫为必珠卜中国国民党分部会计科主任，司徒涞福为粒卜碌中国国民党分部会计科主任，颜强为祖笋中国国民党分部会计科主任，吴衍道为柠檬中国国民党分部会计科主任，林文忠为葛仑中国国民党分部会计科主任，赵仲勋为纽约中国国民党分部会计科主任，谭裔锦为柯连中国国民党分部会计科主任，黄基为德郡中国国民党分部会计科主任，黄礼康为钵仑中国国民党分部会计科主任，雷瑞山为舍路中国国民党分部会计科主任，杜官为乌市打中国国民党

分部会计科主任，陆享为榄面顿中国国民党分部会计科主任，黄樑家为亚顿中国国民党分部会计科主任，邝卓生为保士顿中国国民党分部会计科主任，马鳌为斐市那中国国民党分部会计科主任，阮达初为位夜基中国国民党分部会计科主任，蔡棣清为士作顿中国国民党分部会计科主任，李竖铨为芝加高中国国民党分部会计科主任，雷浓为费城中国国民党分部会计科主任，吴泮为笃城中国国民党分部会计科主任，胡俊为罗省中国国民党分部会计科主任，谭发湖为加士华利中国国民党分部会计科主任，吴业守为杞连湖中国国民党分部会计科主任，伍伯陶为乞佛中国国民党分部会计科主任，何金华为掘地孖罅中国国民党分部会计科主任，何焯贻为美孖写中国国民党分部会计科主任，黄文田为博芙芦中国国民党分部会计科主任，余梓南为积彩中国国民党分部会计科主任，周兆河为斐匿中国国民党分部会计科主任，余雨培为个郎中国国民党分部会计科主任，梁杰鸿为意基忌中国国民党分部会计科主任，胡利为埃仑顿中国国民党分部会计科主任，刘焕香为莫架中国国民党分部会计科主任，薛嘉祺为波利磨中国国民党分部会计科主任，崔豪为三藩市中国国民党分部会计科主任，罗洛翔为粗李杜中国国民党分部会计科主任，黄文就为贝市中国国民党分部会计科主任，邝廉普为二埠中国国民党分部会计科主任，陈官胜为那罅中国国民党通讯处会计科科长。此状。

总理（印）

总务部部长彭素民副署

财务部部长林业明副署

据《总理任命·三月二十日》，载上海《中国国民党本部公报》第一卷第十三号，一九二三年五月十日出版

委任马达三等四十六人分为末士卡利等四十六埠中国国民党组织宣传科主任或科长状

（一九二三年三月二十日）

委任马达三为末士卡利中国国民党分部宣传科主任，雷荣照为加兰姐中国国民党分部宣传科主任，李棣谈为佛地中国国民党分部宣传科主任，赵宗稳为参迫

咕中国国民党分部宣传科主任，李金铨为米麻中国国民党分部宣传科主任，邬普衡为华冷架中国国民党分部宣传科主任，黄富英为泮大连中国国民党分部宣传科主任，杨福荣为希炉中国国民党分部宣传科主任，曾璞丘为屈慎委利中国国民党分部宣传科主任，李泗勤为梳叻中国国民党分部宣传科主任，李耀为圣蕴中国国民党分部宣传科主任，余佳舟为必珠卜中国国民党分部宣传科主任，黄麟为粒卜碌中国国民党分部宣传科主任，曾春和为祖笋中国国民党分部宣传科主任，郑国辉为柠檬中国国民党分部宣传科主任，陈觐宸为葛仑中国国民党分部宣传科主任，彭辛酉为纽约中国国民党分部宣传科主任，冯林炯为柯连中国国民党分部宣传科主任，吕奕球为德郡中国国民党分部宣传科主任，黎神护为钵仑中国国民党分部宣传科主任，曾诗传为舍路中国国民党分部宣传科主任，黄兼生为乌市打中国国民党分部宣传科主任，王积源为榄面顿中国国民党分部宣传科主任，黄庚棠为亚顿中国国民党分部宣传科主任，余森郎为保士顿中国国民党分部宣传科主任，黄汉伟为斐市那中国国民党分部宣传科主任，程瑞卿为位夜基中国国民党分部宣传科主任，熊锦湘为士作顿中国国民党分部宣传科主任，陈禩锐为芝加高中国国民党分部宣传科主任，李焕桐为费城中国国民党分部宣传科主任，李荣福为笃城中国国民党分部宣传科主任，张老深为罗省中国国民党分部宣传科主任，周瑞厚为美孖写中国国民党分部宣传科主任，李逢均为博芙芦中国国民党分部宣传科主任，谭伟林为积彩中国国民党分部宣传科主任，余中钺为斐匿中国国民党分部宣传科主任，甘汝庸为个郎中国国民党分部宣传科主任，邓学廉为意基忌中国国民党分部宣传科主任，高贵超为埃仑顿中国国民党分部宣传科主任，张观显为莫架中国国民党分部宣传科主任，李德予为波利磨中国国民党分部宣传科主任，董荫卿为三藩市中国国民党分部宣传科主任，罗启鸿为粗李杜中国国民党分部宣传科主任，黄远彰为贝市中国国民党分部宣传科主任，黄锦添为二埠中国国民党分部宣传科主任，伍汉才为那罅中国国民党通讯处宣传科科长。此状。

总理（印）

总务部部长彭素民副署

宣传部部长叶楚伧副署

据《总理任命·三月二十日》，载上海《中国国民党本部公报》第一卷第十三号，一九二三年五月十日出版

委任张锦等一千零一十二人为末士卡利等
五十四埠中国国民党组织职员状

（一九二三年三月二十日）

委任张锦为末士卡利中国国民党分部总务科主任，萧一苇、黎子棠为末士卡利中国国民党分部执行部书记，黄一强、袁曹汝、黄义、陈噪、谭勉农、陈松添、谭鳌、赖寿祥、赵元立、朱寿康、黄立基、徐富为末士卡利中国国民党分部干事，余其中为末士卡利中国国民党分部评议部书记，许治平、岑达天、胡金华、曾联森、赖寿祥、陈端顺、余镇中、张福双、余和翰、余华熙为末士卡利中国国民党分部评议部评议员；余焯礼为加兰姐中国国民党分部总务科主任，梁炳芳、周莲为加兰姐中国国民党分部执行部书记，伍广进、余乐纯、余占魁、黄耀琪、周礼祥、余怀添、邝乃元、李三勤、余业和、余廷俊、陈炳和、周栋潮为加兰姐中国国民党分部干事，邝振敬、张达一为加兰姐中国国民党分部评议部书记，朱始森、张福荣、黄扬杰、黄日永、林长盛、朱长盛、谭广大、甄来苟、邝锡玉、周启为加兰姐中国国民党分部评议部评议员；陈俊为佛地中国国民党分部总务科主任，刘寿焜为佛地中国国民党分部执行部书记，黄容照、吴鉴溪、张添赏、刘将杰为佛地中国国民党分部干事，阮碧湛为佛地中国国民党分部评议部书记，陈清、林天齐、黄万奕、阮棣培、张赏权、朱有、萧祖禄、林安定、阮来亚为佛地中国国民党分部评议部评议员；伍如碧为参迫咕中国国民党分部总务科主任，赵从达为参迫咕中国国民党分部执行部书记，郑顺恒、赵光焯、关开贤、黄洪益为参迫咕中国国民党分部干事，黄扶亚为参迫咕中国国民党分部评议部书记，陈华乐、黄少翔、马兆庆、赵成伟、赵锡华、黄闰瑜、赵崇光为参迫咕中国国民党分部评议部评议员；侯才耀为米麻中国国民党分部总务科主任，余逸滨、甄泮芹为米麻中国国民党分部执行部书记，李霍、刘永年、伍英文、侯祐才为米麻中国国民党分部干事，伍维珍、侯才荣为米麻中国国民党分部评议部书记，李汉庭、司徒恩泽、梅悦卿、陈妙提、梁煜林、关添彬、梁炽林、陈妙桂为米麻中国国民党分部评议部评议员；马文聪为达打中国国民党分部执行部书记，潘连斌、周锦辉、黄遐龄为达打中国国民党分部干事，马文浩、孙汝斌、孙惠良、程贤奋、周祥安为达打中国国民党分部评议部评议员；李乐平为华冷架中国国民党分部总务科主任，邬爱平为华冷架中国国民党分部执行部书记，陈荫荣、陈裕和、江兆湖、曾均明为华冷架中国国民党分部干事，朱梅溪为华冷架中国国民党分部评议部书记，杜鹏、邬礼光、李容、彭添尧、邬佑、徐汉、甄同京、邬顺坤、李宪章、邬启濂、廖富荣为华冷架中国国民党分部评议部评议员；黄渭滨为泮大连中国国民党分部总务科主任，郑次豪为泮大连中国国民党分部执行部书记，容华辉为泮大连中国国民党分部评议部书记，李宗炳、容华辉、陈培兴、郑砒安、陈以光、李宗荣、周焕华、郑匡华、杨振声、黄焕章为泮大连中国国民党分部评议部评议员；杨廪为希炉中国国民党分部总务科主任，杨廪为希炉中国国民党分部执行部书记，郑盘、张文、李豪、刘泗、孙建宗、邝康、卓锦为希炉中国国民党分部干事，郑以均为希炉中国国民党分部评议部书记，周严、周强、古鹏云、郑以均、刘如松、杨益、刘景辉、邝彩为希炉中国国民党分部评议部评议员；李焕墀为屈慎委利中国国民党分部总务科主任，黄子春为屈慎委利中国国民党分部执行部书记，陈滋大、刘濯显、陈良仕、李薀、梁鲁生、萧真民、伍慧泉、陈均优为屈慎委利中国国民党分部干事，卫厚糈为屈慎委利中国国民党分部评议部书记，陈友年、徐耀南、卫厚糈、陈宜隆、梁达民、许宗创、黄子春、司徒安、李达为屈慎委利中国国民党分部评议部评议员；余震华为山地巴把中国国民党分部执行部书记，马民生、潘启光、甄恩活、余澄坡、甄立国、潘启民、甄兆瑚、余毓文为山地巴把中国国民党分部干事，马翊屏为山地巴把中国国民党分部评议部书记，余矩方、余易初、余卓华、余军侠、余质生、余杰臣、余卓民、甄吉锦、甄耀汉、甄恩活为山地巴把中国国民党分部评议部评议员；李云彰为梳叻中国国民党分部总务科主任，张敌清为梳叻中国国民党分部执行部书〈记〉，陈洽文、张楚白、邓福盈、赵景山为梳叻中国国民党分部干事，张策秦为梳叻中国国民党分部评议部书记，余塔中、陈雅平、陈日三、张福怡、张莲盟、邓国昭、邓恭休、余朝振、余利得、张荣郡、陈健炽、雷炳为梳叻中国国民党分部评议部评议员；李宇南为圣蕾中国国民党分部总务科主任，林贤友为圣蕾中国国民党分部执行部书记，林启任、余悦和、李礽春、余郁良、赵保林、李茂莲、梁贤栋、梁象齐、钟和、梁永、梁传启、李悦为圣蕌中国国民党分部干事，何贻礼为圣蕌中国国民党分部评议部书记，余悦和、吴襄佑、梁象齐、林贤豪、赵保、林钟和、李茂莲为圣蕌中国国民党分部评议部评议员；余林甫为必珠卜中国国民党分部总务科主任，余蕙洲为必珠卜中国国民党分部执行部书记，余官章、朱沛霖、余和淦、何振鹏为必珠卜中国国民党分部干事，李汝湘为必珠卜中国国民党分部评议部书记，吴孟运、余文煖、余灿和、余叶和、李汝湘、余辉中、何振鹏、余煦中、吴文彬为必珠卜中国国民党分部评议部评议员；余赞和为粒卜碌中国国民党分部总务科主任，余杏为粒卜碌中国国民党分部执行部书记，黄元、黄宽参、黄培、黄国鼎为粒卜碌中国国民党分部干事，余杏为粒卜碌中国国民党分部评议部书记，梁子元、黄泮、黄天池、黄文厚、周荣炜、梁柱海、黄琼娣、黄美清、月好、余振贵为粒卜碌中国国民党分部评议部评议员；甄樑为祖笋中国国民党分部总务科主任，曾炳为祖笋中国国民党分部执行部书记，甄常兆、甄锡、林长、甄泮为祖笋中国国民党分部干事，林贤炳为祖笋中国国民党分部评议部书记，余治中、罗信英、曾耀毓、黄瀚世、朱羡、邓炳、朱瑞、甄缵、甄壮、甄永铭为祖笋中国国民党分部评议部评议员；卢祝三为柠檬中国国民党分部总务科主任，吴克蕴为柠檬中国国民党分部执行部书记，吴秋寿、甄奕焰、吴作植、黄少卿为柠檬中国国民党分部干事，莫国猷为柠檬中国国民党分部评议部书记，吴能雁、余家和、吴士配、吴作助、甄奕爌、吴作奕、吴作震、吴作合、甄国炽为柠檬中国国民党分部评议部评议员；林灿时为葛仑中国国民党分部总务科主任，王素朴为葛仑中国国民党分部执行部书记，杨玉如、欧阳官然、梁泽夫、郑汉雄、伍时扮、欧阳宝珍、郑计申、郑沛华为葛仑中国国民党分部干事，欧阳瀚祥为葛仑中国国民党分部评议部书记，阮灼宸、黄启芬、伍良、周国荣、邝沃初、周开基、陈初开、周庆藻、陈焕发、阮有添、欧阳洁祥为葛仑中国国民党分部评议部评议员；李民生为纽约中国国民党分部总务科主任，赵惠为纽约中国国民党分部执行部书记，黄颂民、李力、钟国聪、陈镜泉为纽约中国国民党分部干事，刘兆明为纽约中国国民党分部评议部书记，黄湛、梁荣光、刘鼎云、梅景森、李雨亭、刘孔珍、黄文、庄明清为纽约中国国民党分部评议部评议员；谭宗尧为柯连中国国民党分部总务科主任，谭宗尧、朱弼臣为柯连中国国民党分部执行部书记，朱开鼎、雷家添、朱秩章、冯广敏、陈德炜、陈柱稳、朱荣基、黄社德为柯连中国国民党分部干事，曹朵云为柯连中国国民党分部评议部书记，朱裘炳、黄金祥、余彬章、朱汉光、陈棣海、谭宗荣、陈渭祥、张炳光、梁文富、雷合、雷利、叶福为柯连中国国民党分部评议部评议员；陈扬深为德郡中国国民党分部总务科主任，余耀正为德郡中国国民党分部执行部书记，李鸿仪、马炎、杨扬锡为德郡中国国民党分部干事，吕洪生、吕日光、余桃稳、陈桢显、余锦龙、钟寅、陈缵舜、黄锦、吕奕球、马炎、陈扬深为德郡中国国民党分部评议部评议员；李炯为钵仑中国国民党分部总务科主任，黄玉灿为钵仑中国国民党分部执行部书记，李世泮、萧受子、黄炳章、李奕椒、梅卓荣、余华章、李松林、梅志新、雷维安、雷根、梅缫、李奕民、李佩芳、黄培钦、廖致和、许廷聪、李銮波、李乾云、黄德瑶、冯增元、李子明、李谋奕、雷详、伍耀邃、梅启明、陈瀚炽、黄锡牛、李少辅为钵仑中国国民党分部干事，赵瑞芝为钵仑中国国民党分部评议部书记，黄崇锡、李煜、陈福柱、黄麟、刘希派、梁朗天、李尹衡、雷祐、李笃奕、陈文波、伍耀遴、刘社合、李泽、邓九为钵仑中国国民党分部评议部评议员；麦均为舍路中国国民党分部总务科主任，雷庆、叶冠杰为舍路中国国民党分部执行部书记，伍元裔、胡芳有、蔡灿琼、伍廷壮、雷缉甫、许金旺、陈汉民、伍学铨、刘瑞庆、黄崇炘、黄顾章、胡冠炳、林强、许金柏、陈广猷、伍元泮、雷富、骆重润、陈泽民、黄吉人、陈应强、陈玉钿、赵来、陆利为舍路中国国民党分部干事，钟肯为舍路中国国民党分部评议部书记，许金柏、罗月桂、雷瑞山、陈邦、刘荣、陆文石、伍瑞龙、黄炎法、马福庆、阮岐山、胡拔南、胡乔松、邓光楚、陈汉石为舍路中国国民党分部评议部评议员；陈孔参为乌市打中国国民党分部总务科主任，梅参天为乌市打中国国民党分部执行部书记，陈旺、梅参天、陈明新、陈国照为乌市打中国国民党分部干事，阮天培为乌市打中国国民党分部评议部书记，陈明爕、陈兆祥、张培焜、陈催德、杜喜、陈和、叶永达、翁联略、阮天培为乌市打中国国民党分部评议部评议员；黄有淇为榄面顿中国国民党分部总务科主任，曹绣波为榄面顿中国国民党分部执行部书记，陈象联、陈子简、黎晋邦、曹廷昌、黄泮铎、黄忠槐为榄面顿中国国民党分部干事，陈典荣为榄面顿中国国民党分部评议部书记，黄福戴、黄盛基、丘世琼、陈觐文、曹旭初、梅华佑、伍宏达、余焯章、曹凤朴、伍来不为榄面顿中国国民党分部评议部评议员；

黄警悟为亚顿中国国民党分部执行部书记，雷九龄、伍于护、邝修霞、黄福为亚顿中国国民党分部干事，黄广进为亚顿中国国民党分部评议部书记，李世周、黄宣湛、廖光享、邓浩振、黄侠夫、廖显佐、黄恩世、梁德贞为亚顿中国国民党分部评议部评议员；阮汉卿为保士顿中国国民党分部总务科主任，余君侠为保士顿中国国民党分部执行部书记，李金明、敖文珍、陈荣汉为保士顿中国国民党分部干事，司徒瑞南为保士顿中国国民党分部评议部书记，赵宝珊、伍于信、余达光、关崇贤、陈荣汉、黄兰益、余芳、邝荣春、阮汉卿为保士顿中国国民党分部评议部评议员；马日为斐市那中国国民党分部总务科主任，余海为斐市那中国国民党分部执行部书记，黄冠、关聪、刘汉明、朱平安、杨念、杨国旗、黄信南、萧章计、李关雄、林金进为斐市那中国国民党分部干事，张少龄为斐市那中国国民党分部评议部书记，关聪、马日、黄汉伟、方生财、黄冠、朱益、杨念、杨国旗为斐市那中国国民党分部评议部评议员；梁文通为位夜基中国国民党分部总务科主任，严岳炽为位夜基中国国民党分部执行部书记，程国荣、黄锐桢、林关义、严怀新、陈炳葵、严锡榴、程永康、程贤成、程贤衮、梁有燊、程国桐、梁杯为位夜基中国国民党分部干事，阮懋初为位夜基中国国民党分部评议部书记，严桂喜、关天彩、严华昆、程贤池、梁俭德、阮宏如、黎文樵、阮京宽、梁权、阮善初为位夜基中国国民党分部评议部评议员；林瑞忠为士作顿中国国民党分部总务科主任，蔡认为士作顿中国国民党分部执行部书记，黄炳坤、彭禄权、叶友华、李作舟为士作顿中国国民党分部干事，蔡积为士作顿中国国民党分部评议部书记，伍子瑜、陈锦涛、黄汝瑚、雷聘余、陈彬、余叔藩、张植卿、邝莪敬、雷仲屏、邝光银为士作顿中国国民党分部评议部评议员；吴公义为芝加高中国国民党分部总务科主任，汤悦、李哕鸾为芝加高中国国民党分部执行部书记，吴剑鸣、阮臻德、梅宗潮、黄杰、邝球敬、欧阳棋、谭周、蔡森、吴合、甄英武、简炳夫人、黄乐夫人、吴梓、胡松、陈锦添、周文彬为芝加高中国国民党分部干事，郑君泽为芝加高中国国民党分部评议部书记，方瑞雄、伍勋产、伍恩、蔡康、邓炳、高梅荣、陈卓然、高轩理为芝加高中国国民党分部评议部评议员；黄连登为费城中国国民党分部总务科主任，邝乃彰为费城中国国民党分部执行部书记，钟夏卿、雷浓、邝乃彰、曾培、麦绪益、曾秋、何金秋、李伟棠为费城中国国民党分部干事，李智一为费城中国国民党分部评议部书记，黄子兴、李谦苏、麦顺业、周朝栋、李连、岑逢、吕锁、伍槐为费城中国国民党分部评议部评议员；汤寿田为笃城中国国民党分部总务科主任，李健男为笃城中国国民党分部执行部书记，余添旺、邝麟、李兆云、李友三为笃城中国国民党分部干事，李少年为笃城中国国民党分部评议部书记，周道绪、李兆云、李亮臣、方轮镜、吴洽显、吴在深为笃城中国国民党分部评议部评议员；赵一峰为罗省中国国民党分部总务科主任，赵毓灵为罗省中国国民党分部执行部书记，周恢三、赵务义、周初慎、朱培德为罗省中国国民党分部干事，徐国楠为罗省中国国民党分部评议部书记，陈星南、谭楷运、关慎初、冯均、赵司炳、汤华崇、刘尊才、黄传绪为罗省中国国民党分部评议部评议员；黄邦铭为加士华利中国国民党分部总务科主任，邝佐治为加士华利中国国民党分部执行部书记，刘逸持为加士华利中国国民党分部评议部书记，简玉廷、陈尊润、简永新、陈结庆、严连胜、梁名和、孙兆良、阮信材、阮庆金、张棣廉为加士华利中国国民党分部评议部评议员；薛春和为杞连湖中国国民党分部总务科主任，黄自文为杞连湖中国国民党分部执行部书记，余富为杞连湖中国国民党分部评议部书记，薛新远、彭禹铸、周宪实、余富、卢今洪、赵鉴波、朱炎、李伟昌、赵华美为杞连湖中国国民党分部评议部评议员；伍伯陶为乞佛中国国民党分部总务科主任，李箫访为乞佛中国国民党分部执行部书记，方富彦、黄扬威、邝玉敬、李惠连为乞佛中国国民党分部干事，黄秉权、梁炳垣、钟英寿、黄良、李元三、褐登临、伍伯庄为乞佛中国国民党分部评议部评议员；黄奠安为掘地孖鳞中国国民党分部总务科主任，梁佑勋为掘地孖鳞中国国民党分部执行部书记，李珍、朱章惠、陈昌贤、陈仲谦为掘地孖鳞中国国民党分部干事，关胜骚为掘地孖鳞中国国民党分部评议部书记，梁章允、曾墨园、梁礼垣、梁礼乾、曾赞基、陈锡添、何金源、关瑞绪、霍祖绍、梁景为掘地孖鳞中国国民党分部评议部评议员；谢能高为美孖写中国国民党分部总务科主任，周光魄为美孖写中国国民党分部执行部书记，周英、周家闲、谢济镰、何钦燕为美孖写中国国民党分部干事，周无我为美孖写中国国民党分部评议部书记，周光魄、谢济镰、周无我、司徒涤怀、周家修、关怡业、周家闲、周连添为美孖写中国国民党分部评议部评议员；司徒芬为博芙芦中国国民党分部总务科主任，黄植槐为博芙芦中国国民党分部执行部书记，司徒培芳、伍崇生、司徒尧、余星和为博芙芦中国国民党分部干事，司徒鸣绪为博芙芦中国国民党分部评议部书记，陈泮、黄起宗、黄远辉、邓辉为博芙芦中国国民党分部评议部评议员；邝治为纽特中国国民党分部执行部书记，伍立勋、伍焕、陈崇台、伍时铣、雷维创、黎光祥、伍英、伍同进为纽特中国国民党分部干事，伍礼廷为纽特中国国民党分部评议部书记，江昌贵、伍凑学、伍文协、伍广鸿、雷家捷、陈文捷、伍于炉、伍煇南、黎流霭、邝维修为纽特中国国民党分部评议部评议员；周成为积彩中国国民党分部总务科主任，梅祖翼、司徒竞强为积彩中国国民党分部执行部书记，司徒竞强、萧亮乾、谭卓廷、司徒泽民、汤介眉、司徒献、梅鹤父、谭锡麟、林元邦、司徒献奶为积彩中国国民党分部干事，司徒献为积彩中国国民党分部评议部书记，巫天宋、梅光辅、司徒泽民、萧亮乾、方神长、汤介眉、梅文杰、赵荫父、林杰生、陈荣德、林天贺、谭卓廷为积彩中国国民党分部评议部评议员；邓贻栋为斐匿中国国民党分部总务科主任，黄乔礼为斐匿中国国民党分部执行部书记，余金练、邓节隆、叶泽垣、邓士培、邓浩积、金玉辉、邓奏隆、邓树灼为斐匿中国国民党分部干事，余中钺为斐匿中国国民党分部评议部书记，周兆河、陈宇、邓节隆、邓兆亭、邓浩积、邓树锦为斐匿中国国民党分部评议部评议员；邓锡为晏埠中国国民党分部执行部书记，翟吉、邝有裕、邓锡、邬什为晏埠中国国民党分部干事，邝钦灵为晏埠中国国民党分部评议部书记，翟桂、雷丙寅、伍福常、翟波、李斯灿、李斯煜、李成安、郑全寿、邝庚为晏埠中国国民党分部评议部评议员；黄玉侪为个郎中国国民党分部总务科主任，黄毅臣、廖天送、李吉、甘金水为个郎中国国民党分部干事，曾集卿为个郎中国国民党分部评议部书记，甘鸿钧、廖维、陈宽发、黄建彰、梁伟、郑文在、吴维汝、黄奕荣、刘其珍、洪肇清、陈颂贤为个郎中国国民党分部评议部评议员；梁四为意基忌中国国民党分部总务科主任，程少溪为意基忌中国国民党分部执行部书记，吴液波、陈连生、何轩、谢禧、招醴泉、郑阜南、曹杞南、叶知、何钋臣、黄星藩、刘德、陈发、甘汉生、陈善秀、吴寅、邝煜、何荣籍、马信、林早为意基忌中国国民党分部干事，罗乃阎为意基忌中国国民党分部评议部书记，严乾、蔡宁、吴翼德、彭国洪、陈淦、邓达杨、蒙杰生、邓炽杨、严勋昭为意基忌中国国民党分部评议部评议员；王寿为埃仑顿中国国民党分部总务科主任，雷昌为埃仑顿中国国民党分部执行部书记，林泽民、李耀、陈锡、高太为埃仑顿中国国民党分部干事，林金养为埃仑顿中国国民党分部评议部书记，林杜、黄昆、黄畅、林金阁、林裕安、黄信武、周贻逵、刘炳全、高有连、刘藻成为埃仑顿中国国民党分部评议部评议员；刘发祥为莫架中国国民党分部总务科主任，张荫芳为莫架中国国民党分部执行部书记，刘桂亭、谭带胜、古茂昌、卢钜芬为莫架中国国民党分部干事，张凤墀为莫架中国国民党分部评议部书记，蔡天球、叶金发、廖继舜、甘壬喜、谭景宸、郑融康为莫架中国国民党分部评议部评议员；伍新晃为波利磨中国国民党分部总务科主任，李毓秀为波利磨中国国民党分部执行部书记，余康和、陈金富、伍新晃、李侠汉为波利磨中国国民党分部干事，薛嘉祺为波利磨中国国民党分部评议部书记，梅子青、谢汝湘、伍权达、李竹川、余康和为波利磨中国国民党分部评议部评议员；张泳廉为三藩市中国国民党分部总务科主任，林屈伸为三藩市中国国民党分部执行部书记，谢益、邵钊、陈笃周、邓杰三、陈渭贤、崔芳、赵康年、黄焕唐、余天民、冯根、邓仙石、黄开基、李诛青、林尚平、唐贻拔、吴孔恒、谭汉波、谭裔媏、谢栋彦、陈泗发为三藩市中国国民党分部干事，黄鲁岩为三藩市中国国民党分部评议部书记，陈继成、龚显裔、李财、李旺、廖达生、李钧衡、关烈臣、余日朝、余伯筹、胡亦桐、蔡妙琛、黄益经为三藩市中国国民党分部评议部评议员；李荣萱为粗李杜中国国民党分部总务科主任，胡持炜、张明春、罗仪盈、谭亮谋为粗李杜中国国民党分部干事，张炳槐、罗迺翔、罗友信、罗永乐、张开智、敖克明、陈楫、李金锡、罗金荣、罗钜明、罗丙申、罗翔杏、张炳善、张汝勤为粗李杜中国国民党分部评议阮〔部〕评议员；黄焕文为贝市中国国民党分部总务科主任，邝辑卿为贝市中国国民党分部执行部书记，邝伯擎为贝市中国国民党分部评议部书记，梅渠远、张椿泽、黄蕴珊、石锦波为贝市中国国民党分部评议部评议员；邝荣为二埠中国国民党分部总务科主任，黄笃初为二埠中国国民党分部执行部书记，邝灼良、邓棠业、邝尧、邝佐志为二埠中国国民党分部干事，李子林为二埠中国国民党分部评议部书记，邝廉普、邝海公、邝佐志、陈祝南、邝振河、李子全、邝尧、李子耀为二埠中国国民党分部评议部评议员；林秀棣为那罐中国国民党通讯处总务科科长，程藻芳为那罐中国国民党通讯处执行部书记，黄和、张社均、郑谦、缪宽、黄月、李连合为那罐中国国民党通讯处干事，阮祖阁、李万足、李保河、周惠、陈霖磅、黄寿开、曾呀、李权为那罅中国国民党通讯处评议部评议员。此状。

总理（印）

总务部部长彭素民副署

据《总理任命·三月二十日》，载上
海《中国国民党本部公报》第一卷
第十三号，一九二三年五月十日出版

任命罗翼群为大本营军法处长令

（一九二三年三月二十一日）

大元帅令

　　任命罗翼群为大本营军法处长。此令。

（中华民国陆海军大元帅之印）

中华民国十二年三月廿一日

据《命令》，载广州《陆海军大元帅大本
营公报》第四号，一九二三年三月三十日

核复张振武呈报就任大本营直辖陆军
第四旅旅长及启用关防令

（一九二三年三月二十一日）

大元帅指令第四十二号

　　令大本营直辖陆军第四旅旅长张振武呈报就职及启用关防由。
呈悉。此令。

（中华民国陆海军大元帅之印）

中华民国十二年三月二十一日

据《指令》，载广州《陆海军大元帅大本
营公报》第四号，一九二三年三月三十日

核复卸任直辖滇军总司令朱培德呈报将所部
第一旅改编为巩卫军并缴回总司令木质关防令

（一九二三年三月二十一日）

大元帅指令第四十三号

　　令卸任中央直辖滇军总司令朱培德呈报将所部第一旅改编为巩卫军并缴回直辖滇军总司令木质关防由。

　　呈悉。此令。

（中华民国陆海军大元帅之印）

中华民国十二年三月二十一日

据《指令》，载广州《陆海军大元帅大本营公报》第四号，一九二三年三月三十日

核复朱培德呈报就任大本营巩卫军司令
及启用关防日期令

（一九二三年三月二十一日）

大元帅指令第四四号

　　令大本营巩卫军司令朱培德呈报就职及启用关防日期由。

　　呈悉。此令。

（中华民国陆海军大元帅之印）

中华民国十二年三月二十一日

据《指令》，载广州《陆海军大元帅大本营公报》第四号，一九二三年三月三十日

核复广东江防司令杨廷培呈报奉到任状令

（一九二三年三月二十一日）

大元帅指令第四五号

令广东江防司令杨廷培呈报奉到任状由。

呈悉。此令。

（中华民国陆海军大元帅之印）

中华民国十二年三月二十一日

据《指令》，载广州《陆海军大元帅大本营公报》第四号，一九二三年三月三十日

特任赵士北为大理院长令

（一九二三年三月二十二日）

大元帅令

特任赵士北为大理院长。此令。

（中华民国陆海军大元帅之印）

中华民国十二年三月廿二日

据《命令》，载广州《陆海军大元帅大本营公报》第四号，一九二三年三月三十日

核复谭延闿呈报就任内政部长日期令

（一九二三年三月二十二日）

大元帅指令第四七号

令大本营内政部长谭延闿呈报就职日期由。

呈悉。此令。

（中华民国陆海军大元帅之印）

中华民国十二年三月廿二日

据《指令》，载广州《陆海军大元帅大本营公报》第四号，一九二三年三月三十日

核复大本营内政部长谭延闿呈报启用印信日期令

（一九二三年三月二十二日）

大元帅指令第四八号

令大本营内政部长谭延闿呈报启用印信日期由。

呈悉。此令。

（中华民国陆海军大元帅之印）

中华民国十二年三月廿二日

据《指令》，载广州《陆海军大元帅大本营公报》第四号，一九二三年三月三十日

委任林植庭等四人为中国国民党云丹拿分部职员状

（一九二三年三月二十二日）

委任林植庭为云丹拿中国国民党分部正部长，梅荫平为云丹拿中国国民党分部副部长，罗齐柱为云丹拿中国国民党分部评议部正议长，陈洛猷为云丹拿中国国民党分部评议部副议长。此状。

总理（印）

总务部部长彭素民副署

代理党务部部长孙镜副署

财务部部长林业明副署

宣传部部长叶楚伧副署

交际部部长张秋白副署

据《总理任命·三月二十二日》，载上海《中国国民党本部公报》第一卷第十四号，一九二三年五月二十日出版

委任梁振琴为中国国民党云丹拿分部党务科主任状

（一九二三年三月二十二日）

委任梁振琴为云丹拿中国国民党分部党务科主任。此状。

总理（印）

总务部部长彭素民副署

代理党务部部长孙镜副署

据《总理任命·三月二十二日》，载上海《中国国民党本部公报》第一卷第十四号，一九二三年五月二十日出版

委任梁贤清为中国国民党云丹拿分部会计科主任状

（一九二三年三月二十二日）

委任梁贤清为云丹拿中国国民党分部会计科主任。此状。

总理（印）

总务部部长彭素民副署

财务部部长林业明副署

据《总理任命·三月二十二日》，载上海《中国国民党本部公报》第一卷第十四号，一九二三年五月二十日出版

委任许武权为中国国民党云丹拿
分部宣传科主任状

（一九二三年三月二十二日）

委任许武权为云丹拿中国国民党分部宣传科主任。此状。

总理（印）

总务部部长彭素民副署

宣传部部长叶楚伧副署

据《总理任命·三月二十二日》，载上海《中国国民党本部公报》第一卷第十四号，一九二三年五月二十日出版

委任彭荣燊等二十三人为中国国民党
云丹拿分部职员状

（一九二三年三月二十二日）

委任彭荣燊为云丹拿中国国民党分部总务科主任，秦斌华、梁雨池为云丹拿中国国民党分部执行部书记，郑兴玉、黄达民、谢汝和、冼锡鸿、郑洪荣、卢泗初、蒋喜光、卢志棉为云丹拿中国国民党分部干事，许若山为云丹拿中国国民党分部评议部书记，许若山、许大煜、罗玉衡、曾勤康、林其蕊、谢祝初、彭砺石、何能柔、马辉堂、梅云岩、苏桃舫、谢一平为云丹拿中国国民党分部评议部评议员。此状。

总理（印）

总务部部长彭素民副署

据《总理任命·三月二十二日》，载上海《中国国民党本部公报》第一卷第十四号，一九二三年五月二十日出版

任命王均为大本营巩卫军第一混成旅旅长令

（一九二三年三月二十三日）

大元帅令

　　任命王均为大本营巩卫军第一混成旅旅长。此令。

（中华民国陆海军大元帅之印）

中华民国十二年三月廿三日

据《命令》，载广州《陆海军大元帅大本
营公报》第四号，一九二三年三月三十日

任命赵德恒为大本营巩卫军参谋长令

（一九二三年三月二十三日）

大元帅令

　　任命赵德恒为大本营巩卫军参谋长。此令。

（中华民国陆海军大元帅之印）

中华民国十二年三月廿三日

据《命令》，载广州《陆海军大元帅大本
营公报》第四号，一九二三年三月三十日

任命姚褆昌为大本营秘书令

（一九二三年三月二十三日）

大元帅令

　　任命姚褆昌为大本营秘书。此令。

（中华民国陆海军大元帅之印）

中华民国十二年三月廿三日

据《命令》，载广州《陆海军大元帅大本营公报》第四号，一九二三年三月三十日

任命李伯恺为大本营秘书令

（一九二三年三月二十三日）

大元帅令

　　任命李伯恺为大本营秘书。此令。

（中华民国陆海军大元帅之印）

中华民国十二年三月廿三日

据《命令》，载广州《陆海军大元帅大本营公报》第四号，一九二三年三月三十日

准任命陈漳等五人为大本营秘书处科员令

（一九二三年三月二十三日）

大元帅令

　　大本营秘书长杨庶堪呈请任命陈漳、彭晟、吴醒亚、张四维、汪啸涯为大本营秘书处科员。均照准。此令。

（中华民国陆海军大元帅之印）

中华民国十二年三月廿三日

据《命令》，载广州《陆海军大元帅大本营公报》第四号，一九二三年三月三十日

准任命霍恒为大本营卫士队教官令

（一九二三年三月二十三日）

大元帅令

大本营参军长朱培德呈请任命霍恒为大本营卫士队教官。应照准。此令。

（中华民国陆海军大元帅之印）

中华民国十二年三月廿三日

据《命令》，载广州《陆海军大元帅大本营公报》第四号，一九二三年三月三十日

核复黄镇磐转呈广州地方检察厅检察长
廖介和交卸日期令

（一九二三年三月二十三日）

大元帅指令第五十号

令广东高等检察厅检察长黄镇磐转呈广州地方检察厅检察长廖介和交卸日期由。

呈悉。此令。

（中华民国陆海军大元帅之印）

中华民国十二年三月廿三日

据《指令》，载广州《陆海军大元帅大本营公报》第四号，一九二三年三月三十日

核复邓泽如呈报就任兼理大本营财政部长
日期及择定临时办公处令

（一九二三年三月二十四日）

大元帅指令第五二号

令兼理大本营财政部长邓泽如呈报就职日期及择定临时办公处由。

呈悉。此令。

（中华民国陆海军大元帅之印）

中华民国十二年三月二十四日

据《指令》，载广州《陆海军大元帅大本营公报》第四号，一九二三年三月三十日

批徐绍桢转广东政务厅长陈树人就职日期呈

（一九二三年三月二十六日）

大元帅指令第五十三号

令广东省长徐绍桢转呈广东政务厅长陈树人呈报就职日期由。

呈悉。此令。

（中华民国陆海军大元帅之印）

中华民国十二年三月廿六日

据《指令》，载广州《陆海军大元帅大本营公报》第五号，一九二三年四月六日

委任谢持为全权代表执行中国国民党党务电

（一九二三年三月二十六日）

委任谢慧生①为全权代表，执行中国国民党党务事宜。总理孙文。寝。

据原稿，台北、中国国民党
文化传播委员会党史馆藏

委任林祖涵为总务部副部长

（一九二三年三月二十六日）

委任林祖涵为总务部副部长。

据《本部总务部副部长就职呈报总理
文》，载上海《中国国民党本部公报》
第一卷第十号，一九二三年四月十日出版

派杨华馨为工兵局筹备委员令

（一九二三年三月二十七日）

大元帅令

派杨华馨为工兵局筹备委员。此令。

（中华民国陆海军大元帅之印）

中华民国十二年三月廿七日

据《命令》，载广州《陆海军大元帅大本
营公报》第五号，一九二三年四月六日

---

① 谢持，字慧生。

核复代理广东高等审判厅厅长伍岳
呈报收讫印信名册令

（一九二三年三月二十七日）

大元帅指令第五八号

　　令代理广东高等审判厅厅长伍岳呈报收讫印信名册，俟文卷款项移收清楚再行呈报由。

　　呈悉。此令。

（中华民国陆海军大元帅之印）

中华民国十二年三月二十七日

据《指令》，载广州《陆海军大元帅大本营公报》第五号，一九二三年四月六日

核复苏从山呈报就任长洲要塞司令
及启用关防日期令

（一九二三年三月二十七日）

大元帅指令第五九号

　　令长洲要塞司令苏从山呈报就职及启用关防日期由。

　　呈悉。此令。

（中华民国陆海军大元帅之印）

中华民国十二年三月廿七日

据《指令》，载广州《陆海军大元帅大本营公报》第五号，一九二三年四月六日

核复谢铁良呈报就任鱼雷局局长
及启用关防日期令

（一九二三年三月二十七日）

大元帅指令第六十号

　　令鱼雷局局长谢铁良呈报就职及启用关防日期由。

　　呈悉。此令。

（中华民国陆海军大元帅之印）

中华民国十二年三月二十七日

据《指令》，载广州《陆海军大元帅大本
营公报》第五号，一九二三年四月六日

暂缓委任黄上骀等四人及准委任端木恺等
廿五人为宣传部名誉干事批

（一九二三年三月二十七日）

　　黄上骀、凌印清、郭聘帛、祝润湘四人暂缓委任外，端木恺等廿五人均如所拟，委任为宣传部名誉干事。此批。

孙文、（谢持）

三月二十七日

据原件，台北、中国国民党
文化传播委员会党史馆藏

准免罗翼群大本营军法处长令

（一九二三年三月二十八日）

大元帅令

　　大本营军法处长罗翼群呈请辞职，罗翼群准免本职。此令。

（中华民国陆海军大元帅之印）

中华民国十二年三月廿八日

据《命令》，载广州《陆海军大元帅大本
营公报》第五号，一九二三年四月六日

准免莫擎宇驻江①办事处主任令

（一九二三年三月二十八日）

大元帅令

　　大本营驻江办事处主任莫擎宇因病呈请辞职。莫擎宇准免本职。此令。

（中华民国陆海军大元帅之印）

中华民国十二年三月廿八日

据《命令》，载广州《陆海军大元帅大本
营公报》第五号，一九二三年四月六日

---

① "江"指广东省江门。

核复中央直辖第五军军长李易标呈复
吴镇接管黄沙兼连江口查缉厂令

（一九二三年三月二十八日）

大元帅指令第六十一号

　　令中央直辖第五军军长李易标呈复黄沙兼连江口查缉厂，前经饬令总办张显辉交代吴镇接管由。

　　呈悉。此令。

（中华民国陆海军大元帅之印）

中华民国十二年三月廿八日

据《指令》，载广州《陆海军大元帅大本营公报》第五号，一九二三年四月六日

准莫擎宇呈请辞去大本营驻江办事处主任本职令

（一九二三年三月二十八日）

大元帅指令第六二号

　　令大本营驻江办事处主任莫擎宇呈请准予辞去本职由。

　　呈悉。应照准。此令。

（中华民国陆海军大元帅之印）

中华民国十二年三月廿八日

据《指令》，载广州《陆海军大元帅大本营公报》第五号，一九二三年四月六日

准罗翼群呈请辞去大本营军法处长本职令

（一九二三年三月二十八日）

大元帅指令六五号

　　令大本营军法处长罗翼群恳请辞去本职，另简贤能掌理军法由。

　　呈悉。应照准。此令。

（中华民国陆海军大元帅之印）

中华民国十二年三月廿八日

据《指令》，载广州《陆海军大元帅大本营公报》第五号，一九二三年四月六日

委任胡维济等三人为中国国民党
甲必地分部职员状

（一九二三年三月二十八日）

　　委任胡维济为甲必地中国国民党分部正部长，黄振为甲必地中国国民党分部副部长，李其为甲必地中国国民党分部评议部正议长。此状。

总理（印）

总务部部长彭素民副署

代理党务部部长孙镜副署

财务部部长林业明副署

宣传部部长叶楚伧副署

交际部部长张秋白副署

据《总理任命·三月二十八日》，载上海《中国国民党本部公报》第一卷第十四号，一九二三年五月二十日出版

委任余云初为中国国民党甲必地
分部党务科主任状

（一九二三年三月二十八日）

委任余云初为甲必地中国国民党分部党务科主任。此状。

总理（印）

总务部部长彭素民副署

代理党务部部长孙镜副署

据《总理任命·三月二十八日》，载上海《中国国民党本部公报》第一卷第十四号，一九二三年五月二十日出版

委任余京为中国国民党甲必地分部会计科主任状

（一九二三年三月二十八日）

委任余京为甲必地中国国民党分部会计科主任。此状。

总理（印）

总务部部长彭素民副署

财务部部长林业明副署

据《总理任命·三月二十八日》，载上海《中国国民党本部公报》第一卷第十四号，一九二三年五月二十日出版

委任梁泽生为中国国民党甲必地
分部宣传科主任状

（一九二三年三月二十八日）

委任梁泽生为甲必地中国国民党分部宣传科主任。此状。

总理（印）

总务部部长彭素民副署

宣传部部长叶楚伧副署

据《总理任命·三月二十八日》，载上海《中国国民党本部公报》第一卷第十四号，一九二三年五月二十日出版

委任谢维悁等十人为中国国民党
甲必地分部职员状

（一九二三年三月二十八日）

委任谢维悁为甲必地中国国民党分部总务科主任，黄国为甲必地中国国民党分部执行部书记，张友、梁锡为甲必地中国国民党分部干事，甄添、甄植、邝迎、黄积、区买、张双为甲必地中国国民党分部评议部评议员。此状。

总理（印）

总务部部长彭素民副署

据《总理任命·三月二十八日》，载上海《中国国民党本部公报》第一卷第十四号，一九二三年五月二十日出版

特任杨希闵为中央直辖滇军总司令令

（一九二三年三月二十九日）

大元帅令

特任杨希闵为中央直辖滇军总司令。此令。

（中华民国陆海军大元帅之印）

中华民国十二年三月廿九日

据《命令》，载广州《陆海军大元帅大本营公报》第五号，一九二三年四月六日

准任命黄民生为大本营参军处少校副官令

（一九二三年三月二十九日）

大元帅令

大本营参军长朱培德呈请任命黄民生为大本营参军处少校副官，应照准。此令。

（中华民国陆海军大元帅之印）

中华民国十二年三月廿九日

据《命令》，载广州《陆海军大元帅大本营公报》第五号，一九二三年四月六日

任命陈友仁为大本营秘书令

（一九二三年三月二十九日）

大元帅令

任命陈友仁为大本营秘书。此令。

（中华民国陆海军大元帅之印）

中华民国十二年三月廿九日

据《命令》，载广州《陆海军大元帅大本营公报》第五号，一九二三年四月六日

任命韦玉为大本营秘书令

（一九二三年三月二十九日）

大元帅令

　　任命韦玉为大本营秘书。此令。

（中华民国陆海军大元帅之印）

中华民国十二年三月廿九日

据《命令》，载广州《陆海军大元帅大本营公报》第五号，一九二三年四月六日

任命杨池生等四人为中央直辖滇军各师师长令

（一九二三年三月三十日）

大元帅令

　　任命杨池生为中央直辖滇军第一师师长，杨如轩为中央直辖滇军第二师师长，范石生为中央直辖滇军第三师师长，蒋光亮为中央直辖滇军第四师师长。此令。

（中华民国陆海军大元帅之印）

中华民国十二年三月三十日

据《命令》，载广州《陆海军大元帅大本营公报》第五号，一九二三年四月六日

不准林云陔辞财政部第三局局长令

（一九二三年三月三十日）

大元帅指令第六六号

令大本营财政部第三局局长林云陔呈请辞职由。

呈悉。该局长历莞度支，钩稽悉当。此次复加简任，倚畀尤殷，尚望力膺艰巨，藉资襄赞。所请辞职之处，应毋庸议。此令。

（中华民国陆海军大元帅之印）

中华民国十二年三月三十日

据《指令》，载广州《陆海军大元帅大本营公报》第五号，一九二三年四月六日

核复前广东无线电报总局局长麦萼楼呈报
奉令销差及交代情形并准予备案令

（一九二三年三月三十日）

大元帅指令第六七号

令前广东无线电报总局局长麦萼楼呈报奉令销差及交代情形，请察核备案由。

呈悉。准予备案。此令。

（中华民国陆海军大元帅之印）

中华民国十二年三月三十日

据《指令》，载广州《陆海军大元帅大本营公报》第五号，一九二三年四月六日

特任刘震寰为中央直辖西路讨贼军总司令令

（一九二三年三月三十一日）

大元帅令

　　特任刘震寰为中央直辖西路讨贼军总司令。此令。

（中华民国陆海军大元帅之印）

中华民国十二年三月卅一日

据《命令》，载广州《陆海军大元帅大本营公报》第六号，一九二三年四月十三日

任命冯伟为广东无线电报总局局长令

（一九二三年三月三十一日）

大元帅令

　　任命冯伟为广东无线电报总局局长。此令。

（中华民国陆海军大元帅之印）

中华民国十二年三月卅一日

据《命令》，载广州《陆海军大元帅大本营公报》第六号，一九二三年四月十三日

任命韦冠英等四人为中央直辖
西路讨贼军各师师长令

（一九二三年三月三十一日）

大元帅令

　　任命韦冠英为中央直辖西路讨贼军第一师师长，严兆丰为中央直辖西路讨贼

军第二师师长，黎鼎鉴为中央直辖西路讨贼军第三师师长，伍毓瑞为中央直辖西路讨贼军第四师师长。此令。

（中华民国陆海军大元帅之印）

中华民国十二年三月卅一日

据《命令》，载广州《陆海军大元帅大本营公报》第六号，一九二三年四月十三日

核复潮海关监督兼汕头交涉员戴德抚呈报奉到任状继续任事日期令

（一九二三年三月三十一日）

大元帅指令第六九号

令潮海关监督兼汕头交涉员戴德扶呈报奉到任状继续任事日期由。

呈悉。此令。

（中华民国陆海军大元帅之印）

中华民国十二年三月卅一日

据《指令》，载广州《陆海军大元帅大本营公报》第六号，一九二三年四月十三日

准朱培德呈报另任妥员接充广东军用电信管理处处长令

（一九二三年三月三十一日）

大元帅指令第七一号

令大本营参军长朱培德呈报调查广东军用电信管理处处长林镇邦历次任内情形，并拟将该电信事宜收回整顿，另任妥员接充由。

呈悉。准如所请办理。此令。

（中华民国陆海军大元帅之印）

中华民国十二年三月卅一日

据《指令》，载广州《陆海军大元帅大本
营公报》第六号，一九二三年四月十三日